岷江上游地区旅游小城镇研究

张江峰　著

中国海洋大学出版社

·青岛·

图书在版编目（CIP）数据

岷江上游地区旅游小城镇研究／张江峰著.—青岛：
中国海洋大学出版社，2022.9
ISBN 978-7-5670-3267-5

Ⅰ.①岷… Ⅱ.①张… Ⅲ.①岷江—上游—小城镇—
旅游业发展—研究 Ⅳ.①F592.771

中国版本图书馆 CIP 数据核字（2022）第 169156 号

MINJIANG SHANGYOU DIQU LÜYOU XIAOCHENGZHEN YANJIU
岷 江 上 游 地 区 旅 游 小 城 镇 研 究

出版发行	中国海洋大学出版社
社　　址	青岛市香港东路 23 号
邮政编码	266071
出 版 人	刘文菁
网　　址	http://pub.ouc.edu.cn
电子信箱	1922305382@qq.com
订购电话	0532-82032573（传真）
责任编辑	陈　琦　　电　话　0898-31563611
印　　制	天津和萱印刷有限公司
版　　次	2022 年 9 月第 1 版
印　　次	2022 年 9 月第 1 次印刷
成品尺寸	170 mm × 240 mm
印　　张	17.25
字　　数	265 千
印　　数	1—1600
定　　价	88.00 元

如发现印装质量问题，请致电 18611192765 调换。

序

2021 年，在中央第五次民族工作会议上，习近平总书记指出，要推动各民族共同走向社会主义现代化。民族地区要立足资源禀赋、发展条件、比较优势等实际，找准把握新发展阶段、贯彻新发展理念、融入新发展格局、实现高质量发展、促进共同富裕的切入点和发力点。

岷江上游地区是国家生态修复、生态治理、生态文明建设重点区域之一，在国家主体功能区规划中属于禁止开发区和限制开发区；是我国"藏羌彝民族走廊"和茶马古道，我国主要的羌族聚居区、四川省第二大藏区以及亚洲水塔的重要组成部分。该地区是我国生物多样性、民族文化多样性富集地区。在民族众多、自然条件复杂、旅游资源富集地区，如何推动经济社会发展与生态环境修复保护及民族文化保护传承等各项事业多赢，是个新命题。

张江峰博士的专著《岷江上游地区旅游小城镇研究》正是对基于新发展阶段，贯彻新发展理念，助推岷江上游地区旅游小城镇经济社会实现高质量发展，进而构建该地区旅游小城镇新发展格局的初步探索。这本专著是在其博士论文的基础上修改完善而成的。作者的选题具有较强的问题意识，正是基于岷江上游地区旅游小城镇发展面临诸多问题这一现实；同时，作者的选题切合党和政府对民族地区经济社会发展的密切关怀，能够丰富该地区城镇化的理论研究成果，具有一定的理论价值和现实意义。

该书作者经过充分考虑，依据资料可得性、类型代表性等标准选择了松潘县川主寺镇、汶川县水磨镇和理县古尔沟镇 3 个田野调查点，通过对 3 种类型旅游小城镇的发展进行定性分析和量化研究，比较 3 种类型旅游小城镇发展的异同及所面临的问题，提出对策建议。最后，对制约岷江上游地区旅游小城镇发展因素及其深层原因进行了分析，提出了发展路径建议，期望对民族地区城镇化提供一定的借鉴。作者通过研究，最后得出如下结论：岷江上游地区旅游小城镇可持续发展的重要原因，在于能够持续地与大城市群实现产品互补互通，实现二者相互动态优化。岷江上游地区旅游产业的创新升级、旅游产品的与时俱进及不断完善，是该地区旅游小城镇发展的根本基础和产业保证；优良的自然生态环境是岷江上游地区旅游小城镇发展的环境支撑；优秀的民族传统文化是岷江上游地区丰富的资源，是该地区旅游产品持续创新发展的持续文化动力源，也是该地区旅游产品的核心吸引力所在，是该地区旅游小城镇建设中彰显其地方特色的文化源泉；岷江上游地区旅游小城镇的社会治理成效是该地区旅游业平稳发展的社会保障。

该书作者运用经济学、管理学、民族学、旅游学等多学科研究方法，运用新型城镇化、产权理论、社区参与、差异化及体验经济等理论，指导和解释自己的研究对象，综合性较强，这是该书的一大特色。该书作者是我指导的最后一届博士，当年仅招收他和贵州大学另外一名老师。他自攻读博士以来，刻苦努力，广泛深入阅读文献，坚持实地调研，积累了大量的资料和研究经验，这对他今后的科研工作将会起到不可忽视的作用。当然，由于他计量研究功底欠丰，该书中计量研究稍显薄弱，期望在今后的教学科研工作中注意加强。田野调查比较扎实是该书的另一大特色。在西部民族地区做田野调查，比较艰苦，因此，他的这种深入调研的科研精神值得鼓励。

该书作者对我国岷江上游地区城镇化的相关研究做了一定的理论积淀和现实经验总结，能够为我国其他民族地区旅游城镇化提供一定的借鉴。

该书作者思维活跃，逻辑严密，在旅游科学研究上较有建树，在他的专著《岷江上游地区旅游小城镇研究》即将付梓之际，作者希望我为之作序，遂草成几句，聊以为序。

2022 年 7 月

前　言

　　岷江上游地区是国家生态修复、生态治理、生态文明建设重点区域之一，在国家主体功能区规划中属于禁止开发区和限制开发区；是我国"藏羌彝民族走廊"和茶马古道，我国主要的羌族聚居区和四川省第二大藏区的重要组成部分。长期以来，藏、羌、回、汉等民族在这个地区内繁衍生息，交汇、交融，互通有无，创造并传承了丰富多样、灿烂多元的民族文化。因此，该地区是我国民族文化多样性富集地区。在新型城镇化、特色小城镇战略背景下，在民族众多、自然条件复杂、旅游资源富集地区，如何推动经济社会发展与生态环境修复保护及民族文化保护传承等各项事业多赢，是个新命题。因此，岷江上游地区的经济、文化、生态及社会治理等方面建设的成就，对其他民族地区具有一定的示范效应和借鉴意义。

　　岷江上游地区地处青藏高原和四川盆地的结合地带，生态脆弱，民族文化丰富多样，大部分地区在国家主体功能区规划中被规划为限制开发区和禁止开发区，这就决定了该地区只能立足于当地自然人文资源禀赋优势，培育发展特色产业进而驱动城镇化发展。岷江上游地区自然旅游资源雄奇秀美、多姿多彩，民族文化个性差异、多样性明显，是该地区发展旅游产业的优势基础性资源。该地区旅游业发展已经有了一定的基础，并通过发展旅游业带动该地区旅游小城镇的发展。理论和实践已经证实，该地区通过旅游业引领推动城镇化进程是一种切实可行的发展战略。

　　新型城镇化战略和特色小城镇战略实施，给岷江上游地区城镇化可持续发展注入了持续的政策动能，为该地区推进城镇化提供了思路和方向。本书通过运用民族学、人类学、管理学及经济学等多学科研究方法，对岷江上游地区特殊性、旅游小城镇发展历程及面临的问题进行了分析研究，依据资料可得性、类型代表性等标准选择了松潘县川主寺镇、汶川县水磨镇和理县古尔沟镇3个田野调查点，通过对3种类型旅游小城镇的发展进行定性分析和量化研究，比较3种类型旅游小城镇发展的异同及所面临的问题，提出对策及建议。最后，对制约岷江上游地区旅游小城镇发展因素及其深层原因进行了分析，提出了发展路径建议，期望对民族地区城镇化提供一定的借鉴。

第一章阐述了研究背景、研究意义、研究目的、相关研究现状、主要运用的研究方法和创新点等问题。第二章梳理了各位专家学者对旅游小城镇的相关概念和分类，并在此基础上提出了本研究关于旅游小城镇的定义，同时，对相关理论做了梳理和述评。第三章梳理了我国旅游小城镇发展阶段以及民族地区旅游小城镇发展历程和现状，研究了民族地区旅游经济发展与城镇化水平提升之间的互动关系。第四章具体分析了岷江上游地区自然地理环境、经济社会发展、民族文化及国家区划生态环境功能等方面自身的独特性，找出了影响该地区旅游小城镇发展的制约因素，同时阐述了该地区依靠旅游业驱动旅游小城镇发展在经济、社会、民族文化和生态环境方面的特殊意义，及岷江上游地区旅游小城镇发展的必要性和机遇，并对发展的动力机制做出了分析。第五章梳理了岷江上游地区小城镇发展历程、旅游小城镇演变历程和发展现状，分析了旅游业和旅游小城镇发展对经济社会效益产生的影响，着重指出了岷江上游地区旅游小城镇发展存在的问题。第六章分别对3个田野调查点旅游小城镇进行了实证和比较研究，比较了3种类型旅游小城镇各自的发展特点、差异性和面临的问题，发现其异同之处，最后给出了3种类型旅游小城镇创新发展的可操作性建议。第七章主要阐述了岷江上游地区旅游小城镇与大城市群产品的互补性，提出该地区旅游小城镇的发展思路和切实可行的发展对策及建议。

本研究的主要结论是：岷江上游地区旅游小城镇可持续发展的重要原因，在于能够持续地与大城市群实现产品互补互通，实现二者相互动态优化。岷江上游地区旅游产业的创新升级、旅游产品的与时俱进及不断完善，是该地区旅游小城镇发展的根本基础和产业保证；优良的自然生态环境是岷江上游地区旅游小城镇发展的环境支撑；优秀的民族传统文化是岷江上游地区丰富的资源，是该地区旅游产品持续创新发展的文化动力源，也是该地区旅游产品核心吸引力所在，是该地区旅游小城镇建设中彰显其地方特色的文化源泉；岷江上游地区旅游小城镇的社会治理成效是该地区旅游业平稳发展的社会保障。

　　特别说明：本书是在我的博士学位论文的基础上修改完善而成，因此，本书研究时间截至 2020 年，研究数据基本上截至 2020 年。

　　由于本人能力和水平有限，书中难免存在错漏，欢迎各位方家批评指正。

张江峰

2022 年 6 月

目　录

第一章 绪 论

第一节 研究背景

一、战略背景

改革开放 40 多年来，在中国城镇化进程中，关于城镇化路径选择，学术界始终存在着"大城市重点论"和"小城镇重点论"的争论，这种争论对中央和地方决策层政策制定的影响也在一直持续。党的十八大以来，新型城镇化成为我国新常态下经济社会发展的国家战略。党的十九大报告指出："以城市群为主体构建大中小城市和小城镇协调发展的城镇格局。"这结束了我国这场持续了几十年的城镇化路径选择争论，为我国未来城镇化推进明确了方向。

我国幅员辽阔、区域发展差异性极大的现状和基础决定了我国城镇化路径必然是"多元化"和"个性化"的，对于民族地区而言，经济发展落后、产业基础薄弱制约着民族地区城镇化进程，独特的民族文化以及秀美的自然景观是其具有比较优势的资源。各界一致认为，民族地区不能照搬照抄东部发达地区大规模工业化驱动的城镇化发展模式，应当立足当地特殊自然人文基础、民情实际和资源要素禀赋，走特色型小城镇发展道路。中国以大规模工业化为主要产业驱动力的城镇化模式助推了大量农村剩余劳动力实现职业转换，造就了长三角城市群、珠三角城市群、成渝城市群及京津冀城市群等大城市群，创造了经济奇迹，实现了中国社会结构从乡土社会向现代社会演进转型，但同时也加剧了生态环境危机、导致了城市病出现，解构了中国传统农耕文明所依存的经济社会环境，致使乡村文明衰落、多项优秀传统文化失传、"空心村"问题突出、年轻人纷纷逃离等景象。

多数民族地区属于欠发达地区，生态脆弱，交通不便，内外部通达性较差。在国家主体功能区划分中属于限制开发区或者禁止开发区，自然、生态、政策等多重叠加的不利条件，决定了民族地区不能走东部大规模工业产业驱动的城镇化发展路径。但是，民族地区同时也是我国资源富集区及水系源头区、生态屏障区、特色民族文化资源富集区、自然人文资源差异化明显地区等多重优势叠加地区。正是资源禀赋现实比较优势，决定了民族地区能为后现代消费文化驾驭操控下的中国城市居民提供一种身心暂时性"逃离"的栖息处，人们可以在这里寻找记忆中的民风民俗，可以欣赏体验各种差异性明显的民族特色文化旅游产品，可以暂时逃离城市的喧嚣和压力，可以让身体、精神得到暂时的休息。

国家提出特色小城镇建设战略和乡村振兴战略，民族地区旅游小城镇是特色小城镇体系建设中的重要组成部分，为民族地区城镇化发展提供了一种新思路。本研究的思路也是基于这种大的内外政策环境背景提出来的。

民族地区旅游业起步于20世纪80年代初期，岷江上游地区旅游业起步于20世纪80年代中后期。我国民族地区的一些城镇经过几十年的经济和社会变迁，一些城镇功能和支撑产业发生了转型，特别是随着民族地区旅游业30多年的迅猛发展，在旅游业的驱动引领下，产生了一批旅游小城镇，例如，贵州西江千户苗寨所在地西江镇、云南大理喜洲古镇、丽江束河古镇、广西巴马镇，四川阿坝州理县桃坪镇（桃坪羌寨所在地）、松潘县川主寺镇及理县古尔沟镇，等等。

岷江上游地区地处四川阿坝藏族羌族自治州，包括汶川县、理县、茂县、松潘县、黑水县等区域以及都江堰一部分。该地区属于汶川特大地震中心区域，因此，在灾后重建的过程中，其他省市外部对口援建力量强势介入，进一步助推岷江上游地区一些传统小城镇实现了原有功能和主导产业转型，有力地推动了该地区城镇化进程，提升了该地区城镇化水平。

该地区旅游业常年粗放式发展，以团体游览观光为主要业态，主要服务团队游客，不能及时创新升级其旅游产品，培育旅游新业态。大众旅游时代，旅游消费市场日益细分化、个性化、小众化，后现代消费文化驾驭了公众消费行为逻辑，引领了公众的消费行为。旅游消费需求多元化、个性化趋势日益明显，旅游消费需求不断升级，体验性和团体认同功能越发明显。岷江上游地区旅游产品生产供给体系与游客旅游消费需求错位和失调，导致该地区旅游经济持续增长乏力；加上该地区原住民与外来旅游者之间文化冲突、经济矛盾时有发生，原住民与政府、旅游开发者的利益冲突加剧，诸多因素综合叠加影响和制约，导致该地区旅游小城镇已经出现发展不可持续的迹象。在新型城镇化和特色小城镇建设的大背景下，研究岷江上游地区旅游小城镇的发展，有着鲜明而迫切的时代意义。

二、现实背景

(一) 小城镇建设是国家战略，旅游小城镇是民族地区实现就地城镇化的现实选择

中华人民共和国成立以来，特别是改革开放 40 多年来，我国城镇化建设取得了显著成效，城镇化水平从 1978 年的 17.92% 增加到 2018 年的 59.58%（指常住人口城镇化率；户籍人口城镇化率为 43.37%），分别比 2017 年末（常住人口城镇化率为 58.52%；户籍人口城镇化率为 42.35%）提升了 1.06、1.02 个百分点；2020 年，常住人口城镇化率增加至 64%。虽然城镇化在推动经济增长、增加就业、缩小城乡发展差距、统筹城乡发展及提高居民收入等方面发挥了重要的积极作用，但是，我国城镇化率比较高，城镇化发展较好的地区大部分都是以工业产业为驱动力的城镇化。这类工业驱动型城镇化带来人员集聚、物流集聚、机会集聚，庞大的经济体量和积聚的就业机会吸引着全国各地剩余劳动力，特别是中西部欠发达地区剩余劳动力向东南沿海发达地区迁徙，寻求生存和发展机遇，增加了这些人口流出地人们的家庭收入，提高了他们的生存技能，有力地推动了我国东部发达地区城镇化。新中国成立后曾有一段时间，我国一些民族地区照搬照抄东部发达地区依靠工业驱动的城镇化模式，但是，在民族地区复制这种大规模工业化驱动型城镇化模式，付出了巨大的生态、社会、资源成本和代价，随着时间的推移，各种累积的

弊端和负面影响日益凸显。

在回顾我国过去几十年城镇化理论研究与实践推动过程的基础上，我国城镇化研究趋势和政策引导出现了转向。党的十九大确定了以城市群为主体构建大中小城市和小城镇协调发展的城镇格局，我国未来城镇化发展总基调已经明确。"十三五"规划纲要主张："因地制宜发展特色鲜明、产城融合、充满魅力的小城镇。"2016 年 7 月，住建部、国家发改委及财政部联合下发《关于开展特色小镇培育工作的通知》，积极鼓励引导各方主体培育发展特色小城镇，这一系列政策总结了我国在城镇化方面的经验教训。在回顾我国过去几十年城镇化发展过程的基础上，加强培育发展特色旅游小城镇，成为各级政府尤其是民族地区实现就地城镇化的现实选择。起源于浙江桐庐的特色小镇建设在全国正如火如荼地进行中，民族地区旅游小城镇建设，对优化我国城市城镇体系格局、统筹城乡协同发展具有重要参考价值。

(二) 岷江上游地区自然现实条件和资源禀赋，决定了该地区必须坚持走特色旅游小城镇发展道路

岷江上游地区处于岷江流域高山峡谷之间，自然灾害频繁，农业基础薄弱，土地肥力薄弱，劳动者科技文化水平相对较低，生存和发展能力欠缺；农业企业力量薄弱，农业生产力水平很低，不能容纳大量剩余劳动力。该地区工业发展起步较晚、基础较差，工业产品结构单一，产业关联度不高，工业生产链条不长，工业发展面临资源、环保等多重压力，结构转型任务还非常艰巨，没有形成高端配套产业集群发展，区域发展不均、企业辐射带动能力不强的特征非常明显。该地区生态环境脆弱，是成都平原重要水源地，是长江上游生态屏障的重要组成部分。该地区由于自然地理环境的约束限制，在国家主体功能区划中属于限制开发区和禁止开发区，一些对资源环境破坏严重的资源型产业及高耗能、高污染、高成本低效益的产业受到国家生态环境保护政策严格限制；原来的一些传统工矿业、林业由于对环境破坏严重，面临产业转型压力，不足以支撑当地经济社会发展，不足以继续驱动当地城镇化进程；传统工业衰退影响了该区域经济发展及其内生发展能力培育，制约了当地民众收入水平的提高。由于该地区人口稀少，经济发展滞后，难以形成较大的消费体量，不足以支撑和拉动该地区第三产业正常扩张。

上述各种现实产业状况和国家主体功能区规划赋予该地区生态环境保护的重任，决定了在该地区推动城镇化进程，不可能沿袭东部发达地区依靠大规模工业产业驱动的城镇化道路。因此，立足该地区特色资源禀赋优势和比较优势，坚持推动具有强大经济效应、社会效应及环境效应的旅游小城镇建设，就成为该地区实现就地城镇化和乡村振兴协调发展、驱动城镇化的主要路径和现实选择。坚持旅游小城镇建设，驱动该地区实现就地城镇化，有利于保持该地区自然生态多样性、整体性和民族文化差异性、完整性，实现该地区经济社会发展和生态自然修复、民族文化保护传承和生态环境人工保护多赢。

三、理论背景

科技的迅速发展和广泛应用推动了西方发达国家工业化进程，西方国家城镇化主要依靠工业产业来驱动。随着城镇化进程加剧，大量人口往大城市聚集，大城市病的弊端日益凸显，这种状况很快引起了我国政界、理论界对小城镇的相应关注和相关研究。

自 20 世纪 80 年代起，费孝通先生先后撰写了《小城镇　大问题》等一系列关于城镇化的文章。在这些文章中，费老系统地阐述了他所主张的"小城镇、大战略"思想(费孝通，2016)。1991 年，李克强主张立足农村工业部门产业特点，引导农村人口往小城镇集中，积极改善交通基础设施，逐步发展中小城市(李克强，1991)。

费孝通先生"发展小城镇"的观点后来演变为国家战略，成为改革开放初期我国农村城镇化的重要指导思想之一，在很长一段时间指导着我国城镇化实践。在政策操作层面，1980 年，全国城市规划会议明确提出"控制大城市规模，合理发展中等城市，积极发展小城市"的政策。1998 年，《中共中央关于农业和农村工作若干重大问题的决定》正式提出"小城镇、大战略"。在全国人大九届二次会议上，朱镕基总理作政府工作报告时提出："调整乡镇企业结构，推进小城镇建设。"同年，江泽民在中央经济工作会议上强调：发展小城镇是一个大战略。

在 20 世纪八九十年代，市场供给暂时性短缺，形成巨大卖方市场，旺盛消费需求刺激、国家政策激励，推动各乡镇企业遍地开花，迅猛发展。大量乡镇企业急需劳动力，吸引农村剩余人口往小城镇迅速集聚，有效地推动了我国小城镇迅速扩张，加速了我国城镇化推进，提升了我国城镇化水平。但是，当时对于小城镇与大中小城市的关系缺乏足够认识，对于小城镇发展的理论争论始终未曾平息。蔡继明认为，通过乡村工业化驱动乡村城镇化，虽然实现了部分农村剩余劳动力的就地转移，但不可否认，这种低层次、低效益的城镇化，导致资源浪费，破坏生态环境。随着我国改革开放的不断深化和市场经济体制的基本建成，出于对经营成本和规模效应的考虑，高科技产业、新兴产业纷纷向高新技术开发区和产业园区聚集，粗放经营型乡村工业逐渐失去竞争力。在市场规律作用下，乡镇企业驱动型小城镇进程也逐渐衰退。

党的十八大以后，随着我国将城市群建设作为城镇化主要发展方向，一些区位优势突出，特色产业鲜明，历史人文底蕴深厚，能够与大城市之间形成优势互补、产品互通的小城镇，作为城市群的必要补充和重要环节，成为国家城镇化体系的重要组成部分。从 2014 年起，发端于浙江桐庐的特色小城镇建设模式很快在全省、全国推广。2016 年 7 月，国家相关部委出台了《关于开展特色小镇培育工作的通知》，提出全国到 2020 年培育 1 000 个左右特色小镇的具体量化目标。在全国人大十二届五次会议上，李克强总理作政府工作报告时提出："支持中小城市和特色小城镇发展，推动一批具备条件的县和特大镇有序设市，发挥城市群辐射带动作用。"国家出台《国家新型城镇化规划（2014—2020 年）》和《关于开展特色小镇培育工作的通知》，旨在通过城市群、大中小城市及特色小城镇的科学合理布局，形成中国特色城（市）镇体系，利用小城镇实体经济经营成本低的优势，带动实体经济发展，推进小城镇持续发展。

在国家相关政策推动下，新型城镇化、小城镇和特色小镇相关研究被各界高度关注。毫无疑问，岷江上游地区旅游小城镇是以成渝城市群为核心的成渝城市体系的重要组成部分，是特色小城镇的一种重要类型。因此，新型城镇化、小城镇和特色小镇相关研究，正是本研究的理论背景，期望本研究能够为岷江上游地区旅游小城镇研究做出一定的理论贡献。

第二节 研究意义

一、理论意义

新型城镇化和特色小城镇建设是在我国经济进入新常态，中央对经济社会形势精确研判后提出的新战略。新型城镇化和特色小城镇建设这两大国家战略将是我国未来 10 年内甚至更长时期内经济社会发展主旋律，是未来扩大内需的潜力所在。旅游小城镇建设必然是我国城镇化体系中至关重要的一个组成部分。本研究试图在新型城镇化和特色小城镇建设的背景下，立足岷江上游地区地理区位、资源禀赋、生态环境状况及民族传统文化等方面的特殊性，梳理该地区旅游城镇化发展历程和现状，分析旅游小城镇可持续发展的影响因素，研究该地区旅游小城镇特有的驱动力，在一定程度上丰富民族地区旅游小城镇研究相关理论。

岷江上游地区受到自然地理环境和资源条件约束，不能照搬东部发达地区大型工业化驱动型城镇化模式，只能发挥自身资源禀赋比较优势，走旅游小城镇发展路径。本研究以岷江上游地区小城镇为考察和研究对象，将该地区旅游小城镇置于新型城镇化和特色小城镇政策视野和时代背景下进行考察，探讨岷江上游地区旅游小城镇建设的特殊意义和路径，有助于为民族地区就地就近城镇化提供一个可资参考的路径和模式。

本研究试图建立适合岷江上游地区特点的旅游小城镇发展质量评价指标体系，对目前相关研究形成有益补充，为其他民族地区旅游小城镇发展提供新的理论评价视角，同时也有助于深化民族学、民族经济学相关研究。

二、现实意义

岷江上游地区生态脆弱，自然条件复杂，同时处于国家主体功能区划的限制开发区和禁止开发区，肩负着国家生态环境保护的重任，这就决定了该地区城镇化不能照搬东部发达地区的模式。该地区旅游资源非常丰富，具有生物多样性和文化多样性双重优势，因此，发挥自身比较资源优势，走特色小城镇建设道路，是最适合当地实际的选择。近20年来，岷江上游地区旅游业取得非凡业绩的同时，也相应带动了古尔沟、川主寺、水磨、桃坪及进安等旅游小城镇同步发展。同时，这些旅游小城镇发展暴露出一系列问题，面对产业、文化、生态、社会治理和游客消费新趋势等方面的新要求，如何提升这些旅游小城镇的内生发展能力、如何探究出适合于当地实际的旅游小城镇发展路径，值得深思，也值得进一步研究。

从近年来我国有关新型城镇化的政策来看，国家已经多次提出小城镇建设是国家城镇体系重要组成部分。在海拔落差极大、地形地貌复杂且地质生态条件脆弱的岷江上游地区，立足其经济基础、资源禀赋、民族文化、社会结构、气候及生态环境等方面的特殊性，如何推动该地区旅游小城镇健康可持续发展，到目前为止，相关研究成果较少。本书通过翔实的田野调查和实证研究，结合新型城镇化和特色小城镇相关政策理论指导，希望依托旅游产业，通过引领旅游产品创新升级和旅游产业转型，找到驱动岷江上游地区旅游小城镇可持续发展的现实路径，降低依靠单一型产业驱动城镇化的各种风险，实现当地旅游小城镇可持续发展。

第三节　国内外研究现状

一、旅游城镇化研究

(一) 国外研究

旅游城镇化实践和相关研究最早发生在西方国家。20世纪90年代，西方国家学者们重点研究旅游城镇化、旅游发展相关影响、城市旅游等相关领域。朱尔道(1990)认为："旅游业发展可以促进山村小城镇都市化发展。"马林斯(1991)认为："旅游城镇化是一种建立或再生以享乐的销售与消费为目的，并且促进相关旅游产业发展的城镇化模式，揭示了旅游城市化模式的主要特征、人口劳动力迅速增长、城市就业集中于服务性产业等。"他强调"旅游城镇化是一个经济快速增长和社会空间变化的过程"。马林斯(1994)发现旅游城市化与小资产阶级出现有一定关联，是一种新城市形态。T. C. 常（1996）提出了可将旅游城市划分为两种：一种是基于旅游消费需求增长，开发新旅游景点的模式；另一种是把生产制造业中心改造为新旅游景点的模式。格拉德斯通（1998）发现旅游业对一些都市的发展有着至关重要的影响，并把这些都市分为"以人工旅游资源为主的旅游大都市、以自然旅游资源为主的休闲城市、旅游景观房地产推动下发展的中小城镇"。卢基亚里（1999）等认为，主要依靠旅游业驱动发展的城市，"具有居住区分散、房地产投资增长、存在大量非正式季节性工作岗位等特征"。贾德和法因斯坦（1999）把旅游城市分为转型城市、历史名城和旅游城市化 3 种类型。

城市（镇）化以人口城市（镇）化作为重要衡量指标，人口城市（镇）化同样是旅游城市（镇）化重要内容，鉴于此，学者们对旅游驱动的人口城市化相关研究逐渐重视起来，主要分为两方面：有的旅游研究专家关注旅游发展在推动实现人口城市（镇）化中的积极作用，有的专家主要研究旅游带来的负面影响。艾伦、波茨和卢（1999）指出旅游城市化在一定程度上破坏了海滨型旅游目的地的生态环境。

进入 21 世纪后，随着旅游城镇化成功范例的增加，旅游城镇化日益受到理论研究界和官方的重视，关于旅游城镇化的研究领域越来越细分，主要分为宏观和实证案例两个层面。在宏观层面，有的研究者专门研究旅游城市（镇）化进程中人口、经济、资源与城市生态环境等因素的协调问题，提出了这些因素不协调的应对措施；有的研究者侧重关注旅游就业移民和以旅游消费为目的的人口城市化等两类问题。在微观实证研究层面，阿什沃斯（2003，2011）、吉尔伯特（2006）、希尔科（2006）、高森（2007）、贝利（2008）提炼旅游城市（镇）化正反两方面的实证个例，研究旅游城市（镇）分类、驱动机制及旅游与文化的交互作用等问题。

（二）国内研究

1. 旅游城镇化概念

黄震方等（2000）认为，旅游城市化指旅游区非城市人口向城市迁移和集聚的过程，主要表现为旅游城市（镇）数量增多、规模扩大，以及城市（镇）在民众旅游活动中的作用增加等现象。陆林（2005）从城镇化角度出发，认为旅游城镇化是旅游作为城镇化的驱动力之一，是引导人口向城市集中的过程；从消费角度出发，旅游城镇化是满足人们从传统生存型向现代享乐型转移，提升城市功能的过程。刘敏、刘爱利、孙琼和赵瑞克等（2015）认为，旅游城镇化是中国城镇化多元道路中一种重要模式，对于就地城镇化、解决农民身份问题、调整经济发展结构与促进区域可持续发展都具有积极深远影响。

2. 旅游城镇化模式

彭华和陈江伟（2000）依据驱动力标准将旅游城镇化划分为资源、经济、区位、综合等驱动模式。李鹏（2004）根据旅游区域内城市数量、城市规模及景区景点等标准将其划分为黄山、曲阜、武陵源等模式。陆林和葛敬炳（2006）根据城市状况将旅游城镇化的城市划分为旅游城市、转型城市及综合性城市等类型。王红等（2009）则提出内涵式和外延式旅游城镇化。肖洪磊等（2010）认为，主要有政府主导型、社区创业型、市场主导型等旅游小城镇开发模式。杨懿等（2010）认为，我国少数民族地区旅游城镇可分为资源导向型、区位驱动型、产业带动型及创意再造型等4种类型，并分别举例阐述。李柏文（2012）以资源、资本及市场等为依据，分析了旅游城镇化动力来源、主要战略和依赖路径，划分了8种旅游城镇（市）化发展类型。

3. 旅游城镇化动力机制

梳理相关研究文献可知，学者们从3个方面来研究旅游城镇化动力机制。

第一种观点从旅游推进城镇化的动力因素差异进行划分，将旅游推动城镇化动力分为主动力和从动力。保继刚（2002）认为，城市旅游发展的动力源泉是资源、区域及经济等因素，外部驱动力是需求和结构变化。李鹏（2004）认为，旅游需求拉动、旅游供给推动是旅游城镇化的内在动力；各层次旅游政策体系是外在驱动力。

第二种观点认为，旅游城镇化是多种因素综合驱动发展的结果。许多研究者认为旅游城镇化有宏观、中观、微观等复杂和多层次的动力因素。葛敬炳等（2009）发现推动丽江旅游城镇化的众多动力因素包括资源比较优势、地方政府推动、民营经济参与和旅游消费，而陆林（2006）提出区位优势和民众参与是旅游城镇化重要的助推因素。

第三种观点认为，旅游城镇化的不同阶段，其动力机制是有差异的。刘嘉伟和蒙睿（2001）认为：起步阶段主要依赖旅游资源发展旅游业；第二阶段主要依赖旅游产业提高城市化质量；成熟阶段以提高民众生活水平作为旅游城镇化的根本目标。杨俊等（2014）根据旅游景区发展阶段，将主要驱动力分为起步阶段——自然景观、迅速发展阶段——旅游企业发展与政策、成熟阶段——居民决策等。丁新军等（2014）研究发现旅游驱动城镇化的内外条件推动力在不同阶段差异明显，初步活跃阶段动因较弱，中度活跃阶段动因较强，高度活跃阶段内外条件推动作用最强，弱化活跃阶段动因减弱。

4. 民族地区旅游城镇化

戴楚洲（2004）提出张家界市城镇发展要以市区为中心，形成扇形旅游城镇，构建市域旅游城镇体系，推动城镇化进程；发展旅游城镇，增强聚集辐射功能。陈利丹（2004）分析了广西城镇化五大片区的布局，提出根据各片区的经济特色、民族习惯、区位特点，结合广西城镇化的布局，发展城镇群和做大做强各自的中心城市。刘晓鹰和杨建翠（2005）认为，候鸟型旅游客流对民族地区城镇化的推动作用明显。李柏文（2009）证明了旅游业可以从经济、社会、文化和环境等方面影响城镇。王彬汕（2010）从规划角度认为，旅游小城镇规划应将产业规划与空间规划相结合，将旅游规划与城镇规划相结合。蒋焕洲（2010）认为，旅游业和城镇化可以实现良性互动，并构建出两者协调发展的路径。杨懿、李柏文等（2012）认为，少数民族地区旅游城镇还存在"远离市场，可进入性差""对外部客源和资本双重依赖"等缺陷。罗雪莉（2011）提出了依托凉山彝族特色优势文化和资源，把资源比较优势转化为品牌优势，提升民族地区旅游城镇品牌魅力，增强旅游吸引力，走绿色、环保、高效、可持续发展的城镇化建设道路。唐洁（2012）认为，民族地区适合将旅游发展与城镇化建设相结合，走新型城镇化道路，加速民族地区经济的发展。杨建翠（2012）通过对九寨沟县旅游城镇的形成机制进行研究分析，论证了旅游业对城镇化发展的强大推进作用，可为旅游资源丰富的西部民族地区旅游城镇化提供可靠的依据和科学论证。钟家雨和柳思维（2012）认为，旅游小城镇的协同发展模式分为核心产业链企业协同、产业集群协同、产业集群与环境协同，应从目标、制度、组织、利益、创新及信息等方面入手，实现旅游业和城镇化协同发展。何腾（2013）将西部民族地区设定为整体的系统单元，运用哈肯协同学理论对西部民族地区旅游城镇化发展模式进行了理论上的架构。普荣和白海霞（2015）研究发现滇西北地区旅游城镇化的发展呈现旅游城镇规模不断扩大，但集聚经济发展较弱，城镇空间布局不合理的现状。闫志强（2015）认为，民族地区具有天然的资源环境优势、民族特色优势，可以作为发展旅游小城镇的优势条件，作为工业化城镇的补充，多形式多力量共同推动民族地区城镇化快速发展。蒋志勇（2015）认为，西部民族地区应当发挥自然和文化资源的优势，将旅游业作为新型城镇化发展的主导产业，并充分利用和发挥民族地区自然资源和文化资源的比较优势，促进旅游产业在与上下游关联产业和地区特色农业的有机融合中发挥驱动作用，发挥本地资源优势，推动西部民族地区从传统的规模扩张型城镇化向追求产业结构提升的新型城镇化转变。周智、黄英和黄娟（2015）通过对大理古城周边地区进行分析研究，认为旅游城镇化对少数民族地区经济、文化和环境造成的冲击是制约其可持续发展的重要因素，建议该地区从分层次加强环保理念宣传、健全居民参与和利益分配机制、内外双向加强少数民族传统文化保护机制建设等方面推进旅游城镇化可持续发展。沈超群和陈凯（2015）认为，在旅游城镇化过程中，民族地区在实现经济发展的同时，也正在面临着宗教信仰冲突、多元文化冲突、自然环境破坏及心理落差等所导致的社会问题的困扰。王兆峰和龙丽羽（2016）对凤凰县研究发现旅游业发展与城镇化建设二者之间呈现显著正相关关系。赵志峰（2016）分析了科技创新在旅游小城镇中的应用以及存在的问题，提出科技创新驱动旅游小城镇发展的对策。吴芳梅和郑建锋（2016）分析发现，在新型城镇化背景下，加大民族文化保护投入、提升文化保护部门的人力资本素质，有助于促进提升民族地区既有文化资本存量，进而促进民族地区旅游经济发展。吴良德和唐剑（2017）认为，阿坝州旅游城镇化的生态经济效应主要体现为保护耦合机制、长效动力机制及沟通协调机制，需要通过建立循环生态经济系统体系、完善生态管理和生态补偿机制、倡导绿色生态理念及创建生态文化体系等途径，进一步提高阿坝州旅游城镇化的生态经济效应。

二、旅游小城镇研究

（一）国外研究

自 18 世纪 40 年代以来，科学技术迅速更新和广泛运用，提高了整个社会的生产效率，推动了西方国家经济发展和假日制度改革。西方国家民众可支配收入和休闲时间增加，刺激了旅游需求增加，推动城镇化和旅游业发展。因此，国外对城镇化和旅游业发展的相关研究也随之展开。早期国外对旅游小城镇的研究主要由城市旅游和乡村旅游研究衍生而来。研究的主要手段是案例分析，以及案例验证理论模型。

1. 旅游小城镇发展对社会经济发展影响研究

2007 年，约翰·S. 阿卡玛和恺锑达·润娜（2007）发现，虽然小城镇把旅游业作为社会经济发展的支柱产业，但由于当地政府部门在主导旅游业发展过程中被外部集团所掌控，社区居民旅游收益较少，因此，旅游业在当地并没能够充分发挥其对社会经济的推动作用。

2. 旅游小城镇社区参与研究

科斯迪·夏洛克（1999）认为，旅游小城镇的发展建设不仅仅要依靠政府力量，更要充分尊重社区利益，并要把社区居民利益放在首位，尽可能地提高社区参与度，调动当地居民参与热情，才有可能实现当地旅游业可持续发展。多根等（2002）对弗吉尼亚州某旅游区周围 5 个传统小城镇居民的调查表明，当地居民的旅游关注度、生态价值观、资源利用率及旅游损益度等因素，影响社区居民对旅游发展的支持度。

3. 旅游小城镇可持续发展研究

菲松·伊克赛尔等（1999）在针对土耳其棉花堡（Pamukkale）的旅游可持续发展问题的研究上，运用半开放式的调查法调查了当地旅游业相关利益主体，并提出小城镇可持续发展对策。福克纳等（2001）提出了更为详细具体的预防灾害的管理框架，预防天灾对旅游小城镇可持续发展的负面影响。巴姆斯等（2003）认为，政府部门对新兴旅游地及旅游活动的开发和引导，有利于小城镇旅游可持续发展。博伊尔·艾米丽和默菲·克莱尔（2006）的研究表明，影响旅游小城镇发展的有社区居民和特定参与者之间关系、消费者旅游决策的作用，以及文化遗产及创新等因素。

(二) 国内研究

21 世纪，我国旅游业发展和城镇化进程快速建设共同刺激了我国小城镇旅游研究热潮，产生了大量小城镇旅游研究成果。

1. 旅游小城镇基础理论研究

罗明义 (2004) 认为，旅游小城镇是旅游发展与小城镇建设相结合的小城镇。李柏文等 (2008) 提出，狭义的旅游小城镇指旅游资源较为丰富，具备一定的接待能力，旅游业是城镇经济发展的支柱性产业或者至少占有重要地位，是其对外认知形象的重要组成部分的小城镇。总结我国学者对旅游小城镇的概念定义可以看出，旅游小城镇两个重要特征分别是旅游经济和旅游形象。在对旅游小城镇概念界定的研究中，也有许多学者对其类型进行研究分析，其中最具代表性的就是赵庆海 (2002) 从开发角度，把旅游小城镇划分为资源型、参与型和接待型 3 类。

我国有关旅游小城镇基础理论的研究相对比较薄弱，仅有少部分学者对其做出相关研究。黄慧明和魏清泉 (2001) 提出了先开发最突出资源的"向心系统"理论，并阐述了针对大城市边缘旅游待开发的小城镇工业与旅游发展的特殊关系提出的"二元转换"发展思路。马晓堂 (2006) 依据旅游小城镇发展阶段，提出旅游承载力评价、旅游规划以及其自我保护与更新"微微循环"理论。

2. 旅游小城镇旅游综合效益分析研究

21 世纪初，由于政府和企业加大了对小城镇旅游的重视和扶持，城镇旅游的综合效益得到了人们广泛关注。蒙睿等 (2002) 指出，旅游业发展对西部地区城镇化具有驱动作用。中国建筑设计研究院小城镇发展研究中心 (2006) 在对小城镇发展的研究中也指出，小城镇旅游发展在加快农村社会经济转型、农村经济结构调整、转移农村剩余劳动力及提高居民收入等方面都发挥了至关重要的作用，同时对当地文化和自然景观的开发和保护起到了促进作用，推动小城镇现代化发展。李欣华和吴建国 (2010) 对郎德上寨研究发现，主要通过文物保护和"社区主导、全民参与"的民族村寨旅游进行民族村寨文化保护与传承，实现村寨文化保护、传承和村寨旅游发展双赢，获得了良好的社会、经济和环境效益。另外，在政绩驱动下，中国政府官员也高度关注旅游小城镇的综合效益研究，包括旅游小城镇发展对"三农"问题和新时代"三农"工作的处理、社会主义新农村建设和乡村振兴等方面。

3. 旅游小城镇开发与管理研究

我国对旅游小城镇开发与管理的研究，主要是针对在其开发和发展过程中出现的问题、开发模式、旅游规划及旅游开发对策与措施等方面。中国小城镇旅游是在探索中发展的，不可避免地存在着一些问题，如发展观念、管理服务、生态与环保及旅游产业融合等相关问题。胡卫华（2003）指出，城镇旅游发展的大生态环境先天不足；景点分散，交通设施差；旅游服务设施薄弱；文物保护知识和意识淡薄；缺乏小城镇旅游整体发展战略。

针对我国旅游小城镇开发和发展中的问题，我国学者结合国内各地具体实际情况，科学合理地借鉴国外经验，分别对我国各地旅游小城镇发展中的具体问题提出了相应的具体建议和措施。霍松涛和梁留科（2005）认为，在旅游小城镇发展过程中，当地旅游城镇形象、客源市场定位及小城镇旅游营销手段都是较为重要的。王瑛等（2006）研究指出，在旅游小城镇开发过程中，政府应当明确建设目标，统筹规划，加强宏观调控，加大投资和建设，有效提供公共服务和产品，加强旅游宣传促销等。刘承欣（2006）提出，应加强对旅游城镇建设政策研究和强化组织领导；科学组织，高起点做好整体规划和详细规划；创新机制，积极开拓多元化投资渠道；加快结构调整，巩固旅游城镇发展的经济基础；加强管理，引进、培养专业人才，提高管理水平等对策。仇保兴（2009）总结旅游城镇可持续发展的经验为：注重历史文化遗产传承；注重独特风味特产开发；注重自然和谐景观保护；注重浓郁乡情民风传承和开发；注重乡村休闲生活展示；注重优美田园风光利用。

在我国城镇旅游发展的过程中，学者也对其发展模式进行了归纳总结。赵庆海（2002）就把城镇旅游开发模式归纳为 3 种模式：资源型开发模式；参与型开发模式；接待型开发模式。凌日平（2003）将旅游小城镇开发模式划分为 3 种类型，分别是资源资本化模式、主题性产品模式、价值链模式。黄金火等（2005）认为，资源型旅游小城镇是通过对旅游资源进行包装，扩大旅游城镇知名度，来吸引人气；通过面向不同细分市场的产品营销促销、品牌推广等措施，增加城市人均收入，扩大国民生产总值和地方财政收入，增加财气，进而利用这些资本进一步投入，对资源进行深度开发和产品拓展，获得更大范围内的名气，实现下一个循环发展。

此外，针对西部欠发达少数民族地区的旅游小城镇，很多学者进行了案例研究，综合运用了小城镇旅游开发建设的相关理论及经验，结合其自身发展特点，全面系统地提出了促进旅游小城镇发展和加速城镇化进程的方案。

4. 民族地区旅游小城镇研究

李锦（2003）分析了岷江上游藏羌民族地区旅游经济发展对城镇功能变迁和旅游小城镇形成与发展的驱动作用，认为政治制度在该地区旅游经济发展和民族文化变迁中具有重要的引导作用。罗明义（2006）认为，云南省把旅游文化、氛围融入城镇化建设过程中，形成了各具特色、差异性明显的旅游小城镇，丰富了旅游产品的内容和类型，拓展了旅游的空间，推动了城镇化发展，促进城乡协调发展。韩先成（2007）总结提炼了旅游小城镇建设的"云南模式"。潘斌（2008）以云南勐仑旅游小城镇规划为实证，提出了通过旅游小城镇规划塑造旅游小城镇特色形象的普适性方法。陈伟红等（2008）认为，少数民族地区小城镇旅游资源具有唯一性，云南少数民族地区旅游小城镇可以依托丰富的民族文化资源、自然资源等和旅游活动一起发展。王彬汕（2010）针对民族地区旅游小城镇这一特定类型，在传统小城镇规划框架与内容的基础上，提出要引入参与机制，制定地方标准，使规划符合民族地区文化、贴近民族地区实际。范文艺（2010）对宏观层次的社会空间结构形态、中观层次的街区与旅游兴衰、微观层次的旅游场域的形成和运行做了研究，尤其对其中文化资本的生成和表现形式以及再生产给予重视。董晓璇（2012）基于文化遗产保护的城镇特色分析，明确其构成因素、形成方式和体现方式，为旅游小城镇的特色构建提供基础条件。钟家雨和柳思维（2012）基于协同理论，提出从目标协同、制度协同、组织协同、利益协同、创新协同及信息协同等方面入手，实现旅游小城镇协同发展。李柏文（2012）认为，所有模式因其研究视角不同，在一定概念上破坏了模式概念，为此他提出了资源导向型、区位驱动型、产业带动型和企业再创意型四大旅游小城镇开发模型。李野萍（2013）认为，民族地区旅游小城镇建设是新时期带动少数民族地方经济、促进民族地区城镇化发展的最佳路径，并对民族地区旅游小城镇从产业平衡、群众参与度、保护民族文化、重视政府作用、人才吸引和生态保护 6 个角度提出建设路径建议。孙秀华（2013）认为，旅游可以促进民族乡村地区城镇化，并抽象概括出其转变的影响因素，建构了民族村落向旅游小城镇转变的理论体系。刘姝萍（2014）将空间生产理论引入旅游小城镇空间形态演变之中，对束河古镇的空间形态演变过程和动力机制进行新的诠释。范文艺（2014）提出在当前旅游小城镇发展中，在外部空间上应注重研究传统的自然规划思想，使旅游发展与周边农业自然生态环境形成协调统一的关系；在内部结构型制上应综合考虑各种空间要素，善于利用以地域传统街道、庭院和建筑为主导元素的内部空间组合结构。罗正雄（2014）认为，贵州乡村地区应结合资源禀赋、经济状况和文化技术水平，发展特色旅游业来作为农村小城镇的主导产业。魏影（2015）根据旅游小城镇自身发展特点，提出旅游小城镇游客感知价值的概念和计量分析模型，初步构建了旅游小城镇游客感知价值评价体系。陶慧等（2015）确立了基于核心吸引物（A）—小城镇（T）—乡村环境（R）的新分类方法，将旅游小城镇分为 AT 一体、AT 分离、A＋T＋R 联动与 ATR 创意再造 4 种类型，依据 A、T、R 初始条件的不同组合情况提炼出六大旅游小城镇的发展模式。闫志强（2015）针对旅游小城镇发展具有阶段性，将旅游小城镇分为准备期、发展期、夯实期和升级转型期 4 个发展阶段；发展动力包括资源力、市场力、产业带动力、政府力、形象力及文化力等；并有政府主导型、市场主导型、社区主导型及旅居共建型等发展模式。夏静（2016）认为，旅游小城镇规模属于中等空间规模，只能以其重要地段、核心空间的特色构建为主。游客作为旅游小城镇的主要消费者，旅游小城镇建设应该满足游客的行为特征，在特色打造中应选择特色空间来满足游客行为的人性化构建。杨茗涵（2016）认为，未来旅游小城镇急需扩大来源于互联网、自媒体这些宣传途径的口碑和认知，并吸引更多潜在游客。黄涛等（2018）认为，青海藏区以独特的民族文化和丰富的特色旅游资源为凭借，在当前及未来很长时期，特色小城镇旅游业将会得到健康、快速、有序发展。

（三）研究综合述评

综观国内外旅游小城镇研究，存在相同之处，但其具体侧重不尽相同。其一，梳理国内外相关文献可知，旅游小城镇研究是在城镇分类研究中衍生而来。国内外的主要研究内容是旅游小城镇的概念、特征、可持续发展及其综合效益，研究重点多数集中在探讨其规划建设、发展经营模式等方面，并且大多关注经济发展相对落后地区。其二，由于社会形态和价值观念差异，相对于国外学者侧重于旅游小城镇规划理论和方法等方面的研究，国内学者更多地关注对个体案例的研究。由于我国旅游小城镇发展时间不长，需要更多地借鉴国外研究经验，结合我国旅游小城镇发展具体问题，进一步加强对旅游小城镇发展的深入研究。

在有关旅游城镇化及旅游特色小城镇的研究上，现有文献对于后现代消费文化对旅游消费趋势和倾向影响的研究相对较少，对于旅游消费倾向和趋势对旅游产品生产供给和旅游新业态培育的影响，如何在大众个性化旅游时代进行游客小众群体化及市场细分，以及如何在旅游消费需求多元化背景下创新升级旅游产品、延长完善旅游产业链、构建泛旅游产业集群的研究，不是很多。

三、旅游城镇可持续发展和岷江上游地区城镇化研究

(一) 旅游城镇可持续发展研究

王民(1997)认为，旅游可持续发展战略要求旅游业发展与资源、环境相协调，旅游与自然、文化和人类生存环境构成发展共同体。刘颂(1999)认为，若要实现城市旅游可持续发展，需要正确的发展方向、可持续的旅游规划、具有强大生命力的旅游产品，以及政策法规等管理保障体系等多重因素的综合协调。董峰(2000)提出旅游型小城镇可持续发展必须兼顾政府、企业和群众三者的利益。李艳双等(2001)将数据包网络分析(DEA)的思想和模型应用于旅游可持续发展能力的评价中。李澜(2003)提出应在城镇化的推进过程中努力实现城镇人口的可持续发展、城镇水土资源的可持续利用，以及城镇生态环境的有效保护。王丽丽(2004)认为，要实现旅游城市可持续发展，文化内涵是必要保障。董大为(2005)界定了旅游环境承载力的概念、特性、内涵及功能，构建了旅游环境承载力评价指标体系和测度模型。戴永光(2006)依据旅游城市可持续发展的特殊性，确定了其指标体系构建的基本原则。郭伟等(2008)认为，中小旅游城市可持续发展能力评价指标体系的构建着眼于环

境承载力、经济持续力、社会持续力和文化持续力4个方面。周丹敏(2014)
认为,对民族旅游资源进行有效整合可以提升民族旅游城镇竞争力,进而实
现民族旅游城镇可持续发展。王皓(2014)尝试构建了中小旅游城市可持续发
展能力评价指标体系,认为旅游资源系统—城市支撑系统协调度反映了两大
系统之间的协调状态和协调水平,旅游资源系统—城市支撑系统可持续发展
度反映了两大系统及城市整体的发展趋势。周智(2015)认为,旅游城镇化对
少数民族地区经济、文化和环境造成的冲击是制约其可持续发展的重要因素。
李兰春(2016)基于可持续发展的理论,建立了历史城镇可持续开发的变量体
系,并对每个变量取值的标准进行了确定,从而构建了历史城镇可持续发展
的最优开发模式。唐凯(2017)进行了旅游城市和经济系统脆弱性研究,而后
分别从旅游城市经济系统脆弱性内涵、旅游城市经济系统脆弱性形成机理和
旅游城市经济系统脆弱性与可持续发展分析3个方面构建了旅游城市经济系
统脆弱性与可持续发展理论分析框架。

(二)岷江上游地区城镇化研究

田静(2004)认为,岷江上游地区是四川省乃至西部地区重要的生态屏障,
极度脆弱的生态环境已危及长江流域的生态安全,并成为区域经济社会发展
的主要限制性因素,这是该地区进行城镇化的自然生态环境约束性因素。陈
勇、陈国阶和杨定国(2004)认为,随着岷江上游地区人口剧增和人类活动的
增多,该地区聚落生态系统面临着极端气候和异常地质灾害等严峻现实问题。
他们提出将分布在陡坡上规模较小的村寨,特别是单家独户民众逐步搬迁到
河谷地带或交通等环境较好的地带,可以通过发展民族(村寨)、乡村旅游业
增加当地群众收入,逐步实现当地民众非农化、就地城镇化。沈茂英(2005)
认为,岷江上游地区乡村聚落体系存在着"县城镇—中心镇(建制镇)—集镇—
中心村—基层村(自然村)—散居村"六层次结构,小城镇在该地区必然发挥着
城乡之间联系的桥梁和纽带、农村经济和文化的聚集中心等重大功能。因此,
必须根据该地区自然人文等资源禀赋,培养该地区小城镇旅游产业、特色农
产品产业、交通和商贸服务业等优势特色产业,实现该地区小城镇的可持续
发展。李锦(2007)认为,受到传统民族文化和社会意识形态影响的岷江上游
地区个体和群体的自觉选择,推动该地区民族社会文化和社会组织变迁,进

而成为影响该地区城镇化成长的重要因素。赵兵（2009）将岷江上游城镇用地分为高敏感区、较敏感区和不敏感区 3 种，通过生态敏感性分区，阐明了以岷江上游地区生态敏感性规划原则对岷江上游城镇生态环境敏感区城镇用地进行分区、分类调控和管理的观点。何一民和邓真（2014）认为，岷江上游地区历史文化城镇在几十年的发展过程中出现了建设性破坏、开发性破坏及旅游性破坏等问题，提出以民族文化和地域文化为核心，大力挖掘其民族文化内涵，整合该地区旅游资源，实现区域内各历史城镇的错位发展，塑造该地区历史城镇差异化旅游品牌。严冬、李爱农、南希、雷光斌和曹小敏（2015）认为，岷江上游地区城镇的扩张受到地形和山地灾害等多种因素的制约，表现出沿山间平地扩张的方向性特征。杨意志（2016）认为，岷江上游地区小城镇的科学发展能够带动该地区经济发展，提高民众生活质量；科学的规划与落实能够提高该地区城镇化用地集约度，引领该地区小城镇的持续发展。王海燕（2018）认为，民族地区的城镇化是一个对传统文化进行锻造重构的过程，因此，必须努力提高岷江上游地区各民族民众的知识技能、文化素养，使该地区各民族民众拥有经济和精神文化层面的双重主体性，帮助各民族民众找到其文化自信与智慧，立足民族文化根基，推动原生共同体社区转化为"共同体社会"。张力元（2018）将等级结构分为一级（流域中心镇）、二级（县域中心镇）、三级（重点镇）、四级（一般乡镇），按照等级对岷江上游流域城镇体系结构提出了优化构想。

（三）研究综合评述

民族地区旅游小城镇研究的研究内容主要集中在旅游小城镇相关概念、分类、影响、功能以及主要驱动力等方面，对于民族地区旅游小城镇可持续发展方面研究较少；研究地域主要集中在贵州、云南及内蒙古，对于岷江上游地区旅游小城镇方面研究较少；对于岷江上游地区城镇化的研究主要集中在从生态学、规划学等学科视角进行研究，较少有从民族学学科视角来研究该地区旅游小城镇可持续发展。

第四节　研究目的、研究内容和重点难点

一、研究目的

本研究力求达到以下两个目的。

其一，通过深入探讨旅游小城镇的理论内涵与现实价值，对岷江上游地区特殊性进行梳理分析、对旅游小城镇发展特殊意义进行分析研究，构建岷江上游地区旅游小城镇发展质量评价指标体系，从理论上丰富现有研究成果，为未来相关研究提供理论基础。

其二，以新型城镇化和国家特色小城镇建设相关政策为切入点，分析岷江上游地区旅游小城镇发展现状，探讨该地区旅游小城镇建设的重要性以及对该地区经济发展、社会进步、民族文化保护和传承及社会治理能力提升等方面的特殊意义，期望为岷江上游地区旅游小城镇可持续发展提供案例参考，为当地政府制定旅游小城镇发展政策提出科学、有效的对策与建议，进而为其他民族地区通过发展旅游业推动就地城镇化的发展路径提供可资借鉴的理论和实践案例。

二、研究内容

本研究是以习近平新时代中国特色社会主义思想和马克思主义民族理论与方法为指导，运用民族经济学、旅游学、社会学及人类学学科前沿理论，结合五大发展理念，对岷江上游藏羌民族地区小城镇发展问题进行的系统研究。主要研究内容如下。

对旅游小城镇、民族地区旅游城镇化等相关问题的文献梳理和评述。本书系统、全面地梳理了国内外关于旅游小城镇、民族地区旅游城镇化等相关学术研究的文献，重点查阅含义、价值、路径等问题，对现有研究成果进行归纳整理、分析比较和综述评价。在此基础上，结合本书研究的问题，寻找研究的切入点和突破口，选择研究视角、理论基础和研究方法，形成主要研

究思路和主要研究架构。

首先对民族地区旅游小城镇的概念和相关理论进行梳理，然后在对岷江上游地区的自然地理环境、地质条件、区位功能和历史人文条件的特殊性以及自然人文资源禀赋分析研究的基础上，对该地区旅游小城镇发展存在的问题进行了梳理。在此基础上，总结出民族地区旅游小城镇发展的基本规律，进而以五大发展理念为抓手，运用相关研究思路和方法，采用田野访谈法、德尔菲法总结出岷江上游地区旅游小城镇发展的影响因素，并提出相应的解决路径和建议。

从产业、文化、社会和生态等 4 个维度出发，对岷江上游地区旅游小城镇发展进行深入分析，并在此基础之上选取汶川县水磨镇、松潘县川主寺镇及理县古尔沟镇进行田野调查和实证研究。运用岷江上游地区旅游小城镇发展质量评价指标体系对田野调查的旅游小城镇发展状况进行分析评价，找出问题和原因所在，并针对性地提出对策与建议，期望为该地区旅游小城镇发展提供有益的发展建议。

三、研究重点和难点

(一) 研究重点

本研究采用理论分析与案例研究相结合的方法，以岷江上游地区 (松潘县、茂县、黑水县、理县、汶川县) 为研究范围，探讨在新型城镇化和特色小城镇建设背景下，该地区旅游小城镇发展问题。近年来，各级政府在政策、资金上大力支持该区域经济发展，取得了一定经济社会效益，但受地理区位、自然环境、地质条件等多方面约束，与发达地区旅游小城镇相比，岷江上游地区旅游小城镇发展仍处于较低水平。不可否认，经过 30 多年的发展，该地区旅游小城镇在促进百姓增收、推动该地区城镇化发展方面取得了良好效益，是振兴民族经济、实施乡村振兴战略的重要抓手。但在取得较好发展成绩的同时，也存在一系列问题，主要表现在如下几个方面：旅游小城镇产业基础单一，具有很大风险，城镇化过程中生态环境破坏严重，等等。这些问题都严重阻碍了旅游小城镇健康有序发展。本书重点研究在新型城镇化背景下构建该民族地区旅游小城镇发展质量评估指标体系，并对该地区旅游小城镇发展进行案例研究，优化该区域旅游小城镇发展路径。

(二)研究难点

新型城镇化战略和特色小城镇建设战略是在党的十八大提出，并在党的十九大中进一步推进的新战略，关于新型城镇化和特色小城镇建设的现有研究成果，集中在东部发达地区，对于民族地区的研究成果不多。如何精准把握这两大战略的内涵和特质，并与岷江上游地区特殊自然人文环境有机结合，优化该地区旅游小城镇发展的路径，实现该地区旅游小城镇健康有序可持续发展，是研究的一大难点。

旅游小城镇发展质量评价指标体系的案例检验，需要搜集这些旅游小城镇大量的历年数据和信息，而岷江上游地区旅游小城镇数据统计时间都不长，数据搜集有一定的难度。田野访谈只能得到即时性信息，历时性信息较难搜集。

关于岷江上游地区旅游小城镇建设和发展的研究成果较少，本研究需要的信息涉及大量的历史、文化、农业、商贸、经济及旅游等相关数据和地方文献资料，数据和资料不易界定和获取，需要对政府、游客及经营户等进行访谈获得，田野调查的范围广、内容多，具有一定难度。

第五节 研究方法、研究思路和创新点

一、研究方法

(一)研究视角

本研究为问题导向型跨学科研究，旅游小城镇发展涉及产业创新、生态保护、社会治理、文化保护与传承及百姓增收等多个主题，需要交叉运用民族学、经济学、管理学及地理学等多个学科的理论知识，进行多学科交叉整合研究。

本研究是在新型城镇化大背景下展开的，因此，必须运用新型城镇化理论和相关研究成果。

(二)研究方法

本书采取理论与实证相结合、定性与定量相结合、多学科交叉研究的方法来研究岷江上游地区旅游小城镇发展相关问题，具体包括文献研究法、田野调查法及案例研究法等，见图 1-1。

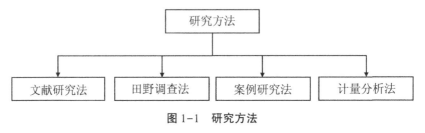

图 1-1　研究方法

1. 文献研究法

围绕研究关键词"岷江上游地区""旅游小城镇"搜索 ProQuest、Elsevier、Springer 等数据库中相关外文资料，以及中国知网（CNKI）、万方、维普等数据库中相关资料，研读相关文献，分析、归纳和整理，梳理出所研究区域和研究问题的发展历程与现状，深化对研究问题的认识。本书对小城镇相关研究文献进行梳理和述评，深化对岷江上游地区旅游小城镇的历史和理论基础的认识。同时，广泛收集松潘县、茂县、理县、黑水县、汶川县等岷江上游地区以及阿坝州、四川省的统计年鉴、政府工作报告、统计报表、历史沿革等材料，为研究积累扎实资料。

2. 田野调查法

深入岷江上游地区进行系统性考察和研究，对政府、企业、村委会及村民等进行多角度调查，以获取研究的第一手资料，确保研究的科学性和准确性。本研究深入松潘县、茂县、理县、黑水县、汶川县等地进行田野调查，重点对汶川县水磨镇、理县古尔沟镇、松潘县川主寺镇进行田野调查，采用参与式观察、深度访谈、非正式叙事及问卷调查等方式展开调查和定性研究。

3. 案例研究法

本书在理论研究的基础上，选择岷江上游地区不同发展路径的旅游小城镇进行案例研究，运用旅游小城镇发展质量评价指标体系进行验证，希望对该民族地区旅游小城镇的发展情况做出评估，以期为该区域旅游小城镇健康有序发展提供有效的建议。

4. 计量分析法

基于我国历年《中国统计年鉴》、《中国建制镇统计年鉴》、《中国县域统计年鉴（乡镇卷）》、《中国人口统计年鉴》、全国人口普查资料、《中国城市统计年鉴》、《中国城乡建设统计年鉴》、农村与农业普查资料、岷江上游各县县志、阿坝州州志及阿坝州各县政府网站上官方数据，并通过深入细致的田野调查、深度访谈获取有用的信息数据进行分析整理，从而为本书的撰写提供一定的计量支持。

（三）田野调查选点

本研究选取了岷江上游地区 3 种类型旅游特色小城镇为田野调查案例点进行田野调查，选取田野调查案例点的依据主要是旅游特色小城镇类型代表性、资料可获取性等，最终选取了汶川县水磨镇、松潘县川主寺镇及理县古尔沟镇作为田野调查案例点。

本书基于以下几个理由选择以上 3 个旅游小城镇作为案例田野调查点。

本书选取的 3 个旅游小城镇代表了岷江上游地区 5 个县（汶川县、茂县、理县、松潘县、黑水县）中 3 种不同类型的旅游小城镇，具有一定代表性。汶川县水磨镇是重建转型旅游小城镇，松潘县川主寺镇是交通枢纽和依托景区提供旅游商贸服务型旅游小城镇，理县古尔沟镇是依托特色自然资源开发成的度假型旅游小城镇。由于黑水县路程较远，考虑到时间安排合理性、资料可得性等问题，田野调查点未选取黑水县。

选取的作为田野调查点的 3 个旅游小城镇均处在"大九寨旅游圈"的九环线①上，均面临旅游产业须创新升级、可持续发展乏力的问题，同时面临区域内地方性优秀传统文化旅游化不太显著，不能成为该地区旅游业发展持续动能等具有共性的现实紧迫问题。此外，3 个具有不同类型代表性的旅游小城镇又面临各自特殊的问题，差异性比较明显，具有特殊性、代表性，适宜做比较研究。因此，选取这 3 个旅游小城镇作为田野调查点，具有一定的理论价

---

① 九环线：通常指成都至九寨沟的旅游环线，分为东线和西线。东线为成都—德阳—绵阳—江油—平武—九寨沟；西线为成都—都江堰—汶川—茂县—松潘—九寨沟。

值和现实意义。

从资料的可获取性角度来说，选取这 3 个旅游小城镇作为田野调查点是比较合适的。笔者联系了当地有关部门主要负责人，这些田野调查点各部门、各乡镇都比较配合，搜集文献资料比较容易，统计数据和相关访谈信息容易获得。

二、研究思路

(一) 研究思路

第一，通过查找阅读相关文献，梳理述评旅游城镇化和旅游小城镇相关研究成果、研究视角和研究方法，明确研究的主要内容、思路、技术路线及方法，形成数据来源、案例选择及调研过程依据，提出学科视角和方法以及相关理论。第二，在考虑到资料可得性、旅游小城镇类型代表性的基础上，选定岷江上游地区作为研究区域。梳理整理相关文献资料发现，已有研究中关于岷江上游地区旅游城镇化和旅游小城镇方面的研究并不多见，基于这一理由，本书确定了以"岷江上游地区旅游小城镇研究"作为研究题目，初步确定了研究区域。在多次前往该地区进行田野调查的过程中，初步发现该地区旅游小城镇发展过程中存在的问题，通过深度访谈和观察体验法，了解造成这些问题的因素。第三，带着这些问题和思考，回归到整理文献和相关理论，从现有文献中整理、归纳、提炼其他地区旅游城镇化和旅游小城镇的成功做法及其原因，对照岷江上游地区旅游小城镇，分析提炼该地区旅游小城镇发展存在的问题，确定制约影响因素，并分析这些问题和因素产生的深层次原因，以期提出针对性建议，助推该地区旅游小城镇可持续发展。第四，通过运用分析文献资料和实地田野调查的基本研究方法，在相关理论的指导下，针对岷江上游地区旅游小城镇发展过程所存在的问题和面临的机遇与挑战，运用定性和定量、理论梳理和案例分析相结合的分析手段，分析出岷江上游地区这一特殊区域的旅游小城镇在发展过程中所面临的问题和影响该地区旅游小城镇可持续发展的因素，并分析了影响因素产生的根源。第五，从新型城镇化和特色小城镇建设这个国家战略出发，通过分析岷江上游地区自然地理区位、经济发展基础、自然人文资源禀赋比较优势、生态环境约束及国家主体功能区划分等方面实际情况的特殊性，立足国家生态环境保护功能、该地区区域特殊性以及资源禀赋优势，把握旅游个性化大众化时代旅游消费变化规律，针对旅游消费需求个性化、多样化趋势，在新型城镇化和乡村振兴两大战略背景条件下，分析了该地区旅游小城镇动力关系，研究了该地区旅游小城镇和成渝城市群产品互补关系。在新型城镇化战略下，岷江上游地区旅游小城镇能够连接广大乡村和成渝城市群，回归自然，寻找乡愁的精神栖息地，为人们提供所急需的生态农牧产品、丰富多样的民族文化产品，以及休闲康养度假产品等产品和功能，并实现该地区旅游小城镇与大城市群之间的产品互补。第六，在全国消费提质扩容的背景下，为该地区旅游产品和旅游产业的创新升级提出建议，并有针对性地提出该地区旅游小城镇可持续发展的对策与建议，期望推动旅游小城镇与城市群在产品互补中实现旅游产品优化和旅游小城镇可持续发展。本研究技术路线见图1-2。

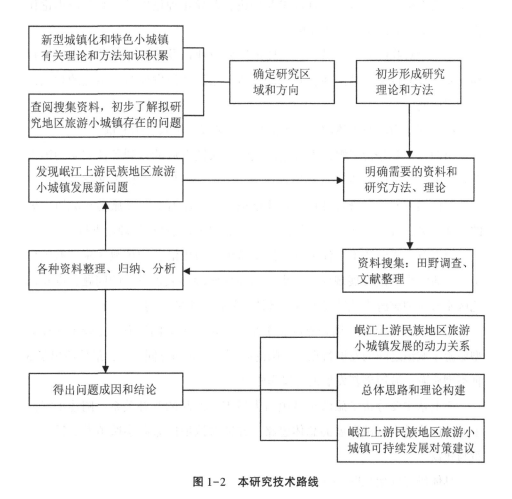

图1-2 本研究技术路线

(二) 研究框架

本书总共7章, 分为3个部分。

第一部分为第一章, 绪论。主要通过对研究背景、意义的研判, 系统梳理了旅游小城镇、旅游城镇化以及岷江上游地区等问题的国内外研究现状, 分析以往研究的主要观点及不足, 提炼了本研究的切入点; 明确主要研究内容、研究思路、研究方法、力争实现的创新点及可能的不足。

第二部分为基本概念和理论部分, 包括第二、第三章。

第二章阐述了各位专家学者对旅游小城镇的相关概念和分类, 并在此基础上提出了本研究自己的定义; 同时, 在梳理文献资料的基础上, 选定了新型城镇化理论、产权理论、社区参与理论、差异化理论以及体验经济理论作为本研究的指导理论, 为研究奠定基础。

第三章对我国旅游小城镇、民族地区旅游业以及旅游小城镇的发展历程和主要阶段进行了总结阐述, 并对民族地区旅游经济发展与城镇化的相关性进行了研究。

第三部分为研究主体部分, 包括第四、第五、第六、第七章。

第四章主要分析了岷江上游地区旅游小城镇发展的有利条件和制约因素及其成因, 并具体分析了自然地理环境、经济社会发展、民族文化及国家主体功能区划方面的自身特殊性, 阐述该地区依靠旅游业驱动旅游小城镇发展的特殊意义、必要性和动力机制, 从而为发展路径选择提供理论支持。

第五章主要阐述了岷江上游地区小城镇的历史沿革和该地区旅游城镇化历程、旅游小城镇发展现状, 指出了该地区旅游小城镇发展的问题, 以及该地区旅游业和旅游小城镇发展对经济社会效益产生的影响。

第六章对3个田野调查点的旅游小城镇进行了案例研究, 比较了3种类型旅游小城镇之间的发展特点、面临的问题和发展的异同之处, 最后给出了3种类型旅游小城镇创新发展的可操作建议。

第七章主要分析了旅游小城镇与大城市群产品的互补关系, 阐述了岷江上游地区旅游小城镇发展的总体思路, 并针对该地区旅游小城镇发展提出对策与建议。

具体研究框架见图1-3。

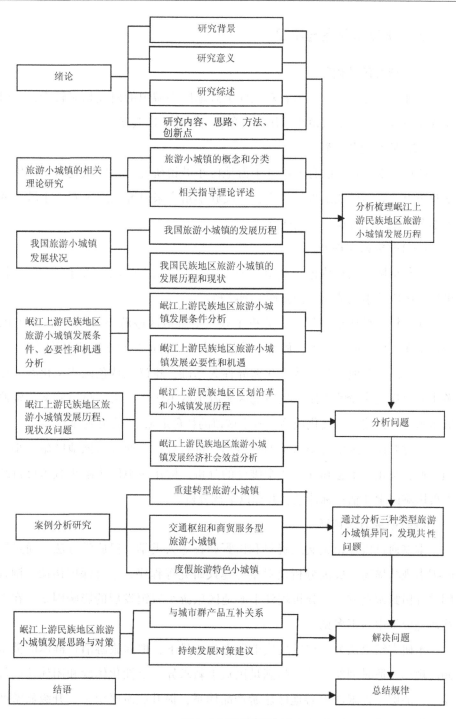

图 1-3 研究框架

三、研究创新点与不足

(一)研究区域创新

梳理文献可知，过往学者对岷江上游地区小城镇的研究相对较少，本研究选择该地区旅游小城镇作为研究对象，可算作一次尝试。

(二)研究视角创新

梳理文献可知，已有的岷江上游地区小城镇研究，主要从规划学、生态学及历史学等学科视角进行研究，从民族学角度来研究该地区旅游小城镇的还不多见，本书可作为一次探索。

(三)研究内容创新

在新型城镇化和特色小城镇建设大背景下，结合岷江上游地区实际，提出该地区旅游小城镇建设创新性发展路径。

在乡村振兴战略背景下，分析了岷江上游地区旅游小城镇产品和功能，分析了在大城市群趋势下，旅游小城镇与大城市群产品和功能的互补关系。

以岷江上游地区各民族文化差异性为基础，建议把特色民族文化融入旅游小城镇规划建设的思路，把该地区旅游小城镇建设成为特色民族文化资源展示示范区，使民族文化成为旅游小城镇的特色形象 IP 的组成部分。

通过对该地区旅游小城镇的发展动力进行分析，通过从该地区旅游小城镇产业、文化、生态和社会 4 个维度的分析，构建该地区旅游小城镇可持续发展影响因素评估指标体系，并加以案例分析。

(四)研究方法创新

本书通过梳理相关文献资料和田野调查等人类学、民族学方法，通过影响因素现状描述、成因分析及对策与建议研究等程序，结合深度访谈、调查问卷等田野调查方式，分析岷江上游地区旅游小城镇发展的影响因素，在以往研究成果中尚不多见。

本研究结论认为，在后现代消费文化背景下，把握旅游消费群体的消费倾向规律，适时创新旅游产品满足民众求新求异、个性化体验和团体认同等需求，能够完善岷江上游地区旅游产品体系，提升旅游吸引力，升级旅游产业，进而推动该地区旅游小城镇持续发展。

（五）研究不足

本研究选定区域为岷江上游地区，这一区域旅游小城镇相关研究较少，资料搜集存在困难，有些必须依靠深入扎实的田野调查才能获取。由于客观原因，仅选取了 3 个旅游小城镇作为案例点，案例点选取较少，今后需要持续加强相关研究。同时出于种种原因，该地区历时性的数据资料不能获得，无法进行长时段的跟踪研究。

第二章 旅游小城镇概念及相关理论

　　旅游城镇化是以旅游业发展带来外地客源涌入，为外来游客服务而形成人流、物资流及信息流等要素集聚，进而推进城镇化发展的一个动态过程，是随着旅游业和城镇化的发展而产生的必然结果，旅游城镇的形成和发展是旅游城镇化不断推进的结果。随着旅游业迅速发展，外来游客不断涌入，一些旅游资源比较丰富的地区，为了满足外来游客的旅游消费需求，自然而然地集聚了众多为外来游客旅游消费服务的非农业人口，在人口集聚、消费集聚、产业集聚及功能集聚等效应的引领推动下，一些小城镇也随之较快发展起来，出现了一些自然形成的旅游小城镇。在这个过程中，人口、资源、信息及资本等市场要素不断向旅游目的地集聚，推动这些旅游小城镇各种功能提升和空间边界扩大。

第一节 旅游小城镇概念和分类

一、小城镇概念和分类

(一) 小城镇概念

　　小城镇是居于乡村和城市之间，连接乡村与城市，具有一定的经济、人口、信息、文化等集聚扩散的功能，但是集聚能力弱于城市的特定区域综合体。在新时代背景下，是实施乡村振兴战略和特色小城镇建设的重要抓手。

(二)小城镇分类

国家统计局农村经济调查总队于 2000 年发布《小城镇建设与第三产业发展研究》,该文件大概把小城镇分为 7 类,并对所占比例做了说明①②。

2006 年,建设部(今住建部)对小城镇进行了全国性调查研究,将小城镇类型共划分为 4 个,即农业产业型小城镇、工业型小城镇、商贸流通型小城镇和旅游型小城镇。旅游小城镇是一种特殊的小城镇类型,和一般小城镇相比,具有其独特特征(曾博伟,2010)。

2007 年,建设部的《我国不同地区、类型小城镇发展的动力机制》研究报告中,按照自然地理特征、小城镇职能、空间形态和发展模式对小城镇进行了分类(建设部课题组,2007)。

虽然上述小城镇分类各有特点,但不难发现,旅游小城镇在所有小城镇的分类中具有重要的位置。

二、旅游小城镇概念和分类

(一)旅游小城镇概念

蒙睿(2002)认为,旅游小城镇是指旅游专业化程度高的小城镇,即区域内现实存在或者潜在的旅游管理业、交通运输业、旅游服务业景点集中分布区,是旅游产业在城镇整个经济系统中处于支柱性地位或作为支柱性产业来培育发展的城镇。张俊峰(2003)将旅游小城镇界定为旅游资源较丰富,基础设施具有一定的接待能力,旅游市场形象较鲜明,特别是旅游经济在小城镇GDP(国内生产总值)中占的比重可持续地增加的城镇。罗明义(2004)尝试定义旅游小城镇,认为旅游小城镇是指把旅游发展同小城镇建设相结合的小城镇。刘德云(2008)③、李晓阳(2008)④,分别从主导产业相关性、城镇功能角

---

① 具体状况分别是综合发展型(占35%)、乡镇企业型(占25%)、市场拉动型(占10%)、交通区位型(占5%)、旅游开发型(占5%)、行业服务型(占10%)、科技卫星型(占10%)。

② 鲜祖德. 城镇建设与农村劳动力转移[M]. 北京:中国统计出版社,2001:17-19.

③ 旅游小城镇定义为以旅游为主导产业的小城镇,其本身具有丰富的自然和人文资源以吸引游人前来观赏,具备建设成为旅游目的地的优质前提。

④ 旅游生活上城镇可以提供有别于城市的旅游产品,以提供旅游服务为主要功能,并能产生较好的社会效益、环境效益、经济效益。

度提出了各自的观点。曾博伟（2010）认为，从广义来看，旅游小城镇是拥有较丰富旅游资源，能提供相应的观光、休闲或者商务服务，存在一定的旅游经济活动的小城镇；从狭义来讲，旅游小城镇包括旅游业占绝对主导地位、旅游经济占当地经济比重 50% 以上的小城镇，旅游业占主要地位的小城镇，其他旅游业发达但经济总量大、旅游业占当地经济比重不高的小城镇。李柏文（2010）提出，狭义的旅游小城镇应该是指旅游资源较为丰富，具备一定的接待能力，旅游业是城镇支柱性产业或占有重要地位，是其对外认知形象的重要组成部分的小城镇。雷晓亮（2012）从广义角度出发，认为旅游小城镇是人文、自然旅游资源比较丰富，能提供观光、休闲或者相应商务服务功能，旅游经济占据一定比重的小城镇。李野萍（2013）认为，旅游经济在本地经济中占主导地位，或者旅游经济成为本地经济的主要经济来源之一，并且在未来有持续增长、不断发展的可能性的小城镇，都可以被定义为旅游小城镇。林峰（2013）认为，旅游小城镇就是拥有较为丰富的自然与人文景观，能提供相应旅游服务，旅游产业占有一定比例的小城镇，是在旅游产业集群化发展与城镇化进程双重因素推动下产生的。吴忠军（2016）认为，旅游城镇指的是县城、建制镇以及休闲小城镇、艺术小城镇等以"吸引力景区＋休闲功能区＋综合居住区＋服务设施配套"为发展形式的非建制性城镇。这类城镇往往是民族地区旅游主导型城镇化建设的主力军，一旦建成，主题十分鲜明。这类城镇的旅游城镇化途径各异，应依托自身资源、历史文化积淀、产业基础开展。吴传钧（2017）从中国建制镇职能类型出发，认为旅游小城镇是具有名胜古迹或自然风景资源，以发展旅游业及为其服务的第三产业或无污染的第二产业为主的建制镇。这类建制镇的交通运输、旅馆服务及饮食业等都比较发达。邓广山（2017）认为，旅游小城镇是旅游资源比较鲜明，且具备一定接待能力的小城镇，是一种以旅游业为推动力的城镇化类型。孙雯和张欣（2017）根据地理区位、人口规模、资源特色及经济成分等几个维度，认为旅游小城镇即"旅游型小城镇"，休闲旅游功能成为镇域经济发展的支柱性产业或占有重要的地位，是城镇对外认知形象的重要构成部分。唐慧（2018）认为，旅游特色小城镇是特色小城镇的一种重要类型，非建制镇是其重要特征，是新型城镇化的重要形式。

通过梳理文献，从学者对旅游小城镇所下的各种定义可知，旅游产业和旅游服务功能被视为旅游小城镇的两个重要特征。但并非所有旅游小城镇这两方面特征都齐备，有些旅游小城镇依附性极强，主要依托其他拥有优质旅游资源、享有极高声誉的旅游景区，自己仅依靠提供旅游业相关服务发展起来，这些旅游小城镇的旅游形象则往往会被自身所依附的高品质旅游景区的形象所遮蔽，有些旅游小城镇虽然旅游经济发展良好，但是由于镇域经济的总体量比较大，旅游业在当地经济总量中占据的比重很小。

本书中所指的旅游小城镇是指主要发展泛旅游产业的小城镇。它既是国家特色小城镇的一部分，也是国家小城镇体系的一个方面。具体而言，主要是指具有依托独特优势旅游资源，生产供给旅游产品，充分发挥旅游相关要素的综合效应；能够实现游客、旅游要素和旅游产业集聚，进而依靠旅游产业驱动城镇化持续推进的小城镇。其特征是：旅游经济总收入占该镇总收入一定比例，旅游相关产业从业人数占总人口比例保持一定占比并逐年变动。

（二）旅游小城镇分类

学者们主要从理论和实践两个层面对旅游小城镇进行分类。

许多学者从理论层面对旅游小城镇进行了分类。赵庆海（2002）从开发角度，把旅游小城镇分为资源型、参与型和接待型 3 类。乔忠、瞿振元和金逸民等（2005）把旅游小城镇分为资源型、旅游服务型和综合型。冯卫红（2005）分别根据旅游资源和城镇的关系、城镇旅游业的地位、城镇所属旅游资源的性质及旅游城镇的吸引辐射范围等 4 项标准对旅游小城镇做了分类[①]。肖洪磊（2007）从产业、功能、资源等 3 个方面做了分类[②]。四川省旅游规划设计研究院（2007）则把旅游小城镇分为 4 个类型[③]。李柏文（2009）依据驱动力，把旅游城镇划分为资源导向、区位驱动、产业带动及创意再造等 4 种类型。曾博

---

① 旅游城镇和旅游依托城镇或服务城镇；以旅游业为主要产业的城镇和旅游业为辅助产业的城镇；文化型城镇、生态型城镇和综合型城镇；国际、全国、省域、区域、县域旅游中心城镇。

② 从产业可以划分为资源主导型、旅游接待型和生态人居型；从功能可以划分为观光游览型、休闲度假型、文化体验型和通道商贸型；从资源可以划分为自然型和人文型。

③ 历史文化名镇（山水文化型、码头驿站文化型、文脉留香型、传统优势产业文化型、名人文化型）、民族风情小镇（风格特异型、民族风情型）、旅游集散城镇、特色产业城镇（特色旅游街区和特色现代农业村镇）。

伟(2013)根据地理区位、旅游资源、游客吸引力、旅游产品、客源市场、典型性和代表性等标准对旅游小城镇做了分类①。陶慧(2015)从全境旅游资源视角出发，依据"旅游核心吸引物(Attraction，缩写 A)、小城镇(Town，缩写 T)与乡村环境(Rural，缩写 R)"三大空间职能载体的资源价值，把旅游小城镇分为 5 种类型。

从实践角度来看，云南省于 2005 年开展旅游小城镇工作时，从城镇旅游资源及开发两个维度做了分类②。

专家学者关于旅游小城镇的分类具体见表 2-1。

表 2-1　旅游小城镇分类

作者	分类角度	类型
赵庆海(2002)	开发	资源型、参与型、接待型
乔忠、瞿振元、金逸民(2005)	驱动类型	资源型(历史文化型、风景型、休闲度假型、生态型、要素型)、旅游服务型、综合型
冯卫红(2005)	旅游资源和城镇关系	旅游城镇和旅游依托城镇或服务城镇
	城镇旅游业地位	从旅游业为主要产业的城镇和旅游业为辅助产业的城镇
	城镇所属旅游资源性质	文化型城镇、生态型城镇和综合型城镇
	旅游城镇吸引辐射范围	国际、全国、省域、区域、县域旅游中心城镇
肖洪磊(2007)	产业类型	资源主导型、旅游接待型、生态人居型
	旅游功能	观光游览型、休闲度假型、文化体验型、通道商贸型
	资源类型	自然型和人文型

---

①　从所处区域位置的角度分为平原型、山区型、滨海型；从旅游资源的角度分为自然资源型、人文景观型、混合型；从对游客吸引力角度分为独立吸引型和依托发展型；从旅游产品的角度分为观光型、度假型以及商务会展型；按接近主要客源市场程度分为城市周边近郊型和边远地区型；从典型性和代表性的角度分为依托旅游景区发展型、旅游古镇和城市近郊休闲度假型。

②　云南省政府从城镇旅游资源的角度把旅游城镇划分为民族文化建设型、历史遗存保护型、生态环境营造型、特色经济培育型、复合型等 5 种类型；从城镇旅游开发的角度把旅游城镇划分为保护提升型、开发建设型和规划储备型 3 种类型。

续表

作者	分类角度	类型
四川省旅游规划设计研究院(2007)	城镇功能	历史文化名镇(山水文化型、码头驿站文化型、文脉留香型、传统优势产业文化型、名人文化型)、民族风情小镇(风格特异型、民族风情型)、旅游集散城镇、特色产业城镇(特色旅游街区和特色现代农业村镇)
李柏文(2009)	发展驱动力	资源导向型、区位驱动型、产业带动型、创意再造型
云南省政府(2009)①	城镇资源	民族文化建设型、历史遗存保护型、生态环境营造型、特色经济培育型、复合型
	旅游开发	保护提升型、开发建设型、规划储备型
曾博伟(2013)	所处区域位置	平原型、山区型、滨海型
	旅游资源	自然资源型、人文景观型、混合型
	对游客吸引力	独立吸引型和依托发展型
	旅游产品	观光型、度假型、商务会展型
	接近主要客源市场程度	城市周边近郊型和边远地区型
	典型性和代表性	依托旅游景区发展型、旅游古镇和城市近郊休闲度假型
陶慧(2015)	全境旅游资源	景镇一体型(乌镇)、大景小镇型(黄山三镇)、依镇拓景型(武陵源)、景镇(域)联动型(马洋溪)、人造小镇型(横店)

---

① 2009年在云南昆明召开了一个全国旅游小城镇的工作会议，云南省政府出台了一套文件，是对这个问题的一个总结。

第二节 相关理论

一、新型城镇化理论

新中国成立 70 年来，我国城镇化进程经历了两个时期。1949—1978 年，我国城市化进展相当缓慢，城市人口比重仅由 11.2% 上升到 19.4%。改革开放以来，我国城镇化取得了显著成效，城镇化率由 1978 年的 19.4% 上升到 2018 年的 59.58%，布局合理科学的城市化体系基本形成，以城市群为主体的城镇分布格局不断优化，城市经济实力大为提升，城市功能日渐完善。有关城镇化的政策重心由重视小城镇发展变化为大型都市区建设，此外，城镇化发展理念也随之变化。

2002 年，党的十六大首次提出走中国特色城镇化道路，关注大中小城市以及小城镇在发展方面的协调性；城镇化水平显著提高，迫切需要中央顶层政策设计予以指导引领。党的十七大提出促进科学发展观的新的城镇化，强调城镇化发展与综合承载力适应，鼓励以特大城市为中心，加快推进城市群建设，助推城市群建设形成新的经济社会增长极。2012 年，党的十八大报告明确提出了"新型城镇化"，并为"四化"协调发展指明了方向。2012 年 12 月，中央经济工作会议首次正式明确指出"城镇化是我国现代化建设的历史任务，也是扩大内需的最大潜力所在"的重大战略意义。随后，党的十八届三中全会、五中全会、中央城镇化工作会议为我国推进新型城镇化出台了一系列政策，形成完整配套的政策体系。

新中国成立以来，我国城镇化建设成效显著，但是也带来了一系列问题，比如环境恶化、人地矛盾突出、资源压力增大、城乡差距扩大及城镇体系和结构不合理等现象。对城镇化过程进行经验总结可知，新型城镇化应时代和现实要求自然而然地产生，这同样也是我国城镇化理论探索和政策实践的新起点。从理论方面梳理新型城镇化的有关研究，发现学者们大都从以下几个方面来进行。

（一）新型城镇化本质和内涵

张占斌（2013）认为，新型城镇化的本质就在于实现人的全面发展，建设包容性、和谐式城镇，体现农业转移人口有序市民化和公共服务协调发展，致力于和谐社会和幸福中国的城镇化。方辉振和黄科（2013）认为："城镇化进程实质上就是让更多居民成为享受幸福生活的市民化过程，即不仅城镇市民更加幸福，而且农村转移人口市民化后也能获得同样幸福感受，这就是以人为本的新型城镇化的最终体现。"袁建新和郭彩琴（2013）认为："新型城镇化的本质内涵是人的城镇化。即新型城镇化道路的关注点是人，是围绕人的生存环境、人的生存与发展需要等重要问题科学设计的发展道路。它立足于'为了最广大劳动人民的根本利益'，把这一宗旨作为包括城镇化建设在内的一切工作的出发点与归宿，并把是否有利于最广大劳动人民根本利益作为衡量城镇化质量高低的标准。"

（二）新型城镇化特征和实现路径

王素斋（2013）认为，新型城镇化具有发展理念的科学性、发展过程的协调性、发展方式的集约性、发展目标的人本性等特征，必须走集约、智慧、低碳、绿色的道路，发挥城镇的驱动引领作用，促进新农村建设的全面协调可持续发展。黄桂婵和胡卫东（2013）总结了新型城镇化主要特征①，认为必须转变观念，生态优先，实现"产城融合"的内涵式发展路径。李明珍（2016）提出了新型城镇化过程人本理念及注重质量和内涵的城镇化特征，并建议从规划、管理、评价标准等方面引导人性化的新型城镇化的实现。王洁（2018）认为，新型城镇化具有发展理念人本性、发展过程协调性、发展模式生态平衡性特征，以五大发展理念为统领，以国家新型城镇化规划纲要为指导，立足本地资源禀赋，规划引领，以产业为本，注重文化和"三生融合"的实现路径。

（三）新型城镇化与特色小城镇关系

曾江和慈锋（2016）认为，特色小城镇是新型城镇化的重要载体和发展模

---

① 新型城镇化特征：科学发展、集约高效、功能完善、环境友好、社会和谐、个性鲜明、城乡一体、大中小城市和小城镇协调发展等。

式。刘海猛、陈明星和程艺（2017）认为，可以通过培育建设特色小城镇，塑造新型城镇化的新动力，开拓新型城镇化的新空间，探索新型城镇化的新模式。柯善北（2017）认为，特色小城镇是在城镇化大背景下提出的兼顾经济转型升级、城乡统筹发展和经济供给侧结构性改革的新型城镇化方案。梁颉（2018）认为，旅游特色小城镇是新型城镇化的一个重要实践路径，是特色小城镇体系的一种重要类型。李素雅（2018）认为，特色小城镇可以成为新型城镇化发展的新载体与新平台。朱永平（2019）认为，特色小城镇的政策环境决定必须培育生态高端特色产业作为产业基础，而且是当地民众实现就地城镇化的适当载体。向莉波（2019）认为，特色小城镇是乡村振兴发展的重要方式，与新型城镇化建设的理念和内涵高度契合，民族地区旅游特色小城镇普遍面临内外交通通达性差、形象品牌宣传不够等问题。

（四）述评

新型城镇化从概念提出到理论体系初步形成，理论和实践相互渗透，交叉促进，主要研究新型城镇化的本质、内涵、特征和实现路径。新型城镇化与特色小城镇关系等方面，研究成果较多。经过梳理发现，关于新型城镇化理论研究中，对于城市群与旅游小城镇产品互补关系方面的研究相对较少。

二、产权理论

从产权理论的分析方法和内容来看，产权理论主要有马克思主义产权理论和现代西方产权理论两个流派。

（一）现代西方产权理论

产权研究的萌芽起源于资本主义市场经济初步形成期，20世纪60年代形成于美国。现代西方产权经济理论最初主要研究产权、激励和经济行为之间关系，不同的产权结构对收益—报酬制度即资源配置的影响，以及权利在经济交易中的作用等内容（陈昕，2014）。该学派主要代表人物有科斯、阿尔钦、德姆塞茨、张五常、诺斯、菲吕博腾、平乔维奇、威廉姆森、巴泽尔、林毅夫等。

现代西方产权理论的奠基者是美国人科斯，他对产权问题的研究始于20世纪30年代。科斯1960年发表的长篇论文《社会成本问题》被公认为西方产权理论的经典、奠基之作，他的经济思想奠定了产权理论的基础。文章的中心思想被其他经济学家概括为"科斯定理"。随着产权理论日渐完善，他的思想得到了世界各国公认。继科斯之后，阿尔钦、德姆塞茨、张五常以及诺斯、威廉姆森、巴泽尔等人的后续研究丰富了产权理论的内容，推动西方产权理论基本框架和体系变得完整和严密。以产权理论为基础的新制度经济学派在西方经济学界的影响也日益深远和广泛，科斯、诺斯等人也因为产权理论研究在 20 世纪 90 年代分别荣获诺贝尔经济学奖，这足以说明西方产权理论强大的思想穿透力和影响力。

现代西方产权理论把产权安排和经济资源配置效率结合起来，在新古典经济学的框架中研究产权的起源。他们大多数对私有产权持有强烈的偏好，认为私有产权安排对增进资源配置的效率是最为有效的，张五常、诺斯是这种观点的主要代表。

西方古典经济学家通过对产权和产权制度的分析研究来论证资本主义私有财产制度的合理性，并分析产权和产权制度对经济和福利的影响。约翰·洛克在代表作《政府论》中认为财产权先于主权而存在，国家是为了保护财产而存在的，解释了私有财产权存在的合理性。亚当·斯密的《国富论》主要论证了自由放任的市场机制对资源的有效配置的重要性，斯密认为，在社会中，每个人追求私人利益的活动，最终能使社会财富的分配实现"平等"。这种分析是以严格的制度分析为前提，实际上已触及产权问题。古典经济学派对西方产权理论的产生起到了启蒙作用，并具有一定的理论贡献。但是新古典经济学派忽略了古典经济学派的产权思想，他们在分析经济运行时，一般把私有产权和私有产权制度看作给定前提。新古典经济学理论分析的前提和假设与现实差异极大，对现实缺乏有力解释。

1921 年，奈特出版了《风险、不确定性和利润》一书，他通过批判完全理性，将风险、不确定性和产权联系起来，且进一步把产权引入市场经济的分析中，这启发了后来科斯交易成本概念的建立。1934 年，康芒斯出版了《制度经济学》一书，把"交易"的概念引入新古典经济学中。1937 年，英国经济学家科斯在《经济学家》上发表《企业的性质》一文，这标志着现代西方产权理论的系统提出。1960 年，科斯在《法学与经济学》杂志上发表《社会成本问题》

一文，明确提出"交易成本"的概念，并把产权与资源配置效率联系起来。在这篇影响力广泛的论文中，科斯实际已经设定了西方产权理论的基本前提假设是资本主义私有财产制度。交易成本的概念后经威廉姆斯等人的发展与完善，已经成为产权经济学和以产权为核心的新制度经济学的基本概念。西方经济学家在研究过程中对交易成本这个概念做了一些论述。科斯在《企业的性质》中区分了生产成本和交易成本，并将交易成本定义为运用市场价格机制的成本。阿罗肯定了科斯的定义，认为交易费用是经济系统运作的成本。威廉姆森从客观环境因素和主观人性因素出发，把交易成本界定为事前、事后的交易成本。库特认为，交易成本可分为狭义交易成本和广义交易成本。制度经济学家往往用交易成本的大小来评价一种经济制度的效率，效率越高，交易成本就越低。新制度经济学家形成了一定的共识，即交易费用与生产费用相对，是一种制度费用，它服务于制度比较和分析。

对于产权理论，约拉姆·巴泽尔在《产权的经济分析》一书中做了较全面的研究，在原有产权理论深入探索基础上，促进了新制度经济学的发展。巴泽尔始终坚信："是案例引导制度经济学家思考，而不是制度经济学家的思考引导他们去炮制案例。"巴泽尔关于产权的研究在吸收前人研究成果的基础上，形成独特的产权分析方法，他开辟了产权问题研究的新范式，他的产权思想与古典产权理论和现代产权理论有明显区别。在约拉姆·巴泽尔的产权理论里，是"公共领域"概念而不是"交易费用"的概念在起主要作用。约拉姆·巴泽尔的产权理论被当成新制度经济学从"交易费用"到"博弈均衡"的发展的一个重要转折点。林毅夫认为，由于理性人能力的有限性，人们需要用制度来确保生命期的安全，同时，需要用制度来促进与其他人的合作，将外部效应内在化。

现代产权理论的部分研究者从微观视角出发，关注企业与市场的关系，研究企业组织结构与企业效率问题，构建了现代企业理论，助推西方产权理论在企业层面开发新的研究发展方向。

在科斯开创西方产权理论后，经过学者们几十年的不断发展，虽然已经形成了相对严谨的研究框架和理论体系，但仍处在不断完善的过程中。该理论体系把产权变量引入经济学的分析框架，拥有对现实极强的解释力，在西方经济学流派中影响日益广泛和深远，理论发展前景光明，但是其分析研究的目的是完善资本主义私有制，认识不到资本主义私有财产制度的历史局限性，缺陷是预先设定私人产权是市场经济的基本前提，否认公有产权。

(二) 马克思主义产权理论

马克思早在100多年前就开始研究产权理论，至今已经形成了完整的理论研究框架。在马克思主义产权理论流派学者们看来，产权和所有权是同一个概念，但是马克思并未明确提出产权概念。马克思、恩格斯认为，人类社会最初的产权关系是公有产权，私有产权是在公有产权的基础上随着生产力的发展而形成的。马克思主义产权理论通过分析产权的本质、产权的基本范畴，考察历史上尤其是当时资本主义社会中的财产关系，充分论证了产权对社会结构的决定意义，构筑了马克思主义产权理论中最为基础的部分。马克思主义产权理论主要有以下结论：

（1）产权本质上是生产关系的总和。

（2）产权是社会分工产物，属于历史范畴。产权内容和形式随着分工推进的时段相异。

（3）对产权宏观层面的分析，阐明人类社会财产制度变更的动力、规律及其对社会结构的影响。

（4）私有产权制度不符合社会分工发展要求，最终必然被公有产权取代（李洁真，2017）。

马克思主义产权理论由于从更宏观的视野、历史性的角度揭示了资本主义所有制的本质和运动规律，运用了历史的整体主义的分析方法，结论更具有概括性，所以，马克思主义产权理论从整体上来看是科学严谨的，对产权起源的认识、对产权本质方面的研究和论述值得关注。

(三) 两种产权理论的关系分析

无论是马克思主义产权理论还是现代西方产权理论，二者虽然产生的时代不同，但都是基于对社会现实的反思和解释而产生、发展起来的。关于产权问题的研究，现代西方产权理论主要使用个体主义方法，缺陷显著；马克思主义产权理论主要从历史整体主义视野出发，运用历史性的研究方法研究产权问题，具有宏观性和趋势性特征。

马克思主义产权理论与现代西方产权理论，是产权理论发展的前后两个历史阶段和两种模式，在研究定位、方法、视角等方面具有不同的特点，形成不同的研究领域和研究重点，在内容上表现出很大的互补性，在时间上具有前后相继性。由于历史条件的限制，马克思既没有对具体的产权问题做系统研究，也没有对现代社会主义市场经济中的产权问题做出预设。现代西方产权理论则弥补了马克思主义产权理论研究的不足，不仅成果丰硕，还产生了一套相对科学的结论。

三、社区参与理论

（一）社区与社区参与概念发展脉络

德国社会学家滕尼斯 1887 年在《社区与社会》（ *Community and Society* ）一书中首先提出"社区"一词，20 世纪 30 年代，费孝通先生翻译滕尼斯著作时将"Community"翻译为"社区"，从而引入中国，被我国学者广泛认同和引用推广。美国社会学家 F. 法林顿于 1915 年首次提出"社区发展"的概念，此后，又有几位美国社会学家对社区发展的定义、概念及基本方法做出一定的理论贡献，有助于这一理论的发展和推广。

20 世纪 50 年代以后，受二战等诸多因素的影响，广大发展中国家面临着限制社会发展的问题。靠纯粹的西方发展理论无法解决现实的社会发展问题，于是开始尝试运用社区民间资源，发展社会自助力量。1955 年，联合国在《通过社区发展促进社会进步》（ *Social Progress Through Community* ）的专题报告中指出：动员社区居民积极参与社区建设，充分发挥创造性，以促进经济增长和社会的全面进步是社区发展的主要目的。1960 年联合国出版的《社区发展与经济发展》一书认为："社区发展是一种过程，即由社区人民以自己的努力与政府当局配合一致去改善社区的经济、社会、文化等环境。"社区发展的新定义强调了社区人民参与性，"社区发展"的概念逐渐转变为"社区参与"。

社区参与理论吸收和借鉴了员工参与理论研究的成果。伊斯曼于 1898 年提出"员工参与"的思想，参与管理的理论基础是管理学家所提出的人性假设理论。20 世纪 30 年代，美国心理学家梅奥提出"社会人"假设；20 世纪 50 年代末，麦格雷戈等人提出"自动人"假设。在这些人性假设相关实验成果的指引下，鼓励员工参与的一些具体举措随之产生，例如目标管理、提出合理化建议等。员工参与和社区参与除了在参与的主体与参与的社会领域有所差异外，二者在本质上相似性极强，共同之处在于都需要民主作为基础和保障。

20世纪50年代以来，许多欠发达国家普遍在西方传统的发展理论的指导下开展本国的发展实践，发展的成效与当初设想差异巨大。现实发展的困境倒逼人们寻求和探究新的发展思路，在理论探讨和小范围实践的双重推动下，20世纪70年代，发展中国家政府和国际援助组织认为，强化和提高社区居民自我发展能力是贫困地区发展的内生发展之路。必须尊重社区当地的地方性乡土知识及社区居民的技术和技能，建立起与社区居民的"伙伴"关系，促进社区的发展。

(二)社区参与理论相关概念及其在旅游发展中的应用

社区参与是公众参与的一种表现形式。对于"社区参与"概念的界定，始终众说纷纭，很多学者提出了自己的见解。综合各家观点，对"社区参与"的解读大致有4个构成要件(见表2-2)。

表2-2　"社区参与"概念①

构成要件	关键术语	关键词摘要
主体	政府、社区组织、社区居民	利益相关者
客体	社区事务和社区服务	社区公共事务和公共活动
动机	个体需求和公共精神	个人、组织或社区的利益
目标	自我发展和社区进步	社区多元化协同发展

近年来，社区参与理论应用范围十分广泛，主要有以下几类：社区居民参与社区管理、社区参与城市规划、社区参与旅游发展、社区参与生态开发和保护、社区参与扶贫发展等。其中，社区参与旅游发展的研究和应用是最为成熟的理论之一。学者们在20世纪80年代提出"社区参与旅游"的概念，他们在旅游规划中把旅游目的地看作一个生态社区，强调并鼓励公众积极参与旅游社区规划和决策过程。

总体而言，社区参与旅游实践最早起源于国外，因此，国外对于社区参

---

① 缑红霞，周晓涛.共建共享：社区参与式治理模式构建[J].科学发展，2017(11)：107-112.

与旅游的研究比较早，研究成果也相对比较多。1985 年，墨菲首次在旅游研究中引入了"社区参与"的概念。自此，学术界开始关注旅游发展中的社区因素，学者们日益关注社区参与旅游发展等问题，他们的相关研究取得了很多显著的研究成果。20 世纪 90 年代，一些国际知名旅游刊物如《旅游研究纪事》（Annals of Tourism Research）和《旅游管理》（Tourism Management）等设专题讨论了社区参与旅游，丰富了社区参与旅游研究。1997 年 6 月，《关于旅游业的 21 世纪议程》中明确指出：只有保证社区成员都能享受旅游所带来的益处才是可持续发展的旅游业。

我国学术界在 20 世纪 90 年代中期开始关注社区参与旅游，在过去 20 多年，学者们在相关概念、理论基础、模式、问题以及策略及热门区域等方面研究成果丰硕。国内学者发现旅游资源的开发与旅游业的发展离不开社区居民的认同与参加。与被动适应不同，居民参与应作为一种主动性行为，发挥居民在社区旅游发展中的主体性，与旅游经营的各个方面相交融。彭建等（2012）回顾了国内外社区参与缘起和历程，将国外研究分为旅游规划与社区参与和可持续旅游与社区参与两个阶段，国内研究分为旅游扶贫中社区参与和旅游可持续发展背景下社区参与两个阶段。

（三）社区参与旅游研究述评

对于社区参与旅游，国外学者分别就类型、措施、在旅游发展中的位置和作用、住户与旅游发展的利益联系等方面进行探索。国内学者主要关注理论与宏观研究，在研究框架以及思路方面多使用西方理论，很少结合中国的实际状况。

西方流行民主制度与思想、民间组织发展较完善、旅游发展水平较高，这是西方学者研究社区参与旅游的基础。国内学者大多从客体角度入手，并没有发挥主体参与实践的作用，且研究多集中在描述性研究方面；对于我国民族地区民众参与能力和参与组织建设的研究相对欠缺。因此，考虑我国社区参与旅游发展的实际情况，研究者们不能生搬硬套西方理论的成果，而应从本土出发，将社区参与旅游发展理论本土化，使之符合中国的现实情况。

四、差异化理论

1980 年，美国战略管理学家迈克尔·波特在其著作《竞争优势》一书中提出差异化战略理论。差异化战略的核心思想就是为消费者提供一种独特的、异质性的、被消费者所接受和认可的产品(包括服务、社会认同、消费认同)，并且这种产品的成本必须小于其价值，以至于必定会产生溢价，进而实现该产品的差异化战略。差异化战略的基础源于资源和顾客的异质性。资源的异质性为关注、分析竞争者，进而采取与竞争者不同的差异化战略提供了资源基础；顾客的异质性为针对目标顾客实施差异化战略提供了市场基础。差异化战略具体可分 4 种：产品差异化、品牌差异化、市场差异化和服务差异化。

(一)差异化战略相关概念

彼得·R. 迪克森和詹姆·L. 金特尔(1987)明确了差异化战略与市场细分的区别，认为差异化战略是根据企业自身情况在市场中的一种定位，更强调自身的特点。周晓红(2008)提出差异化的企业文化是实现企业的差异化战略的前提和基础。齐铁军(2010)指出企业所实施的一切差异化战略都应以顾客需求为中心。

杜军和鄢波(2006)提出根据企业的目标客户和竞争对手动态调整自己的差异化战略，才能使企业保持长期的差异化战略优势。熊胜绪(2009)提出有形差异化与无形差异化观点，认为"有形差异化即可见的差异化(产品的外形、质量等)；无形差异化是指企业的形象和美誉度(顾客对于企业产品的评价，对于企业的观感)"。周松(2010)提出企业的差异化战略是不可分割、协调运行的有机整体，主要由顾客差异化、资源差异化、效率差异化及资源差异化等部分组成。王振华和尹丽文(2018)提出了内部差异化战略和外部差异化战略，认为应根据企业面对的动态环境，注重战略柔性、战略制定服从多样性、宏观战略和微观战略相结合，适时构建差异化战略实施措施体系，帮助企业实现差异化战略制定和实施的精准性、动态性，进而提高企业的核心竞争力。

(二)差异化战略实施运用

对于差异化战略的实际应用，许多学者也做了一定的研究探索。马燕翔(2004)提出了通过顾客的反馈来检验企业的差异化战略实施效果的观点。提出了"差异化战略实施是否成功在于顾客是否满足、认可进而购买企业所提供的差异化"。王宏（2007）提出正确实施差异化战略，可以帮助企业开发细分市场，提高企业的市场占有率，帮助企业提高管理效益，为企业培育忠诚顾客等。宋庆军（2010）认为，行业领导者或者行业跟随者，不需要实施差异化战略；行业挑战者，则需要实施差异化战略。许崴（2011）提出分散化的企业在各自差异化战略实施中容易造成决策偏差，众多企业主体决策偏差的累积可能导致市场失灵，政府必须从宏观层面对各企业主体的差异化战略进行调控，才能有效规避市场失灵的风险。徐万里、吴美洁和黄俊源（2013）应用文献研究和案例分析的方法，从业务外包和电子商务营销视角，构建了一个整合成本领先与差异化战略的理论框架，并以小米科技公司为例进行案例分析。聂巾帼（2014）从 ZHT 供电公司服务现状分析入手，对该公司服务差异化战略的外部环境和产业环境进行了分析，并运用内部、外部因素分析矩阵对 ZHT 供电公司内部环境和外部环境因素进行评价。孔春丽、刘涛和张同建（2015）认为，四大商业银行差异化战略仅处于起步阶段，并指出了四大商业银行差异化战略的理论引导方向，即动态分析差异化的影响因素、引入西方银行的差异化技术和完善绩效考核理论体系。闫友怀（2015）对医疗信息企业 ZK 公司的差异化战略进行了研究，并帮其制定了智慧医院信息平台与多终端应用的整体信息技术解决方案的战略实施路径。汤成（2018）通过 SWOT 分析确定 J 电商公司的差异化战略，提出对 J 电商公司差异化战略的具体实施方案内容及保障措施。

在具体差异化战略实施案例研究方面，曹伟东（2004）对肯德基差异化案例，朱勇和刘培（2009）对哈根达斯公司案例，闵丽菁和甘胜军（2010）对娃哈哈公司案例，曾建明和肖洁（2010）对中国乡村旅游产品的产品差异化战略案例，何健生（2010）对李宁公司的品牌差异化战略案例，付玉杰（2010）对传统媒介行业案例，蔡铭源（2011）对美国宝洁公司案例，晋军刚（2011）对屈臣氏公司案例，陈放和黄永聪（2013）对利丰集团的案例研究，以及袁东阳、马颖和程一木（2014）将产品本身的差异性引入霍特林模型，并以深圳华强北电子卖场和小米手机为案例，等等，这些学者们的案例实证研究取得了一定的成果，丰富了差异化理论。

(三)差异化理论研究述评

国内外关于差异化理论的研究主要集中在具体工商企业经营战略方面，对于差异化理论的具体内容升华和总结方面所做工作较少。而且，在具体应用差异化理论方面，对于旅游企业和旅游产品设计规划的实证研究几乎未见涉及。

五、体验经济理论

(一)体验经济发展及述评

美国学者阿尔文·托夫勒(1995)率先提出"体验工业""体验制造者"与"体验生产"等概念。他被学术界公认为体验经济思想的提出者和直接奠基人。托夫勒之后，美国的福格尔、德国的舒尔茨等学者分别出版了《娱乐产业经济学》和《体验社区》等著作，为体验经济理论的发展奠定了重要基础，被认为是体验经济理论的先驱人物(赵放，2011)。

1998 年，美国学者约瑟夫·派恩与詹姆斯·吉尔摩首先提出"体验经济"这一概念。1999 年，两人出版了《体验经济》一书，他们认为：体验经济是继农业经济、工业经济、服务经济之后的又一新的经济发展形态(派恩二世，吉尔摩，2017)。此后，体验经济这一概念迅速得到学术界、工商界广泛认可，关于体验经济理论的研究也随之丰富起来并逐渐深入。

体验经济思想的发展大致有 3 个维度，分别是关注"生成基础"、注重"经营模式"探索和关注"价值增值"。20 世纪末，我国学者开始关注并研究体验经济，其研究主要包括以下几方面内容：一是对体验经济的引用与介绍；二是对体验经济与其他类型经济形态的比较研究；三是探索体验经济思想及其市场运作的经济增长意义；四是对体验经济思想的应用、发展前景和社会价值方面的研究(派恩二世，吉尔摩，2002)。汪丁丁认为，体验经济的产业特征是大规模量身定制(Mass-customization)。关于体验经济主要观点见表 2-3。

总体评价我国体验经济研究现状，存在以下不足。

其一，体验经济的概念缺乏统一界定，基础理论不足，未形成完整的思想体系。

其二，对体验经济演进规律和经济思想渊源缺乏思考，思维视野狭窄，对于当前西方体验经济的前沿问题缺乏研究。

其三，对体验经济价值增值机制缺乏深入的思考，理论研究过于表层化。

表 2-3　体验经济概念主要观点①

提出者及时间	理论来源	主要观点
阿尔文·托夫勒（1970）	《未来的冲击》	提出体验制造者；体验生产、体验工业等概念
哈罗德·福尔格（1986）	《娱乐产业经济学》	对于娱乐产业进行了系统的理论与统计分析
格哈德·舒尔茨（1992）	《体验社区——文化社会学的存在》	新的社会社区形成基础是某种体验；人们会把某种体验作为满足人们需求的生产品
约瑟夫·派恩，詹姆斯·吉尔摩（1999）	《体验经济》	体验经济是第四个经济发展阶段
伯德·H.施密特（2000）	《体验价值管理》	提出体验价值概念，并将体验价值分为感觉性（SENSE）、情绪性（FEEL）、知性（THINK）、行动性（ACT）和关联性（RELATE）等体验价值
珍妮尔·巴洛，戴安娜·莫尔（2000）	《情绪时代》	提出了"情绪价值"概念
理查德·弗罗里达（2002）	《创意新贵》	提出"创意阶级"理论
汪丁丁（2002）	《体验经济——专文推荐》	体验经济最大的产业特征是大规模量身定制
姜奇平（2002）	《体验经济——来自变革前沿的报告》	分析了体验经济的未来学、心理学、哲学源头、管理学、经济学源头
菲利普·科特勒（2003）	《市场管理学》	在体验经济中，可以创造市场体验
边四光（2003）	《体验经济——全新的财富理念》	服务质量提高到一定程度，顾客体验将成为衡量服务质量的标准，体验经济从服务经济中产生
刘少光（2003）	《体验经济与理性选择的确证》	体验经济代表着现代经济中"计算理性"逐渐由感性认识所取代

---

① 赵放.体验经济思想及其实践方式研究[D].长春：吉林大学，2011：70-72.略加修改。

续表

提出者及时间	理论来源	主要观点
J. M. 隆德 (2005)	《工厂的感觉》	富有体验将成为具有同样效用产品竞争工具
任思蔚(2006)	《体验经济及其应用研究》	体验经济的本质和核心是以人的个性化需求为本
约瑟夫·派恩，詹姆斯·吉尔摩 (2007)	《体验真实》	体验的真实性划分："自然的""原创的""非凡的""参照的"和"影响的"真实性
权利霞(2007)	《体验经济——现代企业运作的新探索》	主张丰富"经济人"的内涵，把"体验"的概念正式引入经济学
安德斯·索伦森，乔恩·萨德伯 (2007)	《体验经济的案例》	在体验经济，企业主要以提供体验为生产目的
艾伯特·博斯韦尔 (2007)	《体验经济——一个新视角》	将体验经济的发展分成了三个阶段
特林·比尔马克·洛伦岑(2008)	《丹麦的体验经济的划定、经济影响和发展机遇》	将体验经济划分为：创意体验领域；体验领域；创意领域
黄贵仁(2010)	《体验经济背景下的旅游开发研究》	体验经济时代旅游者体验需求类型
赵放(2011)	《体验经济思想及其实践方式研究》	体验经济是以消费者身心感受或心理体验为经济提供物来获取利润

(二)体验经济与旅游体验研究

旅游体验提出比体验经济更早，布尔斯汀(1964)把旅游体验(Tourism Experience)理解为"一种时尚消费行为，一种人为的、预先构想的大众旅游体验"。马康纳(1973)认为，旅游体验是积极响应现代生活所遭遇的困难，"旅游者是在寻求'真实'的体验以战胜困难"。以德瑞维尔和布朗(1991)为代表的北美体验派学者们较早认识到旅游休闲管理最终目的是旅游体验。他们指出，为游客设计独特、个性化的旅游体验是旅游产品和旅游景区开发规划的核心价值和意义。1980年，依索·阿霍拉(1980)提出"畅"是休闲体验的最高标准。1990年，米哈依·奇克森特(1990)对闲暇体验的性质做了深入的研究，提出了"畅"的概念，认为闲暇从根本上说是一种内心体验，有益于个人健康发展。艾尔斯(1998)积极研究体验，认为其是旅游的核心商品属性，并依据层次、流、设计好的行动类和本外地等标准对体验做了分类。李一平(2000)认为，旅游体验与旅游者的认识和其地理意识密切相关。

发达国家很早就认识到休闲体验的高层次社会心理功能，开始进行关注和研究，并在旅游产品设计实践中加以应用。我国旅游行业对休闲体验的认识和研究起步不久。邹统钎(2003)认为，旅游体验的本质是体验的真实性，旅游景区生产旅游体验产品，必须遵循差异性、参与性、真实性和挑战性的原则，提升游客旅游体验的愉悦度、欢畅性和独特性。谢彦君(2005)是国内较早关注旅游体验的学者，他认为，旅游体验是旅游个体通过与外部世界取得联系从而改变其心理水平并调整其心理结构的过程，是旅游者心理与旅游对象相互作用的结果，是旅游者以追求旅游愉悦为目标的综合性体验。屠星亚(2014)发展了一套完整的文化景观旅游体验设计流程，将 QFD 法、Kano 模型和情境故事法相结合来设计文化景观导游软件，拓展了文化体验旅游数字化的研究领域。樊友猛和谢彦君(2017)结合具体的旅游行为和相关研究成果，提出旅游体验具身性、情境性、流动性和生成性的特征。韩剑磊和解长雯(2018)从旅游体验视角，从城市规划、旅游策划、文化传承等视角，研究了城市游憩商业区(RBD)旅游体验的提升路径。冯艳滨和李鑫(2019)以旅游情境中的共情体验作为研究关注热点，梳理其概念、内涵以及旅游体验中的表现，并从"生活世界"对主体旅游行为的先验性影响角度探讨旅游者共情体验的产生机理，丰富和拓展了旅游体验研究。

学者们对体验经济理论与旅游开发的关系做了探讨。1999 年，约瑟夫·派恩与詹姆斯·吉尔摩首先对体验经济做出较为系统的论述，对于旅游业者的探寻以及确定更为可靠的新的产品开发和市场营销决策，合理开发体验经济时代的旅游产品，具有相当大的影响。我国学者对体验经济与旅游开发的关系的研究起步比较晚。吴文智和庄志民(2003)分析了旅游与体验内在关系，提出了创新旅游产品体验化的系统框架，具体提出设计旅游产品体验化的一系列新方法、新途径。张志国(2007)认为，旅游业与体验经济有很好的对接性，体验型旅游产品成为连接当今旅游主体市场和客体资源的绝佳纽带，它强调游客对文化的、生活的、历史的体验，强调参与性与融入性。王祥武

(2009)提出新时期旅游开发的新思路，即着重开发体验式旅游。肖刚(2010)认为，面对旅游者消费需求升级和需求多样化的趋势，关注游客的体验心理需求变得至关重要，提出对非物质文化遗产旅游产品科学规划，增强"非遗"旅游产品体验参与性，不断满足游客消费需求，提高经济效益，实现旅游开发与"非遗"保护协同发展。陈伟珍(2014)在体验经济视角下，将传统的茶文化与现代休闲理念结合起来，可以提升茶文化内涵，满足游客休闲养生旅游的需求。洪铮(2017)在旅游消费的个性化背景下，从体验经济的视角提出西江流域未来"非遗"旅游的开发设想。

(三)体验经济研究述评

随着体验经济理论体系不断完善，对体验经济理论具体应用的研究也日益深入。后现代消费文化背景下，人们的消费需求日益个性化、多样化，体验经济理论在旅游研究中应用成为旅游研究的热点。但大多数学者仅把体验经济作为旅游研究背景，关于体验经济背景条件下旅游学基础理论与旅游体验经济二者结合的研究相对较少，研究的深度和广度不够。另外，研究者关注体验经济理论和旅游开发，没有产生系统的旅游开发理论。因此，把旅游和体验经济理论紧密结合，具有进一步研究的意义与价值。

本章小结

本章梳理了旅游小城镇的基本定义和概念，并针对本研究提出了作者对旅游小城镇的定义。同时对本研究所需要的相关理论进行了梳理和述评，为后续的进一步研究奠定了理论基础。

第三章 我国民族地区旅游小城镇发展概述

第一节 我国旅游小城镇发展历程

城镇最早产生在大河流域。城镇最初的功能是军事防御和政治统治，唐代设立的坊（城镇）和村、里（乡镇）被视为近现代意义上城镇的雏形，直到宋代，才真正开始形成所谓的市镇、集镇。早期的集市大多数是定期集市，随着地方经济的进一步发展，以往周期循环、简单的定期货物交换集市就演进为集镇，拥有集市贸易、商铺零售、转运贸易和手工业生产等诸多功能。经济社会发展到一定历史阶段，小城镇便基于需要自然产生。我国小城镇产生和发展的主要途径就是由集市发展为集镇。

几千年的中国古代传统社会以农耕文明为主导，安土重迁。人们普遍遵循"父母在，不远游"的观念，稳定性社会结构也不鼓励人们外出旅行，再加上社会经济发展的局限和交通技术的限制，根本不可能有真正意义上的大众旅游，因此也不存在真正意义上的旅游小城镇，外出巡游成为帝王将相等少数贵族权贵阶层的专属特权。因此在名山大川、宗教圣地等一些帝王将相经常巡游祭祀之地，出现了一些具有旅游小城镇元素的小城镇，比如江西龙虎山的上清镇、山东泰山的泰安镇及山西五台山的台怀镇等。

旅游小城镇是小城镇和特色小城镇体系的一种重要类型，也是我国城镇（市）体系建设的重要组成部分，发展状况与其所面临的社会政治经济大环境密切相关。我国产业经济意义上的旅游小城镇是自新中国成立后，在旅游产业化进程与城镇化进程的双重叠加影响驱动下，才出现并发展起来的。在新中国成立 70 多年的时间里，我国旅游小城镇的发展历程可以大体上划分为 4 个发展阶段。

一、萌芽初始阶段（1949—1978 年）

新中国成立伊始，国民经济处于恢复期，在国家优先发展重工业的战略引领下，工业化建设在全国各地大规模开展，需要大量的劳动力，因此，国家在一定程度上支持和鼓励农村人口进城就业和定居，这一时期，小城镇与工业化保持一种相对协调发展的态势。据统计，1949 年，我国建制镇在 2 000 个左右，到 1954 年发展到 5 402 个，1955 年底降为 4 487 个，1958 年底进一步下降到 3 621 个（吴康，方创琳，2009）。其后，各种政治运动此起彼伏，打乱了我国正常的社会主义建设进程，小城镇中个体工商业和集市贸易不断受到打击，集体经济也被砍掉，驱动小城镇生存和发展的产业经济基础被破坏。当时的政治运动以知识青年"上山下乡"和"干部下放"为主要形式，可以算是一种逆城镇化，小城镇的发展也经历了 20 年的萎缩停滞期，1962 年底全国建制镇为 4 219 个，至 1965 年减为 2 000 个左右，到 1978 年，全国城镇数量减少至 2 173 个左右（王志宪，2012）。我国在这一时期的主要国家战略是建立体系完备、独立自主的国防重工业体系，这一战略促使我国各级政府倾向于把大量的经济政策资源投向或资源丰富、或区位优良的大型城市，忽视了对小城镇的关注和认识。这一时期的小城镇主要是以政治统治功能为主的行政建制城镇，产业经济型小城镇的数量和比重在全国小城镇中可忽略不计。

1955 年，国务院采用居民点的人口下限数量和职业构成两个标准，首次制定颁布了《国务院关于设置市、镇建制的决定》，规定具有疗养条件，每年来疗养或休息的人数超过当地常住人口的 50% 的疗养区均可列为城镇型居民区（游正林，1991）。改革开放之前，我国旅游业主要有外事接待和疗养两个功能，这类疗养区和外事接待区已经显现出旅游小城镇的一些主要特征，可以看作旅游小城镇的初级阶段的雏形。这些疗养区和外事接待区集中分布在少数景色优美的风景名胜区，对当地的城镇化没什么推动作用。此外，当时的疗养区和外事接待区属于国家开办，由国家统一管理，与当地几乎没有经济商贸往来，属于典型的"飞地"，因此，对当地经济产业缺乏带动效应。

二、快速兴起阶段（1979—1999 年）

党的十一届三中全会以后，农村经营管理体制改革释放了巨大的经济动能，推动着农村经济迅猛发展，农业剩余产品的增多促使城镇集市贸易恢复和发展。乡镇企业如雨后春笋般迅猛崛起，带来了城镇务工人员集聚，农村剩余劳动力涌往城镇务工、经商和开办各种服务业，大量的人、财、物在小城镇实现了集聚；国家政策自上而下的鼓励，也带动了小城镇的迅猛发展。多重因素综合效应，推动小城镇建设迅速进入快速兴起阶段。促使全国各地在短短 20 多年的时间，建制镇的数量从 2 856 个猛增到 19 756 个（王伟等，1989）。

自邓小平同志的"黄山谈话"后，我国旅游业开始进入恢复发展期。从 20 世纪 80 年代开始，我国旅游逐渐由事业接待型向经济产业型转变，国门初开，国外游客蜂拥而至，促使旅游业步入快速发展的时期，这一时期的游客以入境游客为主。国际游客对国内的名山大川和风景名胜区青睐有加，成为他们在中国旅游的首选，这些景区迅速成为闻名遐迩的国际旅游目的地。

在外来旅游者旅游需求的拉动下，这些重要景区周边的小城镇也由于提供了满足这些需求的有效产品得到较快发展，初步显现了旅游小城镇的基本功能。1984 年，民政部《关于调整建镇标准的报告》指出："少数民族地区、人口稀少的边远地区、山区和小型工矿区、小港口、风景旅游、边境口岸等地，非农业人口虽不足 2 000，如确有必要，也可以设置镇的建制（李德夫，1999）。"20 世纪 90 年代中期，我国经济持续发展，民众可支配收入增加，旅游需求随之增长。受到 1998 年国际金融危机的冲击，中共中央提出并施行"扩大内需"的鼓励消费政策，旅游作为综合关联性强的产业，理所当然地进入中央领导人的决策视野。在旺盛的旅游休闲消费需求拉动和国家鼓励政策推动下，加上"黄金周"假期制度的施行，国内旅游业出现供需两旺的火爆局面。诸多旅游景区得到开发，丰富了国内旅游供给市场，在一定程度上为我国旅游业繁荣提供了产品供给保障。此外，由于旅游供需市场迅速发展，外来游客大量涌入知名旅游目的地,为满足这些游客的旅游消费需求,旅游景区所在地人、财、物、信息迅速集聚,带动了旅游小城镇的发展。这一阶段,九寨沟、黄龙、峨眉山、乐山等景区由于成功申报世界遗产,知名度和美誉度提升,在国内外游客中声名鹊起,成为国内外游客重要的旅游目的地,因此,也吸引了全国各地的政、商、学等各界研究者持续关注一些知名旅游城市和旅游小城镇。

总体来看,这一阶段旅游小城镇发展的主要特征是数量迅速增加,在全国小城镇体系中,旅游小城镇占据了一定的地位,成为小城镇的一种重要类型。旅游业逐渐成为我国小城镇发展乃至城市化推进的重要驱动力之一,最明显的表现就是张家界、丽江、九寨沟、川主寺镇等旅游城市(镇)的出现。但是,工业化是这一时期我国发展的首要选择,因此,这一阶段,工业化成为我国绝大多数城镇化发展的绝对驱动力。在全国小城镇体系中,工业型小城镇占绝对优势地位,决策层、实践界、理论界并未真正重视旅游小城镇对社会经济发展的引领作用。

三、逐步成熟阶段(2000—2012 年)

经过 20 年数量型快速增长,我国小城镇发展暴露出一些不容忽视的问题,诸如缺乏长远规划、布局不合理、基础设施不配套等。中央出台了《中共中央国务院关于促进小城镇健康发展的若干意见》,在这一纲领性文件的引领下,全国一些地区开展了较大规模的撤乡并镇工作,进入 2000 年以后,我国小城镇开始从数量增长转向质量提升。从全国来看,建制镇的数量从 2003 年的 20 226 个,到 2004 年减少为 19 883 个,到 2008 年,全国建制镇仅有 19 234 个(吴康,2009)。

2000 年以后,旅游大众化的特征日益明显,助推了国内旅游需求迸发,同时随着西部大开发战略、中部崛起战略、振兴东北老工业基地战略、"老少边穷"地区振兴战略等一系列国家级战略的实施,国家加大基础设施建设投入,旅游基础设施得到改善,在一定程度上丰富完善了旅游产品生产供给体系,旅游业发展的软硬环境得到优化。国家政策鼓励支持、市场主体的资本性投入、旅游小城镇相关研究成果日益丰硕等多种因素形成合力作用,推动了旅游小城镇持续稳健发展。在持续快速增长的旅游经济驱动下，许多国内外知名旅游城(市)镇开始陆续在各种媒体上频繁出现而广为人知，例如，福建武夷山，海南三亚，湖南张家界、凤凰，安徽黄山，云南丽江、香格里拉，甘肃敦煌、广西桂林、北海，四川九寨沟，等等。这一阶段，一些发展态势良好的旅游小城镇继续保持快速发展趋势，旅游经济在当地国民经济中比重不断提升，一些旅游经济发达地区将旅游产业作为城镇化的主要驱动产业，例如依托九寨沟景区的漳扎镇、依托九寨—黄龙景区的川主寺镇、依托张家界景区的张家界市、依托凤凰古城的凤凰县等。

同一时期，全国各地游客开始青睐一些传统古镇，大规模开发建设旅游古镇成为旅游行业的趋势，一些传统古镇由于旅游重新焕发出发展活力，逐渐成为旅游小城镇的一种重要类型，例如全国知名的四大古城(重庆安居古城、四川阆中古城、山西平遥古城、安徽徽州古城)、洛带古镇、街子古镇和黄龙溪古镇等。此外，随着城市居民休闲需求的增长，一些环绕大城市的小城镇主动适应这种需求，积极为城市居民提供休闲度假旅游产品，逐渐发展成环大城市游憩休闲经济带的重要组成部分，这些小城镇有的通过相对分散的亲子采摘乡村休闲旅游，有的依托大型休闲度假旅游项目，以此得到快速发展，例如成都周边的龙泉驿、三圣花乡、国色天乡、黄龙溪等。

此外，一些发展较早、旅游经济发展较好的小城镇开始关注旅游业的关联带动效应，注重围绕核心旅游产业培育相关辅助和关联产业；一些资源枯竭的工矿型小城镇计划向旅游小城镇转型发展，也开始注意旅游业的就业带动作用，逐渐加大了对旅游项目和旅游产品的投入。

总体来看，许多小城镇不同程度地体现了旅游元素。在全国小城镇体系中，旅游小城镇的地位和作用逐渐加大，表现为数量扩张和质量提升，旅游小城镇发展类型和模式多元化、发展战略和格局差异化态势进一步凸显，进一步提高其发展的成熟度和协调性。

四、创新升级阶段(2012年至今)

2012年，中国经济开始进入新常态，高质量绿色发展成为长期国策。2015年，中央经济工作会议提出："推进供给侧结构性改革，是适应和引领经济发展新常态的重大创新,是适应国际金融危机发生后综合国力竞争新形势的主动选择,是适应我国经济发展新常态的必然要求(杨伟民,2016)。"党的十八大报告中提出"新型城镇化"战略。2014 年,中央颁布了《国家新型城镇化规划(2014—2020 年)》,提出未来新型城镇化建设路径应该紧紧围绕全面提升城市建设质量,核心是促进人的城镇化,其切入点是提升中小城镇的产业集聚能力和劳动力吸纳能力,促进农民向市民身份的转变(新华网,2014)。在国务院颁布的《"十三五"旅游业发展规划》中,着重提到规划建设一批旅游风情小城镇和特色景观名镇(李文静,2017)。同期,文化和旅游部大力倡导全域旅游理念,将其嫁接到交通规划、农业、林业、工业及教育等产业发展规划上,着力将交通干线打造成自然人文风景廊道;将农业打造成休闲农业、生态农庄、森林康养基地,提升农业林业的价值;将工业企业、教育名校打造成研学基地;等等。鼓励多元主体形成合力,成功打造全域性旅游"景区"(李金早,2016)。新型城镇化、全域旅游等新政策的提出和施行也是响应中央供给侧结构性改革的战略决策,满足人民群众对幸福生活的向往和追求,提高旅游生产供给能力而具体化的践行措施。

旅游产业由于具有就业关联带动效应强,产业辐射范围广,环保生态效应明显,经济、社会、生态、文化等综合效应突出等特点,成为供给侧结构性改革的先行产业,已经全面进入国家"五位一体"发展的各个领域,各级党政领导、学术界、企业界对旅游业的重视程度日益提高。因此,加大旅游业发展的激励扶持力度,对培育引领新的综合性旅游消费需求、扩大内需,对转变发展方式、优化经济结构、实施供给侧结构性改革、促进国民经济持续健康发展、实现社会就业稳定及实现城乡融合发展意义重大。旅游小城镇的转型升级就是在这个大背景下展开的,旅游小城镇被作为特色小城镇的一种重要类型纳入特色小城镇体系内。

同时,旅游消费群体消费趋势和消费倾向的变动、消费需求的不断升级和多样化、旅游消费市场的不断细分和小众化,给全国旅游业和旅游产品生产供给体系的供给侧结构性改革提出了更高的要求。依靠旅游产业驱动推进的旅游小城镇自然也面临着创新升级问题。国家相关部委联合出台《关于开展特色小镇培育工作的通知》,计划到 2020 年,培育 1 000 个左右各具特色、富有活力的休闲旅游、商贸物流、现代制造、教育科技、传统文化、美丽宜居等特色小镇，文件措辞中把"休闲旅游"排在首位。

在旅游消费市场变动和国家政策双重作用的推动下，我国旅游小城镇发展也进入创新升级阶段。

全国范围内开展的特色小城镇建设既是新型城镇化大战略的具体化实践性路径之一，也是实施乡村振兴战略、实现城乡协调发展的重要抓手。因此，必须依托内生产业动力推动，突出产业驱动的培育，强调彰显地方产业特色，激励和引领经济创新能力。做好了"旅游"这篇大文章，也就夯实了特色小城镇发展的基础，就能创造出一个个人与人、人与自然、人与产业和谐相处的特色小城镇。鉴于此，特色小城镇必须强调其旅游功能，把特色小城镇的旅游功能放到极其重要的位置，特别提倡产旅融合，发展必须走产业与旅游融合之路。特色产业应与旅游形成互动，特色产业可以带动小城镇旅游，旅游又可以推动特色小城镇产业发展，旅游小城镇必须有立足于自身比较优势和差异化的特色产业支撑；反过来，小城镇的特色优势产业也必须与旅游资源互为依托，融合发展。产业、文化和旅游对于每一个特色小城镇都是不可缺少的。

特色小城镇逐渐形成的特色产业体系和产业优势，使小城镇建设和特色产业发展互相推动互相促进，使特色小城镇成为产、镇、人、文四者有机融合的众创空间。产业、文化、生态对特色小城镇而言是不可或缺的，是特色小城镇可持续发展的聚宝盆。在特色小城镇建设的潮流中，旅游小城镇建设开始在全国范围内轰轰烈烈地开展，多个省市提出了"旅游小城镇五年发展规划"，其中不少旅游小城镇数量和规模指标令人惊叹。旅游小城镇已然成为继全域旅游之后又一个旅游热点。从已经发布的特色小城镇名单来看，在403个特色小城镇中，以旅游为核心的小城镇占到了半数以上，旅游小城镇成为特色小城镇的主体。在特色小城镇建设中，突出其旅游功能就成为首要原则，必须要针对后现代消费文化驾驭下的旅游消费群体的主要消费特征和体验性心理需求，对特色小城镇的各种资源进行旅游性设计改造，突出资源禀赋的文化特色、历史传统、艺术风格及科学养生等方面的价值，对景观风貌进行设计改造，形成特色文化彰显、体验性独特、具有独特IP形象和鲜明地方性特色的产品，拓展产业辐射的边界，吸引游客进入，通过极强的流动性旅游创造综合消费需求，给特色小城镇的协调发展注入驱动力。同时，提升特色小城镇的生态环境、空气质量和人居环境，形成多样化的休闲业态，构建高效便捷的科技服务系统，能够为民众提供便捷舒适的生活环境，必将在吸引社区参与、带动就业、促进居民增收等方面发挥较强的关联带动作用。

我国幅员辽阔，各个区域经济社会发展差异巨大，地区之间收入差距明显，人才、资本的趋利性本质决定了从低效益小城镇向获利机会聚集的大城市单向流动是长期必然趋势，国家级中心城市和省会大中城市由于庞大的经济体量、消费需求和机会聚集量，必将是人才、资本、信息的集中流入地。在这种人才、资本、信息等各种资源流向的背景格局下，特色小城镇必须依靠自然生态环境、居住条件、休闲娱乐设施和服务、特色地方性文化知识体系及便利化交通等优势，才能培育和引入特色产业资源。因此，在特色小城镇的建设中，必须要用旅游开发的思维来建设。特色小城镇的发展是用旅游的理念对小城镇进行全域旅游式改造，使小城镇成为一个生产、生活、生态"三生"合一的，宜业、宜居、宜游的社会经济生活空间，形成对中心城市生态、环境、空气质量的比较优势，构建起能够与大城市群、中心城市实现产品互通、协同互动发展的特色小城镇产业体系，生产供给城市群、中心城市民众急需的生态产品、特色精神文化产品及地方性特色农产品，通过与城市群、中心城市之间的产品功能互通互动，实现二者协同发展和持续优化。

综上所述，旅游小城镇只有发挥自身资源禀赋比较优势，才能在自身地域性自然人文特色资源的基础上，培育和发展自己的产业特色，生产供给具有地方性特色的、城市群和中心城市民众急需的生态产品和休闲产品等，才能构建起自己的核心竞争力和内生发展力，从而在竞争惨烈的旅游市场上凸显特色，稳步发展。只有立足本地的旅游资源优势，与时俱进，不断创新升级自己的旅游产品，增强旅游产品的个性文化体验功能和身份认同功能，通过构建高中低端产业业态完备、覆盖众多消费群体需求的旅游产品生产供给体系，适应政府的政策引导激励和旅游消费市场趋势变动，才能打造出内生发展能力强、泛旅游产业齐全、能够抵御市场风险、具有独特文化特色的旅游小城镇。

第二节　我国民族地区旅游小城镇发展历程

1979年，邓小平的"黄山谈话"给我国旅游业的发展奠定了政策基调，推动了我国旅游业从事业接待型向产业型转型，我国旅游业开始起步。民族地区的旅游业几乎同一时间也开始进入初步发展阶段。经过40余年的发展，我国旅游业成功实现了从事业接待型向现代产业型的转型，正处于从最初团体游览观光型旅游业，向散客化休闲度假型旅游业的转型过程中。在提升旅游基础设施建设水平、丰富完善旅游产品体系、构建特色个性的旅游服务体系、提高旅游接待服务能力、实现旅游经济社会生态综合效益等方面成效显著。

一、我国民族地区旅游业发展历程

我国民族地区一般是指民族自治地方和与民族自治地方享受同等政策的3个行政省，主要包括5个民族自治区和青海、云南、贵州三省。其中，自治区5个，自治州30个，自治县（旗）120个，合计地域面积达646.95 × 10⁴ km²，占中国国土面积的64.3%，其中少数民族人口8 006.48万人，占自治地方总人口的61.7%（李柏文，2014）。

我国民族地区旅游业的发展经历了4个阶段：起步发展期、发展提升期、快速发展期、转型提升期。相关内容见表3-1。

表 3-1　我国民族地区旅游业发展阶段

阶段名称	时间段/年	阶段特征	具体做法
起步发展期	1979—1992	团体观光旅游，主要集中在国内外知名的旅游目的地，如桂林等	各民族地区大都成立了旅游局或游览事业局等工作机构
发展提升期	1992—2002	仍以团体旅游观光游为主，但旅游目的地以自然人文民族风情旅游目的地为主，如九寨沟、丽江等	旅游业推动民族地区发展的作用逐渐被重视，一些具有民族特色的饭店、旅馆、旅行社、景区、商品购物点相继建立
快速发展期	2002—2012	个性散客自驾游逐渐兴起，一些风景独特、人文多样的旅游目的地开始进入旅游者的视野	我国实施的西部大开发战略推动民族地区旅游产业飞速发展。旅游业被各个民族地区政府列为主要产业
转型提升期	2012 以后	后现代消费文化盛行，旅游者旅游消费层次提升，个性化、体验性旅游方式日益受到重视	经济进入新常态，旅游被作为供给侧结构性改革引领消费需求升级、扩大内需的主要产业

资料来源：李寅峰，邵琪伟. 民族地区旅游业发展正逢其时［N］. 人民政协，2017-12-15(09).

　　经过 40 余年的发展，我国旅游业发展成就举世瞩目，民族地区的旅游业也实现了跨越式发展，旅游业的重要功能和作用得到民族地区政府、民众的充分重视。旅游业发展带来的经济、社会、文化、生态等效应，产业、就业、文化保护传承等功能和在国民经济体系日益提升的地位得到政界、企业界、学术界的一致认可。旅游发展对于民族地区经济社会发展转型方面的效果也非常明显。从旅游业发展的社会历史维度来看，国内外旅游发展的实践证明，旅游经济发达的地区，社会转型比较明显；当地民众接受新事物、新观念、新科技的意识和观念比较强烈，非常容易接受先进理念；内生发展能力、抵御防范风险能力比较强。凡是旅游业比较发达的地区，当地民族传统优秀文化保护和传承事业做得越出色，民族自信心自豪感也越强烈，同样，旅游经济越发达的地区，当地民众获益越大，他们对国家的认同度和对中华民族的认同度越高，也就更加珍惜和谐稳定、团结友善的发展环境。旅游的教育意义和示范功能可以为自然和人文的多样性做出贡献，增进生活环境、民族宗教、文化背景以及生活方式差异性较大的人们之间的相互了解和理解，有利于构建中华民族各民族共有精神家园和中华民族命运共同体。

二、我国民族地区旅游小城镇发展历程

20世纪80年代，在改革开放大环境的助推下，先富起来的一些民众满足了生存需求之后开始追求更高层次的享受需求，他们持续的消费需求推动了我国旅游业的快速兴起和迅猛发展，旅游资源品位比较高的小城镇为了满足外地旅游者"食、住、行、游、购、娱"的需求，也随之较快发展起来。20世纪90年代，在邓小平南方谈话和假日制度改革多重因素的综合推动下，我国旅游业进入加速发展期，尤其是交通基础设施得到改善，民族地区秀丽奇异的旅游资源受到关注，民族地区旅游开始受到广大旅行者的青睐。少数民族地区旅游经过多年的发展，形成了一批特色鲜明、主题突出、品牌初具、类型丰富的旅游市场体系，成为支撑民族地区旅游业发展的重要资源和目的地载体。21世纪初，我国民族地区旅游业与城镇化开始相互融合，协同发展，由于民族地区通常都是"民族地区、生态脆弱区、贫困地区、旅游资源密集区"高度重合地区，缺乏发展地区工业经济的资源条件，旅游资源是该地区最具有比较优势的资源，因此，旅游业理所当然地成为当地经济发展最有效的途径，成为当地发展城镇化的重要动力产业。

在旅游业驱动作用下，旅游城镇化发展成效被广泛认可。我国诸多民族地区，利用自身拥有的雄奇壮美的自然景观、独特新奇的民族文化等旅游资源优势，发展民族旅游业，并逐渐将旅游业作为地区经济重要的支柱产业，从而实现了旅游业发展和城镇化推进的双重目标，这些城镇则被称作旅游小城镇。

与此同时，云南省最早开始将旅游业作为城镇化发展驱动力，启动旅游小城镇建设项目，并取得了良好的经济社会文化生态综合效益。2006年，第一届全国旅游小城镇发展工作会议在云南大理召开，会议明确肯定了旅游小城镇建设对加快城市化进程的重要意义，并总结了云南省旅游小城镇建设经验。由此，全国各地旅游小城镇建设进入快速发展阶段（蓝枫，2006）。在我国城镇化建设过程中，旅游小城镇作为特色小城镇的一种类型和重要组成部

分，适应了国家政策鼓励和旅游消费市场细分趋势，得到了全国各界的广泛关注和认可。进入21世纪以来，随着旅游小城镇的高速发展，它所具有的消费聚集、产业聚集、转移剩余劳动力、生态环境优化及幸福价值提升等作用日益显现，旅游小城镇的开发与发展，也推动了我国城镇化进程快速发展。

依据我国民族地区旅游小城镇的发展历程、特点，可以初步将民族地区旅游小城镇发展分为4个阶段，详见表3-2。

表3-2　我国民族地区旅游小城镇发展阶段

发展阶段	时间划分/年	发展特征	具体表现
初步准备阶段	1980—1992	旅游小城镇从拥有一定观赏或文化价值旅游资源的村庄或古镇发展而来，旅游资源人为开发明显	旅游业的发展增加了当地居民收入，从业者大部分是当地农民，旅游业是家庭副业，原有产业结构变化不大
快速发展阶段	1992—2002	该阶段人为的作用开始显现，自然资源被人为打造；注重旅游形象宣传策划；政府、企业和个人大规模投资旅游业	旅游业开始带动其他产业发展，形成目标客源市场，旅游小城镇经济出现扩散现象，带动周边城镇和乡村发展
夯实巩固阶段	2002—2012	旅游资源开发和旅游产品创新成为常态，旅游业与其他行业的融合开始显现	旅游业成为当地的支柱产业，综合带动效应明显。形成了旅游产业体系，旅游城镇的经济扩散效应表现为区域扩散，联合打造区域品牌
转型提升阶段	2012以后	成熟的客源市场已经形成。旅游环境容量接近饱和，社会矛盾凸显	旅游地形象已定型但不再流行，旅游者被吸引到新的旅游地，旅游设施被非旅游设施所代替，旅游经济增长速度放缓，大量外地旅游投资者离开

资料来源：曾博伟，中国旅游小城镇发展研究[D]．北京：中央民族大学，2010．

早期民族地区由于交通基础设施滞后，旅游可进入性和内部通达性较差，民族地区虽然有优质的、品质高的旅游资源，但是不能吸引大规模的、大众化的游客来旅游，不能有效形成旅游小城镇发展的游客规模效应。旅游小城镇只能凭借高品质的旅游资源吸引少量的、小众的生态旅游者或精英旅游者前期进入，后期则由精英旅游者带动大众游客的批量进入。随着旅游者数量的增加和消费需求的逐渐多元化，当地一部分观念开放的民众，初步开始从事旅游接待服务，通过改造自己的房屋开办家庭旅馆，开展农家乐和租车业务等，旅游经济开始出现，但对城镇的经济增长效果不明显。

第二阶段，旅游小城镇经济增长的方式是外延式增长，表现为高增长，低效率。增长的实现路径主要依赖高投入、高消耗。大规模的客源进入、资金的大量投入推动了旅游经济的发展，但是对旅游资源、生态环境和地方文化造成了一定程度的消耗。旅游业对其他产业的关联带动效应开始显现，最直接的形式就是"旅游业＋农业"，旅游业为传统的农副产品附加值提高带来了机遇，既提高了当地优势农副产品的附加值，也实现了一些原本滞销或主要是自用的农副产品的就地销售，并且在游客中间形成一定的品牌知名度，促进了当地农业的优化整合和产业化进程。当地各个主体加强对旅游业的投入以及各种设施的建设，带动了旅游小城镇基础设施的投入，城镇面貌的改善，带动了当地第二产业的发展，第三产业在产业结构中占比逐渐增大。旅游地形象开始被人熟知，当地通过各种营销，增加了旅游城镇的知名度，开始形成相对稳定持续的目标客源市场，旺季的旅游人数超过了当地人口数量，对当地居民的生活产生了影响。

旅游小城镇经济出现了扩散现象，逐渐产生了溢出效应，周边的城镇和乡村的民众也开始初步参与到旅游小城镇的旅游业发展体系中，比如，丽江周边的束河、白沙、拉市等乡镇的农民纷纷参与旅游业，效仿旅游小城镇居民开办农家乐和租车业务。

第三阶段为旅游小城镇的夯实巩固阶段，对旅游资源的深度开发利用加强，单一的旅游资源对旅游者的吸引不再明显，因此，利用资本密集优势，综合运用声、光、电等多种现代技术手段，对新的旅游资源进行强化开发和旅游产品创新升级成为主流，呈现旅游业与其他行业的多业态组合发展的态势，泛旅游产业综合体系初露峥嵘。

经济增长方式由外延增长又转变为内涵式增长，随着旅游者人数的激增，旅游市场的供给逐渐出现力不从心的状况，各个旅游景区出现服务质量下降，导致游客与旅游小城镇当地民众发生纠纷等现象。这些情况迅速引起了旅游行业管理部门和景区管理部门的重视，他们开始通过对旅游市场的整治、对旅游业的管理以及旅游产业运营效率的提高，提升旅游市场供给能力，实现旅游小城镇的持续健康发展，旅游业成为当地的支柱产业、当地国民经济的重要组成部分。旅游业的关联带动效应得到进一步发挥，带动商贸业、公共交通业和社会服务等相关产业的发展，初步形成了泛旅游产业体系，为旅游业的发展建立了稳定的环境。

旅游城镇的经济扩散效应更加明显，表现为区域联动扩散，通过中远程旅游城镇之间的客源市场共通共享和旅游产品、旅游线路的联合开发，携手合作，打造区域性特色旅游品牌，实现资源共享、优势互补、客源互通，推动旅游区域经济共同发展，进一步构建区域旅游发展综合体。比如，云南大理与丽江、迪庆、怒江等地和四川甘孜州携手，共同打造大香格里拉旅游圈的黄金旅游线路。

第四阶段为旅游小城镇的转型提升阶段。该阶段的特征表现在成熟的客源市场已经形成，旅游环境容量接近饱和，社会矛盾凸显、环境问题不断出现，旅游目的地一些基础设施陈旧老化，已经不能满足游客们不断增长的旅游消费需求。

游客们旅游消费需求不断升级，已经不满足于团体观光游等普及化的消费，他们逐渐将旅游当成日常生活的一个重要组成部分，并日益追求个性化、体验性的旅游方式，而且把旅游作为实现自身身份认同和社会认同的一种重要方式。旅游地形象已定型并广为人知，但缺乏创新和创意，不能吸引新的旅游消费者进入，旅游者被吸引到新的旅游地。大量投资主体外逃，当地旅游经济增长速度减缓，效益下降。

由于旅游小城镇长期依赖于旅游业发展，旅游业已成为其支柱产业，一旦旅游产业衰退，将造成整个城镇失去可持续发展的产业基础；而由于旅游小城镇当地民众自身素质的差异，导致了当地民众在旅游发展中参与能力不同，参与程度不均衡，影响了社区居民内部旅游经济成果分配的差异性，导致社会阶层分化与重构，形成不和谐的旅游小城镇社会生态，由此引发各种社会摩擦，就可能加速旅游小城镇衰退期的到来。如果旅游小城镇在发展旅游业的过程中，细心培育旅游相关产业，延伸旅游产业的深度和广度，提升抵御单一旅游业的市场风险能力，构建以旅游业为依托、各个产业深度融合的具有一定规模的泛旅游产业体系，重视保护、预防和应对旅游后风险，就能避免旅游地的衰退。通过产品升级换代，产业结构优化和业态更新来促进旅游城镇升级转型，与旅游业相关联的产业如文化产业、房地产业、工业及农业等可以融入旅游功能，形成与旅游业相互渗透的新型产业形态。如文化旅游、农业旅游、旅游地产与分时度假及体育旅游等。

第三节　我国民族地区旅游城市(镇)发展现状

一、我国优秀旅游城市(镇)评选

民族地区旅游城(市)镇是民族地区旅游业和城镇化融合发展的成果，可以通过优秀旅游城市的评选过程和结果了解民族地区旅游城镇的发展现状。我国自 1998 年开始创建中国优秀旅游城市名录以来，共 339 个城市分 9 批通过了验收。2010 年以后，未曾搜集到国家公布"中国优秀旅游城市(镇)"的相关信息，因此，本书中"中国优秀旅游城市(镇)"的相关数据如果不做特殊说明，一律截至 2010 年末。迄今为止，全国共有 339 个城市被命名为中国优秀旅游城市。其中直辖市有 4 个，副省级城市 15 个，地级市 169 个[①]。民族地区优秀旅游城市分布情况详见表 3-3。

表 3-3　我国民族地区优秀旅游城市分布

序号	旅游城市名称	所处地区	数量/个	占民族地区优秀旅游城市比例/%
1	包头市、锡林浩特市、呼和浩特市、呼伦贝尔市、满洲里市、扎兰屯市、赤峰市、阿尔山市、霍林郭勒市、通辽市、鄂尔多斯市	内蒙古自治区	11	18.6
2	桂林市、南宁市、北海市、柳州市、玉林市、梧州市、桂平市、钦州市、百色市、贺州市、凭祥市、宜州市	广西壮族自治区	12	20.3

---

① 根据中华人民共和国文化与旅游部数据资料整理。

续表

序号	旅游城市名称	所处地区	数量/个	占民族地区优秀旅游城市比例/%
3	贵阳市、都匀市、凯里市、遵义市、安顺市、赤水市、兴义市	贵州省	7	11.9
4	昆明市、景洪市、大理市、瑞丽市、潞西市、丽江市、保山市	云南省	7	11.9
5	拉萨市	西藏自治区	1	1.7
6	合作市	甘肃省	1	1.7
7	格尔木市 西宁市	青海省	2	3.4
8	银川市	宁夏回族自治区	1	1.7
9	吐鲁番市、库尔勒市、乌鲁木齐市、喀什市、克拉玛依市、哈密市、阿克苏市、伊宁市、阿勒泰市、昌吉市、博乐市、阜康市	新疆维吾尔自治区	12	20.3
10	石河子市	新疆生产建设兵团	1	1.7
11	恩施市、利川市	湖北省	2	3.4
12	延吉市	吉林省	1	1.7
13	西昌市	四川省	1	1.7
	合计		59	

资料来源:根据中华人民共和国文化与旅游部历年优秀城市评选资料整理,截至2010年。

二、我国民族地区旅游城市(镇)现状

据中国优秀旅游城市名录统计,我国优秀旅游城市分布呈现不均衡状态,东部地区共有 126 个优秀旅游城市,占全国优秀城市比重最大,为 37.17%;东北地区优秀旅游城市数量占全国优秀旅游城市比重最低,为 15.34%;西部地区共有 88 个优秀旅游城市,占全国比重的 25.96%。其中,新疆维吾尔自治区以及广西壮族自治区优秀旅游城市数量在西部地区并列排名第二,各 12个;内蒙古自治区以 11 个优秀旅游城市数量位居西部地区第三[①]。

---

① 根据中华人民共和国文化与旅游部、中华人民共和国国家统计局数据资料整理。

表 3-4　2017 年我国民族地区与全国旅游收入、旅游人次基本情况

民族地区	旅游收入/亿元	全国旅游收入/亿元	民族地区旅游收入占比/%	旅游人次/万人次	全国旅游人次/亿人次	民族地区旅游人次占比/%
四川	814.51			9 631.87		
内蒙古	3 440.1			3 440.1		
广西	5 580.36			5 580.36		
新疆	1 821.97			1 821.97		
甘肃	121.8			2 691.7		
宁夏	277.72			3 103.16		
云南	6 922.23	54 000	51.01	56 700	52.82	32.75
贵州	7 116.81			74 400		
湖北恩施	367.46			5 132.89		
湖南湘西	321.5			4 450		
青海	381.53			3 484.1		
西藏	379.37			2 561.43		
总量	27 545.36			172 997.58		

资料来源：2017 年我国及各地国民经济和社会发展统计公报。

注：①四川民族地区仅统计到甘孜藏族自治州、阿坝藏族羌族自治州、凉山彝族自治州、北川羌族自治县。

②表中民族地区是指民族八省区，四川三州一县民族自治地方，湖北恩施、湖南湘西以及甘肃甘南、临夏，由于甘肃省天祝藏族自治县数据并未搜集到，故未在表中列出。

表 3-4 统计了 2017 年我国民族地区及全国的旅游收入、旅游人次的基本情况。从表中数据可知，民族地区旅游收入占全国旅游收入的 51.01%，民族地区旅游人次占全国比重达到 32.75%，充分证明了民族地区旅游业在全国旅游业格局中的重要地位。

表 3-5　2018 年我国民族地区与全国旅游收入、旅游人次基本情况

民族地区	旅游收入/亿元	全国旅游收入/亿元	民族地区旅游收入占比/%	旅游人次/万人次	全国旅游人次/亿人次	民族地区旅游人次占比/%
四川	829.48			10 579.16		
内蒙古	4 011.4			4 011.4		
广西	7 619.9			7 619.9		
新疆	2 579.71			2 579.91		
甘肃	153.43			3 315.8		
宁夏	291.9			3 335.88		
云南	8 991	59 700	59.84	68 800	58.43	37.26
贵州	9 400			99 600		
湖北恩施	455.4			5 132.89		
湖南湘西	437.35			5 116.85		
青海	466.3			4 204.38		
西藏	490.14			3 368.72		
总量	35 726.01			217 664.89		

资料来源：2018 年我国及各地国民经济和社会发展统计公报。

注：① 四川民族地区仅统计到甘孜藏族自治州、阿坝藏族羌族自治州、凉山彝族自治州、北川羌族自治县。

② 表中民族地区是指民族八省区，四川三州一县民族自治地方，湖北恩施、湖南湘西以及甘肃甘南、临夏，由于甘肃省天祝藏族自治县数据并未搜集到，故未在表中列出。

表 3-5 展示了 2018 年我国民族地区与全国的旅游收入、旅游人次基本情况。从表 3-5 可知，民族地区旅游收入占全国旅游收入的比重，已经由 2017 年的 51.01%上升到 59.84%；旅游人次占全国旅游人次的比重，由 2017 年的 32.75%上升到 37.26%。从表 3-4、表 3-5 对比可看出这两年我国民族地区与全国在旅游收入、旅游人次上的变化情况。2017 年、2018 年，全国旅游收入从 54 000 亿元增长至 59 700 亿元，旅游人次从 52.82 亿人次增加到 58.43 亿

人次；全国旅游收入和旅游人次分别同比增长了 10.56%、10.62%。民族地区旅游收入从27 545.36亿元增长到35 726.01亿元，旅游人次从172 997.58万人次增加到217 664.89万人次，民族地区旅游收入和旅游人次分别同比增长29.70% 和 25.82%。

对照表 3-4 和表 3-5，从旅游业主要指标来分析，民族地区旅游业迅猛发展，旅游总收入和旅游人次增幅均极大超出全国平均增长速度。可见，民族地区已经成为旅游热点地区。在后现代消费文化背景下，民众团体认同需求和个性体验需求日益增长，民族地区优秀的自然人文旅游资源日益成为民众旅游消费决策时的首选。

虽然民族地区旅游城市(镇)的自然资源和人文资源相当丰富，但是长期以来，由于民族地区区位条件的限制和交通基础设施的滞后，旅游业发展受到极大制约，民族地区旅游小城镇虽然也有所发展，但是仍然不能满足外来游客不断升级的旅游消费需求和本地民众追求现代化幸福生活的需要。民族地区旅游业和旅游小城镇均需要不断改善，转型升级，实现旅游产业和旅游城市(镇)产城一体融合发展。

从表 3-4 和表 3-5 的数据计算可知，2017 年至 2018 年贵州省旅游收入从 7 116.81 亿元增长到 9 400 亿元，同比增长率达到 32.08%；接待旅游人次从 7.44 亿人次增长到 9.96 亿人次，同比增长了 33.87%。这两项主要指标的增幅是所有民族地区增幅最大的，这与贵州省近几年加大公共基础设施建设密切相关，尤其是贵州于 2016 年实现了县县通高速，渝贵高铁、贵广高铁相继开通运营，成贵高铁也于 2019 年全线通车，这些高铁、高速公路的正式开通运营，极大地改善了贵州的交通条件，拉近了贵州与外界的时空距离，为高铁沿线的城市(镇)发展融入经济发展的快车道提供了交通保障。例如，乘高铁从贵阳到广州 4 个小时、到重庆 2 个多小时、到成都 3 个多小时，为外地旅游者提供了便利，为旅游者减少了经济开支，节约了时间。相对于贵州省旅游业和城镇化的快速发展，同一时期四川民族地区的旅游总收入同比增长率仅是 0.02%。四川省内民族地区旅游经济发展增速放缓，原因在于四川民族地区交通基础设施滞后。虽然其省内的高速公路、高铁比较发达，高速、高铁、航空等出川立体交通网络已经成型，出川通道已经畅通便捷，连接各个旅游城市之间的交通网络比较完善，但是作为四川省的民族地区，"三州"
（甘孜藏族自治州、阿坝藏族羌族自治州和凉山彝族自治州）内部旅游交通设
施落后，制约着"三州"民族地区的旅游发展。例如，"三州"地区中，阿坝州
开通运营的仅有都江堰—汶川高速、汶川—马尔康高速；凉山州开通运营的
有雅西高速、攀西高速；甘孜州有西康高速。通车运营的高速比较少且路况
不佳，"三州"内部道路经常发生山体滑坡、泥石流等地质灾害，造成交通受
阻，很大程度上限制了外来游客的旅游消费。

第四节　我国民族地区旅游经济发展
与城镇化相关性研究

理论和实践已经充分证明，旅游业驱动城镇化模式已经成为我国城镇化
推进模式之一，而且这种类型驱动的城镇化质量和效益相对比较高。

我国民族众多，民族地区地域面积达 $646.95 \times 10^4 \ km^2$，占我国国土面
积的 64.3%，但大部分民族地区地处西部，自然环境复杂多样，区位不利明
显，经济社会发展滞后。同时，在国家主体功能区划分中，民族地区大部分
属于禁止开发区、限制开发区、生态功能区，因此，有些民族地区不能照搬
东部发达地区依靠大规模工业化驱动城镇化的进程，旅游小城镇对民族地区
而言承担着国家生态环境保护功能，旅游城镇化需要选择符合当地实际的一
种城镇化模式。

从上述可知，民族地区旅游城镇化的推进过程是伴随着该地区旅游业的
发展而逐步推进的，跟民族地区旅游业发展阶段特征和历程非常契合。在民
族地区旅游业发展的各个阶段，分别出现了发展特征不同的旅游小城镇。在
民族地区旅游起步发展阶段，国内外游客重点关注的都是闻名遐迩的风景名
胜区，张家界、桂林这些民族地区旅游城市，就是因为优越的自然旅游资源
得到较早开发，吸引国内外游客前来旅游消费，满足游客旅游消费需求而闻
名的；在民族地区旅游发展的第二个阶段，由于民族地区新的旅游资源得到
开发利用，游客们开始进入，催生了一部分新的旅游小城镇，如米亚罗镇、
古尔沟镇、川主寺镇；第三阶段，全国旅游业进入高速发展期，民族地区旅

游小城镇的数量和质量都得到快速提高,涌现了很多旅游小城镇,如桃坪镇、三江镇、卧龙镇等;2012年以后,国家经济进入新常态,供给侧结构性改革成为国家战略,我国社会主要矛盾发生转变,旅游业成为代表人们不断增长的物质文化生活需要的主要产业,因此,对旅游产业进行供给侧结构性改革就成为解决我国社会主要矛盾的重要方面。

综上,民族地区旅游城市(镇)是该地区旅游业发展的基本土壤,是民族地区培育、发展壮大泛旅游产业的重要依托,是提升旅游业产品体系供给能力的后勤保障基地,是该地区实施乡村振兴战略的重要依托,旅游城市(镇)的协调、健康、可持续发展有利于促进旅游业的升级发展。反过来,民族地区旅游业的协调、健康、可持续发展带来了活跃的、源源不断的人流、物流、资金流及信息流等生产要素的聚集,形成规模,培育了民族地区旅游城市(镇)泛旅游相关产业,并推动旅游城镇泛旅游产业形成集群,不断升级,进而驱动旅游城市(镇)的发展。

表3-6 我国民族地区2004—2018年旅游收入数据统计

(单位:亿元)

年份	内蒙古	广西	新疆	甘肃	宁夏	云南	贵州	湖北恩施	湖南湘西	青海	西藏
2004	145.03	—	116.49	55.26	15.1	369.27	167.6	1.33	6.2	20.24	15.32
2005	208.24	303.7	138.65	62.46	17.74	430.14	251.14	1.59	20	25.73	19.35
2006	279.71	433.9	159.1	80.11	25.67	499.78	387.05	10.8	24.6	35.69	27.71
2007	390.77	533.7	204.9	115.83	31.64	559.21	512.28	17.53	31.3	47.38	48.52
2008	468.85	—	207.3	137.5	40.53	663.28	653.13	24.03	38.44	47.51	37.33
2009	611.35	701	196.08	193.75	53.41	810.73	805.23	29	50.66	60.15	55.99
2010	732.7	952.95	305.5	237.18	67.8	1 006.8	1 061.2	50.62	63.48	71.02	71.44
2011	889.55	1 277.8	441.8	333.72	84.21	1 300.3	1 429.5	86.45	76.88	92.3	97.06
2012	1128.5	1 659.7	578.49	471.13	103.39	1 702.5	1 860.2	119.55	105.45	123.75	126.48
2013	1 403.5	2 057.1	673.24	620.25	127.3	2 111.2	2 370.7	147.54	144.9	158.54	165.18
2014	1 805.3	2 602	650.07	780.27	142.7	2 665.7	2 896	200.01	174.5	201.9	204
2015	2 257.1	3 254.2	1 022	975.44	161.3	3 281.8	3 512.8	249.72	216.97	248.03	281.92
2016	2 714.7	4 191.4	1 401	1 220.6	210.02	4 726.3	5 027.5	300.48	265	310.3	330.75
2017	3 440.1	5 580.4	1 822	1 580.1	277.72	6 922.2	7 116.8	367.46	321.5	381.53	379.37
2018	4 011.4	7 619.9	2 579.7	3 335.9	291.9	8 991	9 400	455.4	437.35	466.3	490.14

数据来源:各地历年国民经济和社会发展统计公报。

表 3-7　我国民族地区 2004—2018 年城镇化率数据统计

(单位:%)

年份	内蒙古	广西	新疆	甘肃	宁夏	云南	贵州	湖北恩施	湖南湘西	青海	西藏
2004	45.86	31.7	35.15	28.61	—	28.1	24.8	20.1	27.8	38.53	—
2005	47.2	33.62	37.2	30.02	—	29.5	26.3	14.3	29.5	39.25	—
2006	48.64	—	37.9	31.09	25.67	30.5	27.5	22.5	30.5	39.26	—
2007	50.15	36.24	39.2	31.59	—	31.6	28.2	24	32.5	40.07	19.9
2008	51.72	38.16	39.6	32.15	44.98	33	29.1	25.5	34.3	40.9	22.6
2009	53.4	39.2	39.8	32.65	46.1	34	29.9	28	35.6	41.9	23.8
2010	55.53	—	43.5	36.12	—	34.8	33.8	30.5	37	—	—
2011	56.62	41.8	44	37.15	49.8	36.8	35	32.53	36.1	46.2	—
2012	57.74	43.53	44	38.75	50.67	39.31	36.4	34.55	37.6	47.44	22.75
2013	58.7	44.81	44.5	40.13	52.01	40.48	37.8	36.1	38.8	48.5	23.72
2014	59.5	46.01	46.07	41.68	53.61	41.73	40.01	38.38	39.9	49.78	25.75
2015	60.3	47.06	47.23	43.19	55.23	43.33	42.01	39.98	41.1	50.3	27.74
2016	61.2	48.08	48.35	44.69	56.29	45.03	44.15	41.88	43.06	51.63	29.54
2017	62	49.21	49.38	46.39	57.98	46.69	46.02	43.48	44.97	53.07	30.9
2018	62.7	50.22	50.91	47.69	58.88	47.81	47.52	44.86	46.54	54.47	31.14

数据来源:各地历年国民经济和社会发展统计公报。

　　表 3-6 和表 3-7 分别统计了 2004—2018 年我国主要民族地区旅游收入和城镇化率的基本情况。从表中可以明显看出这些民族地区旅游经济发展和城镇化率变动的基本趋势。随着民族地区旅游经济发展,旅游收入在地区生产总值(地区 GDP)中的比重也随之提高,城镇化率也随着旅游收入的增加而逐年提高,而且增加速度逐渐加快,二者呈相同趋势变动。整理相关文献可知,随着旅游业的关联带动、带动就业及辐射扩散等综合效应的凸显,各级各地政府对旅游业发展越来越重视,旅游业被列为地方发展重要产业,被赋予了发展经济、构建地方形象、加强经济文化交流等功能。同时,从表 3-6 中可知,随着我国经济社会发展,民众可支配收入增加,旅游大众化趋势日益明显,旅游已成为民众常态化生活的一部分。随着民众收入增加,他们求新求异的精神心理需求、休闲康养度假需求、个性体验和群体认同的需求也随之旺盛。民族地区多样化的民族文化资源、生态康养产品、众多具有个性体验功能的旅游产品日益受到青睐。

岷江上游地区 5 个县均隶属阿坝州行政区划。阿坝州地处四川省西北部，旅游资源富集，该地区旅游业发展与全国民族地区几乎同步，其旅游业发展状况是四川省民族地区旅游业发展的一个缩影，从阿坝州旅游业发展状况和城镇化率统计情况以及二者的关系可以管中窥豹，揭示出旅游业发展对旅游城镇化的推动作用。表 3-8 选取了四川省阿坝藏族羌族自治州为个例，展现了阿坝州 2000 年至 2018 年旅游经济发展与城镇化率的变动情况。

表 3-8　阿坝州旅游经济发展与城镇化率情况

年份	GDP /亿元	旅游收入/亿元	接待人次/万人次	财政收入/亿元	户籍城镇化率/%	人口城镇化率/%
2000	35.26	9.6	192	1.87	18.72	—
2001	40.2	12.3	242	2.3	18.88	29.21
2002	45	15.88	283.6	2.3	19.2	—
2003	51.72	21	323	2.78	19.47	—
2004	62.7	39.4	550.5	4.24	19.78	—
2005	75.2	47.8	664.5	5.73	20.34	27.9
2006	87	61.81	772.6	7.07	20.99	29
2007	105.1	74.38	880.73	8.78	21.19	30
2008	75.6	17.42	199.86	4.19	21.34	29.1
2009	109.6	40.68	513.52	8.01	22.09	30
2010	132.76	73.78	850	16.67	22.43	30.1
2011	168.48	124	1 464	34.3	22.48	31.65
2012	203.74	181.03	2 011.57	40.21	22.71	33.37
2013	233.99	195.67	2 289.6	24.46	22.29	34.59
2014	247.79	242.74	2 876.17	28.58	22.52	35.69
2015	265.04	285.09	3 230.57	31.67	22.27	36.77
2016	281.32	318.44	3 761.49	32.6	—	37.86
2017	295.16	235.72	2 909.58	26.81	—	38.92
2018	306.07	166.71	2 369.47	41.4	—	40

资料来源：阿坝州历年国民经济和社会发展统计公报。

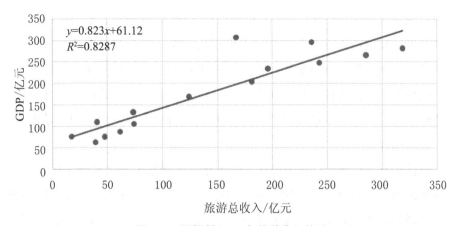

图 3-1 阿坝州 GDP 与旅游收入关系

资料来源：根据表 3-8 绘制。

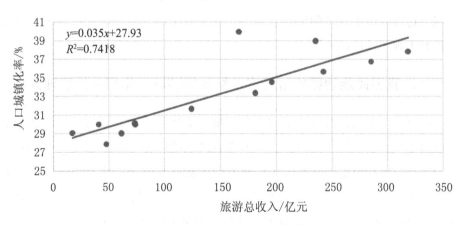

图 3-2 阿坝州城镇化率与旅游收入关系

资料来源：根据表 3-8 绘制。

通过对阿坝州 GDP 与旅游收入、阿坝州城镇化水平与旅游收入进行相关分析，计算出阿坝州 GDP 与旅游收入相关系数 $R^2 = 0.8287$，阿坝州城镇化水平和旅游收入相关系数 $R^2 = 0.7418$，说明阿坝州 GDP 和旅游收入、城镇化水平和旅游收入均具有很强的正相关关系。从图 3-1 和图 3-2 看，城镇化率正相关趋势更加明显。从表 3-6、表 3-7 中还可以得知，贵州省 2018 年总收入 9 400 亿元，人口城镇化率为 47.52%，比上年末提高 1.5 个百分点。以 2018 年为例，2018 年全国旅游总收入 59 700 亿元，比上年增长 10.56%；常住人口城镇化率为 59.58%，比上年末提高 1.06 个百分点。我国民族地区旅游经济发展和城镇化率与全国平均水平相比，除了贵州省增速超过全国平均水平外，其余均低于全国平均。通过阿坝州旅游经济发展推动城镇化水平提高的成功个案分析可以看出，在不具备大规模工业化的民族地区，开发利用优势旅游资源，培育旅游业及其相关产业，驱动当地城镇化进程，是现实可行、卓有成效的。

总体来看，在个性化、差异化、散客化、自驾旅游方式风靡全国的时代，民族地区仍然是国内外游客优先选择的旅游目的地，民族地区旅游经济和旅游城市（镇）的发展均处于转型提升阶段，仍然具有很大的发展空间。旅游发展与城镇化融合发展仍需要不断完善、转型升级，需要立足本地区特色和资源优势，培育内生的自我发展能力，实现旅游业和旅游城市（镇）可持续健康发展。这需要国家政策的监管和扶持、外来资金的支持，以及本地区民众主体性和主观能动性的发挥。

一、我国民族地区旅游经济发展与旅游城镇化相关性机理分析

产业是一个城镇的经济基础所在，是一个城镇持续发展的动力源泉。旅游业由于具有极强的产业关联性，被许多民族地区地方政府选为城镇化的驱动力之一。他们根据民族地区旅游业发展的阶段和特征，选择某一个或几个城镇为中心节点，以旅游业发展为契机，充分发挥旅游业的"关联带动效应"，将旅游业培育成为该地区城镇化建设中至关重要的一个产业。在快速发展的同时，旅游业作为服务于游客"食、住、行、游、购、娱"等综合性消费需求的产业，带来了大量当地居民和各种要素的聚集，在旅游相关产业的集聚与融合过程中，改变了当地居民的就业方式、生活方式和生产方式，改善了城镇的基础设施，美化了城市形象，有利于打造城镇品牌。城镇公共基础设施的改善和各种软硬环境的提升、公共服务设施的完善可以为当地旅游业的更大发展提供支持与辅助，城镇的治理主体也开始用大旅游的思维规划建设旅游城镇，力图将城镇本身作为一种旅游资源纳入城镇开发建设的范围之内，促使城镇旅游化。

旅游经济发展与旅游城镇互动主要分为两个方面。其一表现为旅游业发

展对城镇化的助推作用，主要从三大层面发挥，包括旅游经济发展提高城镇化率、转变当地民众就业观念和方式；完善城镇基础公共设施，提升城镇功能；发挥旅游业产业关联带动作用形成产业集聚，进而利用其产业发展升级驱动旅游小城镇不断推进。其二表现在城镇化建设对旅游业发展的提升保障作用，主要从两个功能来体现，包括区域合作整合旅游资源，优化配置，打造区域旅游品牌；完善旅游城镇设施、拓展旅游城镇的空间边界，完善城镇功能，进而支持旅游业转型升级。

二、我国民族地区旅游发展对旅游城镇建设的助推效应

(一)提高城镇化水平，推动当地民众实现职业转换，提高城镇就业水平

旅游业的迅猛发展和对国民经济的巨大贡献，日益引起各个国家和地区的关注。尤其是许多民族地区的小村庄或者小镇(城镇)就是因为拥有优质的旅游资源受到外地游客的青睐，这些地区通过发展旅游，进而带动旅游相关产业的发展，改变当地民众的生产生活方式，例如云南大理、丽江，四川九寨沟，贵州西江苗寨、肇兴侗寨，等等。由于旅游业强大的关联带动效应，民族地区政府纷纷将发展旅游业作为推进当地城镇化进程的重要手段。民族地区许多旅游型小城镇本来就是随着外地游客的进入，为满足外来游客的综合旅游消费需求而兴起和发展起来的。当地旅游业的发展，不仅拓展了小城镇功能和人口结构，旅居人口日益增多带来的服务需求的扩展使得旅游业及其相关联的其他服务业也迅速发展起来。如，随着旅游业关联带动产业的发展，小城镇镇域范围内形成了较大规模的满足外来游客"食、住、行、游、购、娱"等综合性消费需求的各种消费层次的宾馆、超市、酒店以及其他娱乐场所，为当地居民直接提供众多就业岗位，间接促使相关产业扩大对就业岗位的需求，引导民众从事旅游相关产业，直接提升当地的人口城镇化率，提高了当地的城镇化水平。随着就业水平提高，人们收入增加，便能拉动各产业发展新态势，经济收入日益提升伴随休闲时间增加而来，促使人们改变传统生活方式，加快城镇化进程。

(二)改善城镇公共基础设施，提升城镇功能

旅游小城镇的兴起和发展以满足外来旅游者综合性多元化的旅游消费需

求、为外地游客提供优越的旅游服务环境、满足其综合性旅游消费需求为目的，通过多种渠道改善小城镇的各种设施和服务，拓展其功能，客观上为当地民众的就业、生活提供了良好的物质环境，加速了城镇化进程，促进了城镇的规模扩张和功能完善。外来游客的大量涌入、体量庞大的多层次的消费需求急需旅游城镇提升完善自身的公共服务设施、拓展自身的功能，这就刺激了多方主体积极投入城镇的公共基础设施建设和城镇服务功能拓展中。旅游业巨大的消费需求会吸引大量城镇公共基础设施投资，进而带动城镇公共服务设施完善，主要涉及餐饮业、住宿业、娱乐业及交通业等旅游相关产业的协调发展，既可以改善当地民众的生存居住和工作环境，还可以提升城镇民众的生产生活方式现代化水平，更能促使城镇功能的提升和完善。城镇功能的提升、完善和拓展提升了城镇的旅游接待能力，满足了广大外来游客的需求，形成了极好的口碑，还能提升城镇的品位和魅力，塑造城镇形象，加强城镇的旅游吸引力，吸引更多旅游者前来，加速城镇化进程，使城镇多功能的建设再次反作用于旅游业的发展，二者形成一个良性的相互促进的互动关系。

(三)积极推进旅游产业集群化发展，延伸旅游产业价值链，发挥其集聚辐射效应

随着民族地区旅游业的进一步发展，更多的产业向城镇聚集，农村人口不再单方面向城市转移，城镇区域内的市场需求增加，更多现代服务业以及新型业态在旅游城镇区域范围内发展，旅游经济也随之得到更快速的发展。此时，可发挥旅游产业关联带动效应强的作用，延伸拓展旅游上、下游产业价值链，并直接带动旅游支持产业的价值提升，构建稳定的泛旅游产业体系，与时俱进，进行泛旅游产业结构优化、产品创新升级，培育并孵化出新的旅游业态，适时进行旅游业态更新，如"旅游＋"、智慧旅游等。充分利用旅游产业的集聚和扩散效应，带动旅游地周边民众积极参与旅游发展，共享旅游发展成果，进而提升旅游小城镇的城镇化水平和质量。

三、我国民族地区城镇化建设对旅游发展的提升效应

(一)推进区域旅游合作和互补协同发展，推动区域旅游经济发展

民族地区旅游城镇化的发展有了一定的成效，形成了各有资源特色的大

中小配套的旅游城市(镇)群。在特定的区域空间里,旅游城市(镇)群之间的区域旅游合作显现出日益紧密、越来越重要的发展态势。而旅游城市(镇)群里各部分合作主体之间合作的基础和根本保证是双方或多方之间存在着利益互补关系。这些互补关系是多方面的,既可以资源互补,又可以产品互补,还可以交通互补,等等,但其中最重要的还是资源的互补性决定合作主体之间建立合作行为。旅游城镇之间区域合作的实质就是区域空间里旅游业各种资源的优化配置及整合。例如,现在比较流行捆绑式申请旅游景区升级方式,青城山、都江堰联合申报世界文化遗产,九寨沟、黄龙联合申报世界自然遗产,等等。民族地区区域间旅游合作整合了区域内的旅游资源,实现了区域内旅游资源的效益最大化,同时,区域内各个旅游城镇的功能和形象施行差异化发展路径,实现了旅游城镇资源与功能的互补性发展,整体完成了区域旅游形象的塑造和品牌打造。例如,九环线上的旅游资源完全可以以九环线为轴,以各城镇旅游资源为点,形成"点轴式"差异化发展格局,实行区域合作,差异化发展,联手打造区域性旅游品牌形象,构建区域性旅游发展综合体。

民族地区旅游城镇建设可以促进民族地区旅游业从"创新、协调、绿色、开放、共享"五大发展理念的高度出发,对整个区域旅游资源进行统筹规划。坚持保护与利用相结合的原则,最大限度地促进民族地区旅游景区生态效益、社会效益、经济效益、文化效益及政治效益(民族团结)的协调统一;民族地区在推进本区域旅游城镇建设中,应科学合理地利用地区优势旅游资源,对城镇建设进行系统规划,实施差异化发展战略,避免重复建设和资源浪费,为区域内旅游业的发展提供优良的软、硬环境,从而提高该地区旅游业的发展质量,创新完善旅游产品生产供给体系,促进该地区旅游业和小城镇相互融合,进而实现二者可持续发展。

(二)有利于拓展旅游城镇功能,进而支持当地旅游业转型升级

随着民族地区城镇化发展,城镇基础设施建设成绩显著,服务能力和保障水平不断提高,进而支持了该地区旅游业转型升级。例如,民族地区旅游城镇的通达性一直是当地旅游经济发展的障碍,近几年,从中央到地方,民族地区各级党委、政府非常注重区级一体化协作发展,通过大规模交通骨干通道(高速公路、高速铁路)的建设,全国各省、市、自治区的经济联系得到加强。但是民族地区内部各县、县域内通乡通村组的道路建设滞后,严重阻碍了区域旅游合作进展。国家发展改革委、财政部、交通运输部、文化和旅游部及中国铁路总公司公布了《"三区三州"等深度贫困地区旅游基础设施改造升级行动计划(2018—2020年)》(李志刚,2018),大力改善民族贫困地区旅游基础设施,发展民族地区区内城镇交通,既要打通民族地区对内对外联系的骨干通道(动脉),也要连通与骨干大通道(动脉)联系的"静脉"(毛细血管),实现区域内旅游经济集聚发展。旅游城镇旅游基础设施的改善,不仅为当地居民带来便捷的对外沟通交流渠道,同时为外来旅游者旅游带来了便利,也提升了当地旅游业发展环境,城镇交通便利,吸引了更多旅游者来到民族地区观赏体验当地传统文化以及民族风情,支持了当地旅游业的转型升级。

本章小结

本章对我国旅游小城镇发展的历程、阶段做了初步分析,并进一步对我国民族地区旅游小城镇的发展历程、现状进行了梳理,对民族地区旅游经济发展和旅游城镇建设的互动关系做了简要分析。

第四章　岷江上游地区旅游小城镇发展条件和必要性

第一节　岷江上游地区旅游小城镇发展条件和制约因素

一、岷江上游地区独特的区域特点是旅游小城镇发展的有利条件

(一)岷江上游地区地理区位和民族聚落分布特点

岷江史称汶水、汉水，亦有都江、导江、蜀江等名，是长江重要的支流之一，南北纵贯，将青藏高原东南边缘与四川盆地腹心地区连接起来。其发源于岷山西南麓，分东西两源，东源(正源)起于海拔 3 727 m 的松潘县川主寺镇贡嘎岭，为流经漳腊的漳金河，长 39 km；西源发源于海拔 4 610 m 的郎架岭，为流经黄胜关的洋洞河，长 55 km。东西二源在松潘县红桥关相会，干流沿途流经川西高原、成都平原、川南盆地，最后在宜宾市注入长江(阿坝藏族羌族自治州地方编纂委员会，1994)。红桥关至都江堰为岷江上游段，位于北纬 31°26′～33°16′，东经 102°59′～104°14′，干流全长 334 km。流域南北长 341 km(都江堰渠首至分水岭)，东西宽 125 km(九顶山至鹧鸪山直线)，流域面积 24 650 km²，行政区划上都由阿坝藏族羌族自治州管辖，流域内的行政区域有阿坝藏族羌族自治州的松潘县、黑水县、茂县、理县和汶川县的全部以及都江堰市的部分区域(刘延国等，2018)。

从人口分布来看，岷江上游人口主要分布在河流两侧地势相对平缓区。根据全国第六次人口普查数据，该区总人口约为 39.26 万人(2012 年数据，具体分布见表 4-1)。整体地势相对平缓的茂县和汶川县两县集聚了岷江上游总人口的一半以上，其中乡村人口占 59.74%、少数民族人口占总人口的 89% 以上。从民族类别来看，该区以少数民族为主，主体民族是藏族和羌族。其中，藏族、羌族、回族等少数民族人口占总人口比重约 76.79%(刘颖等，2015)。羌族民众主要分布在海拔在 2 500 m 以下的土地资源相对富集的高台平地和河谷地带；分布在松潘大草原的安多藏族民众主要在海拔 3 000 m 以上的高原山地，以牧业为主；分布在黑水县、理县的嘉绒藏族民众主要在高山河谷地带，以农业、半农半牧产业为主；回族民众主要在松潘县以及沿公路分布，这与回族民众善于经商有关。从这些民族民众的分布特点来看，民众分布主要在公路周边 50 m 以内，这彰显了经济因素对各民族民众分布的影响力。

表 4-1 岷江上游地区各县人口分布

(人数：人；占比:%)

县名	总人口	农业人口		藏		羌		汉		其他	
		人数	占比	人数	占比	人数	占比	人数	占比	人数	占比
汶川县	101 085	64 750	64.1	20 155	19.9	36 608	36.2	42 685	42.2	1 637	1.7
理县	45 761	34 985	76.5	23 895	52.2	15 152	33.1	6 451	14.1	263	0.6
茂县	110 421	82 301	74.5	1 209	1.1	101 792	92.2	4 985	4.5	2 435	2.2
黑水县	61 118	51 971	85	56 847	93	502	0.8	3 674	6	95	0.2
松潘县	74 166	59 693	80.5	32 336	43.6	7 713	10.4	22 992	31	11 126	15

数据来源：根据各县第六次人口统计数据整理。

(二)岷江上游地区自然地理特点

岷江上游地区位于青藏高原东缘延伸部分、长江上游高山峡谷地带，地处四川盆地丘陵山地向川西北高原的过渡山岗地带，地形复杂。该区地势西北高东南低，呈西北向东南四川盆地方向倾斜，属于典型的高山峡谷地貌。区内高山耸峙，河流深切，沟谷深邃，地表起伏巨大，相对高差在 1 500～

3 000 m。地貌类型以中山为主，占辖区面积的62.9%。岷江上游江段穿行于岷江山脉和邛崃山脉形成的峡谷之中，流域内地貌以高山峡谷为主，地势北高南低，流向由北向南，山峰海拔一般在3 000～5 000 m，而岷江河谷海拔一般在1 000～2 800 m，相对高度在1 500～3 000 m（张一平等，2004）。该地区自然生存环境复杂多样，民众大多居住在河谷地带或半山台地，耕地资源贫瘠；道路基本上沿河流修建，经常因发生自然地质灾害导致道路中断；同时，该地区生态系统被破坏，生态环境恶化趋势并未得到根本遏制。但是，该地区山川阻隔、相对封闭的自然地理环境，在一定程度上，成为该地区各个聚落生存方式的差异性存在的自然环境基础，同时，在某种程度上确保了该地区各聚落生态系统和文化系统免受外来强势文化的渗透，保证该地区文化的多样性、原生性，不失为当地一种具有比较优势的资源。

（三）岷江上游地区地质地貌状况特点

岷江上游地区地处青藏高原东南缘，是我国阶梯状地势第一阶梯与第二阶梯的过渡地区。大部分属邛崃山系岷江山脉，东南边境属龙门山尾段，自西北向东南倾斜，最高海拔6 250 m（四姑娘山），最低海拔780 m（东南漩口地区）。根据四川省地貌类型统一分类，岷江上游可分为高平原、低山、中山、高山、极高山，其中高平原335 km²，占1.36%，低山5 km²，占0.02%，中山13 167 km²，占53.28%，高山11 108 km²，占44.95%，极高山96 km²，占0.39%。其地貌属高山峡谷地貌（见表4-2）。区内地质大部分属马尔康地质分区和龙门山地质分区，属纬向构造体系。境内沉积岩广泛分布，出露较全。岩层总的走向趋势为东西向，局部地域有扭动构造，其应力由北偏西向南偏东，使地壳产生水平运动导致岩层产生褶皱和垂直运动。区内以片岩、千枚岩、砂板岩、大理岩等变质岩为主，花岗岩零星分布。在内外营力综合作用下，极易引起崩滑、泥石流灾害等环境问题。同时，岷江上游属于西南多震地带，地震活动强烈、频率高，历史上多次发生强烈地震，对山坡稳定性和岩层均造成严重破坏（姚建，2004）。根据地层的组成和岩体的特征，可以将岷江上游划分为3个区域，第一部分是"茂汶—映秀"断裂以西的地区，该区岩性以石英砂岩、变质岩为主，夹杂少量砾岩、岩浆岩和碳酸盐岩；第二部分是"茂汶—映秀"断裂以东的地区，该区的岩性主要有岩浆岩、碳酸盐岩、碎屑岩和少量变质岩；第三部分是岷江上游东北部的雪山断裂与荷叶断裂之间，该区岩性主要为碳酸岩。岷江上游在地貌特征上可大致分为3个区域：以米亚罗—芦花—知木林—黑水—镇江关为界，界线以北为山原区，该区水资源丰富，地形切割较浅，发育着一、二级阶地和洪积扇；界线以南至三江口—映秀—龙池以北的地区为高山峡谷区，该区典型的特点是山高谷深坡陡，岭谷相对高差较大；三江口—映秀—龙池以南的地区为中山峡谷区(詹金凤，2015)。

表4-2　岷江上游地区地貌分布

地貌类型	高平原	低山	中山	高山	极高山
海拔范围/m	>200	<1 000	1 000～3 500	3 500～5 000	>5 000
相对高度/m	<50	50～200	>200	>500	>1 000
面积/km²	335	5	13 167	11 108	96
面积占比/%	1.36	0.02	53.28	44.95	0.39

资料来源：各县(汶川县、理县、茂县、松潘县、黑水县)县志。

(四)岷江上游气候特点

岷江上游大部分地区由于受高空西风气流和印度洋西南季风的交替影响，总体上是温带暖温带气候，大部分区域空气干燥，气温较低，晴多雨少，属于四川西部高原冬干伏旱区。岷江上游地区地势起伏较大，区域内各地的降水及其他自然地理要素随之变化，造就了多种气候类型。岷江上游地区年均气温5.7～13.5 ℃，最高为汶川(13.5 ℃)，最低为松潘(5.7 ℃)；汶川、理县、茂县年平均气温在11 ℃以上，黑水、松潘在5.5～9.0 ℃。丰富的气候类型一方面影响着动植物的分布、土地类型、耕作制度及民居类型，对岷江上游地区形成丰富的自然人文景观起到巨大作用，也影响着村寨旅游活动的开展；另一方面，多种气候条件也是形成该区域村寨旅游资源季节性特征的重要原因，即随季节变换而形成的农业生产、社会生活的季节性变化规律。岷江上游地区地跨川东盆地亚热带和川西高原季风气候两个气候区，区内海拔悬殊，地形复杂。地区内气候特征差异明显，具有山地立体型垂直地带性气候特征。海拔较高的西北部林线以上有永冻带和高山高寒带分布，其他山区属山地亚热带、温带气候，位于海拔 1 100～2 300 m 的南部地区主要为干旱河谷区，在特殊地貌和大气环流的作用下，河谷地段"焚风效应"显著，属北亚热带气候。区内温度呈现由东南向西北、由河谷向山地递减的趋势。多年平均年累积降水量 491～833 mm，降水年内分布不均，一年中 85% 以上的降水量集中在 5～10 月，且多大雨和暴雨（郑杰，2016）。

（五）岷江上游地区生态环境特点

在历史上，岷江上游地区曾经森林茂盛、植被覆盖率高，生态环境极好。《华阳国志》（常璩，1987）记载："岷山多梓、柏、大竹，颓随水流，坐致材木，省功用饶。又溉灌三郡，开稻田，于是蜀沃野千里，号为陆海。"从上述记载可知，当时岷江上游地区森林茂盛，植被良好，是成都平原木材来源地。据有关资料表明，历史上的岷江上游，森林资源十分丰富，该地区 600 年前约有森林 120 × 10^4 hm^2（1 hm^2 = 10 000 m^2），覆盖率 50% 左右。1950 年森林面积约 74 × 10^4 hm^2，覆盖率 30%。到 20 世纪 80 年代森林面积降至 46.7 × 10^4 hm^2，覆盖率降至 18.8%（张荣祖，1992）。2 000 多年来，由于过度开发利用，植被破坏严重。笔者前往岷江上游地区调研期间，沿途发现汶川、茂县、理县三地中，理县植被相对较好，在一些高山顶部还保存有一些原始森林，其余岷江干旱河谷地带，大部分山体裸露，石漠化现象严重。森林面积减少，使上游地区水源涵养能力降低，生态功能日趋下降，每遇雨季，容易形成山体滑坡和泥石流等地质灾害。岷江上游包含落叶阔叶林、高山栎类林、亚高山常绿针叶林、落叶灌丛、山地灌丛、亚高山灌丛、高山灌丛、干旱河谷灌丛、亚高山—高山草甸、流石滩植被、旱冬闲田等多种植被类型，其中以亚高山—高山草甸居多，所占比例超过 50%。在自然和地形因素的影响下，区内植被多样化且垂直分布规律明显，类型较多，有干暖河谷灌丛、山地落叶阔叶林、山地针叶林、亚高山针叶林。由于海拔和水热条件的原因，岷江上游植被在水平分布上表现出南北成分逐渐过渡和东西成分逐渐侵入的复合形态特征；同时，由于地形条件的不同，在阴坡多为森林，阳坡多为草坡，森林覆盖率在 20% 左右。岷江上游地区土壤除具有明显的垂直分布特征外，在水平方向上的分布也表现出一定的规律。

由于特殊的地质地貌类型以及复杂的气候条件，岷江上游地区在同区域山地生态系统中属于环境相对脆弱的地域类型。岷江上游干旱河谷生态脆弱性具体表现为地质灾害频发、水土流失严重、干旱河谷扩大、植被退化严重等。近10年来在以全球变暖为主要特征的气候变化和人为过度干扰的共同影响下，加之汶川特大地震的影响，该区域整个生态系统出现严重的退化和逆向变化。

(六)岷江上游地区资源特点

1. 生物资源

岷江上游地区动植物资源种类近3 700种，其中，植物资源3 000余种，分属140余科、500余属；动物资源60余种，药用和食用菌类60余种(具体见表4-3)。植物资源主要包括药用、油脂、芳香、淀粉、纤维和观赏植物(吴宁，2016)。

表4-3　岷江上游地区生物资源

资源类型	数量	岷江上游地区特有资源	珍稀保护动植物	备注
植物资源	3 000余种(分属140余科、500余属)	云杉属植物、冷杉属、圆柏属，例如四川红杉、岷江冷杉	桃儿七、延龄草、星叶草、独叶草、岷江柏、四川红杉等	云杉属植物占我国总种数的20%；冷杉属占18%；圆柏属占32%
动物资源	60余种	大熊猫、小熊猫	大熊猫、小熊猫、牛羚、金丝猴、猞猁、马麝、林麝、白臀鹿、马鹿、白唇鹿、蓝马鸡、藏马鸡、红腹角雉、绿尾角雉、血雉、大腓胸鹦鹉等	—
菌类资源	60余种	药用和食用菌类	—	—

资料来源：各县(汶川县、理县、茂县、松潘县、黑水县)县志。

2. 草地资源

岷江上游地区是西北游牧民族与农耕民族交融交汇的重要的民族通道，许多地区属于半农半牧地区，有些县域，牧业占了很大的比重，草地资源相当丰富。岷江上游地区草地面积 $102.29 \times 10^4 \ hm^2$，占土地总面积的40.73%，草地面积大，类型多，共分10个类型，见表4-4。

表 4-4　岷江上游地区草地资源分布

草地类型	主要分布范围	天然草地面积/hm²	可利用面积/hm²	与耕地面积比例	产草量/kg	产草量的百分比	备注
高山草甸草地类	岷江上游五县	459 147.9	378 113.16	9.65	139 805.63	53.47	
亚高山草甸草地类	茂县、松潘、黑水	144 156.5	121 499.74	3.1	69 186.26	26.46	
山地疏林草地类	汶川、理县	13 148.1	10 701.65	0.273	4 679.83	1.79	
山地灌丛草甸草地类	汶川、茂县、松潘、黑水	41 303.4	30 022.28	0.766	7 609.38	2.91	
山地草丛草地类	汶川	544	462.47	0.011 8	15.17	0.005 8	
高寒灌丛草甸草地类	理县、茂县、松潘、黑水	88 512.8	64 372.19	1.643	17 862.81	6.83	
高寒沼泽草地类	松潘	14 098.2	11 983.79	0.306	1 948.41	0.745	
干旱河谷类	汶川、理县、茂县、黑水	40 547	29 292.48	0.748	2 215.78	0.847	
亚高山林绿草甸草地类	松潘	35 010.8	28 759.22	0.76	17 935.79	6.86	
农隙地草地类	汶川	757	643.47	0.016 4	205.97	0.079	
合计		837 226	676 850.5	17.275			

　　从表 4-4 可以看出，岷江上游地区草地资源不但丰富，而且种类多样，这种资源为该地区民众从事牧业生产提供了优势，同时，为该地区民众延伸农牧业产业链、生产地区特色旅游牧业商品、提升牧业产品价值和功能提供了条件。通过利用这些草地资源，当地民众可以生产原生态绿色牧业食品，可以借助旅游发展的平台，吸引游客亲自动手体验，参与绿色牧业手工加工项目，提升他们的体验感，增强地方旅游吸引力。同时，实现当地草地涵养水源、保护生态的功能。

　　3. 水资源

　　岷江作为长江上游水量较大的一条重要支流，不但成就了成都"天府之国"的美誉,其本身的支流也比较多,水力资源比较丰富,千百年来,滋润养育着岷江上游地区各族民众(详情见表4-5)。从岷江上游地区水电站密集的状况可以看出当地对水力资源的开发利用状况。还有一些嘉陵江水系和涪江水系的主要支流也发源于岷江上游5个县。

表4-5 岷江上游地区水资源基本情况

水系	主要支流	发源地	流域面积/km²	水力资源/万千瓦
岷江水系	黑水河	黑水县境内羊拱山麓	7 240	7.07
	杂谷脑河	理县境内鹧鸪山东侧	157	60余
	热务河	松潘县	140	—
	小黑水河	黑水三姐妹山	59	0.8
	毛儿盖河	松潘境内夏沃除山麓	120	3.73
	渔子溪河	汶川县卧龙	85.5	—
	寿溪河	大塘山	55	—
嘉陵江水系	白龙江支流求吉河	松潘、红原、若尔盖三县交界处	—	—
涪江水系	土门河	茂县	—	—
	白羊河	松潘县	—	—
湖泊	叠溪海子	茂县	—	—

资料来源:各县(汶川县、理县、茂县、松潘县、黑水县)县志。

4. 旅游资源

岷江上游地区由于地处青藏高原东部边缘的延伸部分,属于黄河文明和长江文明的交汇地带、农耕文明与游牧文明的过渡地带、"藏羌彝民族走廊"东部起始地带,是西北游牧民族与西南地区进行经济交流、文化交融频繁地区,茶马古道的重要组成部分,在长期民族经济交流、文化交汇交融的过程中,留下了许多值得保护和传承的历史遗存,如松潘古城、理县薛城古镇筹边楼等。据史书记载,该地区很早就有人类活动,在各民族生存发展过程中,保留了许多人类活动遗迹。同时,红军长征时在该地区停留时间比较长,发生过许多影响党和红军走向的重大历史事件,红色教育资源比较密集,例如松潘县川主寺镇的红军长征纪念总碑碑园等。另外,该地区位于龙门山系、岷山山系、青藏高原东部边缘交汇地区，大自然的鬼斧神工造就了该地区雄奇险秀、丰富多样的自然风光，这种自然旅游资源，成为该地区旅游业发展独特的资源依托，如古尔沟温泉等。该地区多民族和谐共处，再加上山川阻隔，造就了该地区民族文化资源的多样性、原生性、完整性。这种丰富多样的民族文化旅游资源，应当为该地区未来旅游产品创新发展、旅游产业升级提供持续文化动力源。该地区旅游资源汇总见表4-6。

表4-6　岷江上游地区主要旅游资源

等级	旅游资源类型	阿坝州	岷江上游地区	备注
世界级	世界自然遗产	四川大熊猫栖息地、黄龙、九寨沟	四川大熊猫栖息地、黄龙、九寨沟	汶川县、松潘县
	世界生物圈保护区	卧龙自然保护区、九寨沟自然保护区、黄龙自然保护区	卧龙自然保护区、黄龙自然保护区	汶川县、松潘县
国家级	国家5A级景区	九寨沟风景名胜区、黄龙风景名胜区、阿坝州汶川特别旅游区	黄龙风景名胜区、阿坝州汶川特别旅游区	汶川县、松潘县
	国家级风景名胜区	九寨沟国家级风景名胜区、黄龙国家级风景名胜区、四姑娘山国家级风景名胜区、阿坝州理县桃坪羌寨国家级风景名胜区	黄龙国家级风景名胜区、阿坝州理县桃坪羌寨国家级风景名胜区	理县、松潘县
	国家级自然保护区	四川卧龙国家级自然保护区、四川九寨沟国家级自然保护区、四川小金四姑娘山国家级自然保护区、四川若尔盖湿地国家级自然保护区、四川黄龙国家级自然保护区、四川毕棚沟国家级自然保护区、龙溪—虹口国家级自然保护区	四川卧龙国家级自然保护区、四川黄龙国家级自然保护区、四川毕棚沟国家级自然保护区、龙溪—虹口国家级自然保护区	汶川县、松潘县、理县
	国家级森林公园	九寨国家森林公园、雅克夏国家森林公园	雅克夏国家森林公园	黑水县
	国家级湿地公园	四川若尔盖国家湿地公园		
	国家级地质公园	九寨沟国家地质公园、黄龙国家地质公园、四姑娘山国家地质公园	黄龙国家地质公园	松潘县
	国家级历史文化名村	汶川县雁门乡萝卜寨	汶川县雁门乡萝卜寨	汶川县
	全国重点文物保护单位	营盘山和姜维城遗址、松潘古城墙、直波碉楼、卓克基土司官寨、大藏寺、甲扎尔甲洞窟壁画、曾达关碉、筹边楼、沃日土司官寨经楼与碉、达扎寺、阿坝红军长征遗迹	营盘山和姜维城遗址、松潘古城墙、筹边楼	汶川县

续表

等级	旅游资源类型	阿坝州	岷江上游地区	备注
国家级	国家级非物质文化遗产	羌笛演奏及制作技艺、南坪曲子、藏族民歌（川西藏族山歌）、舞、卡斯达温舞、羌族羊皮鼓舞、博巴森根、羌族刺绣、羌族瓦尔俄足节、羌年（茂县、汶川、理县）、多声部民歌（羌族多声部民歌）、大禹的传说、羌戈大战、藏族编织/挑花刺绣工艺、佛教音乐觉囊梵音、羌族碉楼营造技艺	羌笛演奏及制作技艺、藏族民歌（川西藏族山歌）、舞、卡斯达温舞、羌族羊皮鼓舞、博巴森根、羌族刺绣、羌族瓦尔俄足节、羌年（茂县、汶川、理县）、多声部民歌（羌族多声部民歌）、大禹的传说、羌戈大战、羌族碉楼营造技艺	茂县、汶川县、理县
	全国红色旅游经典景区	若尔盖县巴西会议旧址、马尔康县卓克基会议旧址、红原县红原瓦切红军长征纪念遗址、小金县两河口会议旧址、松潘县红军长征纪念碑碑园、黑水县芦花会议旧址、汶川县水磨古镇、理县桃坪羌寨	松潘县红军长征纪念碑碑园、黑水县芦花会议旧址、汶川县水磨古镇、理县桃坪羌寨	松潘县、黑水县、理县、汶川县

资料来源：根据阿坝州旅游发展"十三五"规划等资料整理。

岷江上游地区除了上表中所列的主要旅游资源外，还有不计其数的州级、县级旅游资源以及尚未评定等级但是特色突出的旅游资源，尚待进行有序开发，有望成为岷江上游地区旅游业创新发展过程中新的游客旅游消费热点。

（1）自然风光。如唐家山堰塞湖、理县孟屯河谷、禹穴沟、盘龙山、黄龙岗、绵虒镇石纽山刳儿坪、七盘沟、理县九龙池、茂县龙池山、松潘牟尼沟、丹云峡、红石公园、奇峡沟、花绿二海、西沟、雪宝顶、雪山梁子、岷江源、七藏沟景区、天堂香谷、黑水达古冰山、卡龙沟、三奥雪山、奶子沟彩林等。

（2）历史遗存。如箭山寨新石器时代文化遗址、勒石村聚居遗址、青坡门河坝遗址、克枯栈道、牟托石棺葬、别里村古墓群、威州砖石木、羌族崖刻、火葬墓和石室墓、布瓦羌族古碉群、小坝桥头摩崖石刻、威州大索桥、雁门川主庙、簇头高土司官寨、汶川绵虒古镇、汶川瓦寺宣慰司官寨、汶川文星阁、禹王宫、常乐寺、黄龙寺、迴澜塔、草坡金波寺、薛城筹边楼、危关古碉、理县朴头山摩崖石刻等。

（3）民俗文化，包括民族村寨、风景区和纪念地、民俗节庆、民族文化演艺、文化艺术、可参与体验的民族体育等。

①民族村寨，如汶川东门寨、阿尔寨、木上羌寨、夕格羌寨、三江河坝村；理县木卡羌寨、伊朵羌寨、甘堡藏寨；茂县十大精品旅游村寨(坪头村、牟托村、安乡村、水西村、甘清村、小河坝村、白蜡村、沙湾村、杨柳村、牛尾村)、黑虎羌寨、四瓦村；黑水羊茸·哈德藏寨、色尔古藏寨、沙石多乡羊茸村；松潘小姓乡埃溪村、上磨村；等等。

②风景区和纪念地，如汶川三江鹞子山养生堂、漩口赵公福地、水磨仁吉喜目、汶川西羌文化街、理县薛城古镇、理县红军长征遗址、茂县羌族博物馆；松潘古城、毛儿盖、沙窝会议会址、南门瓮城遗址公园、红军长征纪念碑碑园；黑水芦花会议会址；等等。

③民俗节庆，如理县花儿纳吉赛歌会、古羌传统"夬儒"节(羌族"春祷"祭祀庆典)、米亚罗红叶温泉节、通化乡西山村俄比且迪(白石祭)；茂县哟咪节、基勒俄笪、马马灯、阿坝州樱桃节；三江自行车赛、汶川马拉松赛；传统节日藏历年(黑水语称"鲁萨尔巴")、木巴节、一古节(转山会)、穷度卜节(敬河神节)、戎觉节、卡斯达温；松潘黄龙寺庙会、松潘古城花灯节；等等。

④民族文化演艺，如理县的《吉祥谷之恋》《屯兵印象》《古羌神韵》；茂县的《羌魂》；汶川的《辫子魂》；松潘的《天地松州》、黄龙寺庙会民俗表演；等等。

⑤文化艺术，如羌族多声部艺术、羌绣、各类民歌等。

⑥可参与体验的民族体育，如推杆、顶杆、抱蛋、摔跤、武术、押加、肩铃舞、沙朗舞比赛等。

(4)旅游商品，包括农副产品、中药材、民族工艺品、水果等。

①农副产品：土特产品蕨菜、刺龙包、松茸、牦牛肉干、土门绿色鸡蛋、茂县大红袍花椒；三江土腊肉、生漆、汶川大土司黑茶；黑水酸菜、咂酒；松潘沙棘饮料、野生菌类；等等。

②中药材：麝香、虫草、天麻、川贝、松贝等。

③民族工艺品：唐卡、藏刀、刺绣品、雕刻、首饰、羌绣、牛角梳、银饰、羌笛等。

④水果：茂汶苹果、车厘子、猕猴桃、青脆李、红脆李等。

综上所述，可以认为，岷江上游地区的旅游业发展仍然处于粗放发展阶段，仍然处于观光旅游阶段，而且诸多的旅游资源仍未得到有效的开发利用，未能及时转化成为驱动该地区旅游业持续发展的有用旅游资源。同时，该地区各民族优秀传统文化未能在旅游业发展中得到有效的创造性转化和创新性发展。

（七）岷江上游地区民族分布和人文状况特点

岷江上游地区上接甘、青地区，下连成都平原，是"藏羌彝民族走廊""六江流域"（怒江、澜沧江、金沙江、雅砻江、大渡河、岷江）南北通道中最东边、最重要的通道之一。根据已有的文献记载和考古发现证实，岷江上游地区在新石器时代就有人类繁衍生息。羌人，"西戎牧羊人（冉光荣，1985）"，农牧兼业部族，最早分布在青海东部河湟地区，后扩大到黄河流域各地。公元前四五世纪，由于秦国的强大和西扩，羌人势力出于压力向西或向南迁徙，其中一些部落从"赐支河曲"（古羌人对黄河的称呼）地区经松潘、茂县、汶川一线沿岷江主河道南下向长江上游地区迁徙。秦末汉初，岷江上游已经居住着许多氐羌人部落，已有居民开垦土地从事农业生产，从游牧转向定居。《后汉书·西南夷传》记载当时汶山郡已有"六夷，七羌，九氐，各有部落"（张友，2009）。总之，战国以来，岷江上游地区大部分为氐羌人所占据。唐朝，吐蕃地方势力的崛起和东扩改变了岷江上游地区秦汉以来羌人独占的局面。唐蕃会盟后，岷江上游地区成为唐王朝和吐蕃势力的交汇过渡地带。吐蕃地方势力灭亡后，原驻守岷江上游地区的吐蕃军队、随军奴隶及吐蕃移民等无法返回本土，逐渐与当地原住民融合、繁衍生息，就形成了吐蕃居民与诸羌势力居民杂居的局面。宋代，形成了藏族和羌族分别占据岷江上游北部和南部的局面。明代，为了对岷江上游地区实施政治军事控制，设立了松潘军民指挥使司、松潘卫、茂州卫等机构，管理岷江上游地区军政事务。明朝直到清朝改土归流后，汉族移民大量进入，带来了先进的农耕生产技术和设备，促进了该地区的开发和繁荣。进入民国时期，回族群众大量南下，进入岷江上游地区，最终形成了今天岷江上游地区藏、羌、汉、回等民族混居的民族分布格局。

岷江上游地区是汉、羌、藏、回等民族文化的交汇交融过渡地带和重要的文化多样区，是一条重要的历史民族走廊和汉地连接羌、藏以及西北穆斯林民族的重要通道之一。岷江上游地区上连甘肃、青海和其他藏区，下接富庶的成都平原，位置极其重要。沿213国道，松潘县镇江关乡以下，羌族为主体民族；以上则藏族为主体民族。沿217国道，理县甘堡乡以上，藏族为主体民族；以下则羌族为主体民族。汉、回及其他少数民族聚居在这些区域。这一民族分布格局一直持续至今。岷江上游地区是西北与西南两个地理与文化单元的结合，是黄河上游文化和长江上游文化的交融过渡地带，自北而南的岷江上游高山峡谷地带正好成为各民族人群迁徙与文化互动的通道，令该地区的民族繁杂，文化众多，形成该地区文化多元共生的状态。另外，该地区属于高山峡谷地带，民众生存在高山台地和河谷地带，山川阻隔，形成了一个个既有相似性又差异性极大的经济自然地理和人文生存单元。在此种独立性极强的自然地理人文单元条件下，形成了差异性极强的多样性民族文化，对于该地区文化多样性意义极大。岷江上游地区地质生态环境脆弱，资源匮乏，频繁的自然灾害和复杂多样的生存环境形成了该地区独特的民族文化。羌族为"中国民族活化石"，岷江上游地区的汶川、理、茂三县是我国羌族核心聚居区，因此，该地区羌族文化保护和传承具有特殊意义，有利于建立全国唯一羌族生态文化区。

从上文可知，岷江上游地区在多年来的共生共处过程中，互相交流、交汇交融，创造传承了多元多样、形态各异、各具特色的各民族优秀传统文化。当今世界步入全球化加速阶段，市场经济和现代技术的强大力量势不可挡，不断解构着地方性知识文化的依存环境，统一化、标准化成为全球性、现代化的标志之一。因此，岷江上游地区各民族的优秀传统文化资源已经成为该地区特有的资源，在当地旅游业创新发展的新时期，将为该地区旅游业发展提供持续的文化动能，并给旅游小城镇建设的创新提质增添元素。

(八)岷江上游地区生态功能区位特点

国家根据我国不同区域资源环境承载能力、现有开发强度和发展潜力，把全国区域划分为优先开发区域、重点开发区域、限制开发区域和禁止开发区域。限制开发区域中的重点生态功能区和禁止开发区域的主要功能是生产生态产品和保护该地区的自然文化资源。国家赋予重点生态功能区涵养水源、防风固沙、保持水土和维持生物多样性等重要生态功能。我国是统一的多民族国家，各民族为适应自身生存发展环境创造了丰富多样的民族文化。各民族文化所依存的自然地理环境是民族文化传承和发展的前提。我国少数民族主要聚居在生态脆弱地区，随着我国大规模经济建设，这些地区生态环境受到开发性破坏，不仅导致当地生态系统退化，生物多样性受到威胁，还在一定程度上解构了当地民族文化所依存的自然环境，威胁到当地民族文化的保护和传承，破坏了民族文化多样性。因此，在一定意义上，重点生态功能区既承担着维持生物多样性的任务，还承担着支撑民族文化传承和发展、保持民族文化多样性的重任。从国家主体功能区划相关文件中可知，岷江上游地区在国家生态功能区中具有重要地位，被赋予特殊生态功能，为成都平原乃至四川省、整个长江上游地区的经济社会发展提供生态屏障和环境支持。从前面的相关分析可知，该地区生态环境退化、森林覆盖率下降、植被破坏严重的主要原因是人们在经济利益诱导下对自然资源的过度开发。因此，该地区发挥生态功能，修复和保护生态环境最重要的是形成替代性生态产业，助推民众实现职业转换，确保当地民众经济收入稳定，进而成为当地民族文化保护和传承的主体力量。该地区功能区位状况见图4-1、图4-2和表4-7。

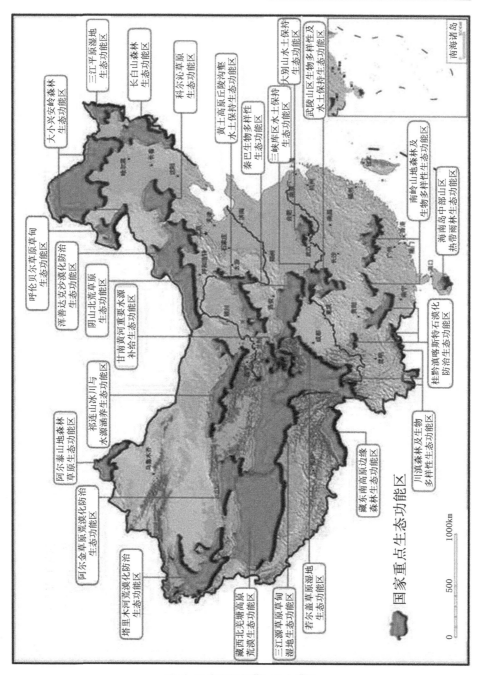

图4-1　国家重点生态功能区

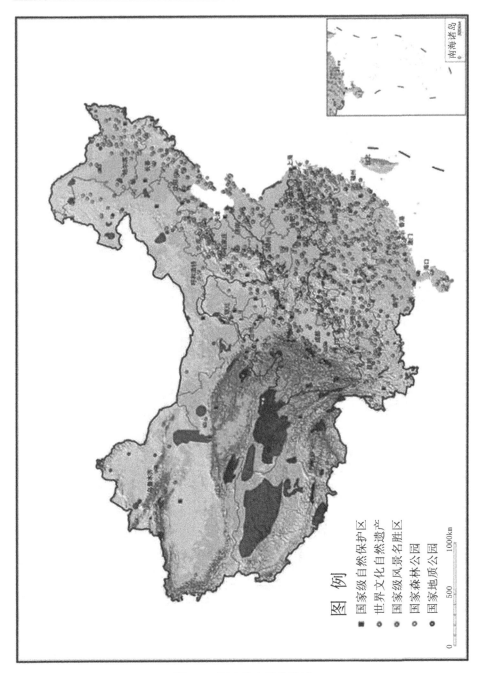

图 4-2　国家禁止开发区域

图 4-1、图 4-2 来源：国务院关于印发全国主体功能区规划的通知. 国发〔2010〕46 号. [EB/OL]. http：//www. gov. cn/zwgk/2011-06/08/content_ 1879180. htm.

表 4-7　岷江上游地区重点生态功能区、国家禁止开发区

种类	名称	涵盖区域	备注
国家重点生态功能区	川滇森林及生物多样性生态功能区	汶川县、茂县、理县	
国家重点生态功能区	若尔盖草原湿地生态功能区	松潘县部分草地	
国家禁止开发区	四川龙溪-虹口国家级自然保护区	都江堰市	面积：310 km²，主要保护亚热带山地森林生态系统及大熊猫、珙桐等珍稀动植物
国家禁止开发区	四川卧龙国家级自然保护区	汶川县	面积：2 000 km²；主要保护大熊猫等珍稀野生动物及森林生态系统
国家级风景名胜区	四川黄龙风景名胜区	松潘县	面积：700 km²；世界自然遗产
国家级风景名胜区	四川大熊猫栖息地	汶川县等地	面积：924 km²；世界自然遗产
国家级风景名胜区	九寨沟—黄龙寺风景名胜区	九寨沟县、松潘县	面积：2 550 km²
国家级风景名胜区	青城山—都江堰风景名胜区	都江堰市	面积：150 km²
国家级风景名胜区	龙门山风景名胜区	汶川县、都江堰等地	面积：1 900 km²
国家森林公园	四川雅克夏国家森林公园	黑水县	面积：448.89 km²
国家森林公园	四川都江堰国家森林公园	都江堰市	面积：295.48 km²
国家地质公园	四川龙门山构造地质国家地质公园	汶川县、都江堰市等地	面积：1 900 km²
国家地质公园	四川黄龙国家地质公园	松潘县	面积：700 km²

资料来源：国务院关于印发全国主体功能区规划的通知. 国发〔2010〕46 号. 〔EB/OL〕http：//www. gov. cn/zwgk/2011-06/08/content_ 1879180. htm.

从图 4-1、图 4-2 和表 4-7 中可以看出，岷江上游几乎所有地区都处于国家重点生态功能区和国家禁止开发区。同时，岷江作为长江的重要支流之一，是亚洲水塔的重要组成部分，因此，该地区区划功能具有特殊性。国家

赋予其生态功能和环境保护功能，具有极其重要的意义。

综上所述，岷江上游地区的自然地理区位、历史人文状况、区位功能划分和资源禀赋等方面的特殊性，决定了岷江上游地区的经济社会发展只能立足国家赋予的生态环境保护功能和地区资源禀赋的比较优势，培育发挥当地优势资源的产业，增强其内生发展能力。该地区城镇化驱动方式只能立足该地区实际状况，选择以旅游产业为核心，形成泛旅游产业集群，进而以泛旅游产业驱动型城镇化推进旅游小城镇发展道路。

二、岷江上游地区旅游小城镇发展制约因素

岷江上游地区旅游业经过几十年的发展，已经初步形成特色，成效显著，尤其是 2008 年汶川特大地震后灾后重建，外部对口援建力量的强势介入，促使该地区各城镇的基础设施建设得到极大的飞跃和提升，提高了该地区的城镇化率。随着我国经济发展进入高质量绿色发展阶段，提升人民群众幸福感获得感成为我国经济社会发展的根本目的。旅游消费需求的变动趋势越来越朝着个性化、体验化、文化性方向演进。发展幸福产业，释放民众消费潜力，扩大内需，针对民众需求实施供给侧结构性改革，成为我国经济生活的一件大事。岷江上游地区旅游业提供的旅游产品体系长期以来以满足团体观光游览为主，路径依赖严重，未能及时调整升级旅游产品供给体系，严重阻碍了该地区旅游经济的持续发展。该地区旅游小城镇主要是依托旅游业，服务于外来游客综合性旅游消费需求而产生和发展起来的。因此该地区旅游业的发展状况势必影响旅游小城镇的建设质量和持续发展。

岷江上游地区旅游小城镇的发展状况除了受到该地区旅游业发展状况这个外因影响之外，还受到旅游小城镇本身的建设、管理、与旅游景区的协调性等因素的影响。本书把影响当地旅游小城镇的制约因素分为产业、自然生态环境、民族文化、社会治理 4 个维度，用五大发展理念加以指导分析，认为影响当地旅游小城镇可持续发展的主要制约因素有以下几方面。

（一）产业因素

产业是一个地区经济持续发展的主要驱动力。任何地区城镇化驱动产业的发展质量很大程度上决定了该地区城镇化的成败。旅游小城镇作为以旅游

产业为主要驱动因素的特色小城镇的一种，应当把旅游产业作为旅游小城镇持续发展的主要驱动力。1979年邓小平同志"黄山谈话"以来，旅游业综合性强、关联度大、产业链长，能够产生深远的带动作用，迅速成为一些地区推进城镇化进程的驱动力之一。但是不容忽视的是，旅游确实属于弱质性、高风险的产业，不仅容易受到自然灾害、战争、经济危机、国家产业政策及假日制度等外部性因素的影响，还受到旅游业本身风险意识薄弱、缺乏忧患意识、不能及时创新升级旅游产品体系以及增长乏力等内生性因素的制约。

岷江上游地区地处我国主体功能区规划中的限制开发区和禁止开发区，不能通过大规模的工业化来驱动该地区的城镇化进程。因此，发挥当地旅游资源优势，发展旅游业，进而依靠旅游业驱动推进城镇化建设进程，成为该地区官方、民间的一致共识。因此，岷江上游地区旅游产业发展是推动该地区经济发展和产业、社会转型的重要途径。在该地区旅游业发展的几十年来，当地也涌现出了一批旅游业驱动而发展起来的旅游小城镇，如桃坪镇、卧龙镇、川主寺镇、古尔沟镇等。但是该地区旅游产业的弱质性风险也显而易见。该地区处于青藏高原和四川盆地结合部，地质条件复杂，自然灾害频发，公路经常受到山体滑坡、泥石流、洪水等自然灾害的影响而中断，影响该地区外来游客的可进入性和通达性，进而影响该地区旅游业的正常发展。例如，2008年汶川特大地震，就对该地区旅游业造成了致命的打击；2017年茂县泥石流，也造成交通中断，旅游业发展受到明显影响。除此之外，该地区交通基础设施较差，游客进入很不方便，也影响旅游业正常发展。另外，旅游之所以发生，基本条件是有空闲时间和有客观数量的可支配收入，因此，旅游业发展还受到假日制度和经济发展状况的影响。

（二）自然生态环境因素

民族地区极富有吸引力的就是其独特的自然风貌和自然生态多样性。自然生态环境是指当地居民赖以生存和发展的各种自然形成的物质和能量等外在因素的总和，包括地理位置、气候条件和森林、草原以及海洋等生态系统（张军，2016）。旅游目的地生态环境建设是旅游业可持续发展的根本保障，同样也是旅游城镇建设的主要内容之一，当然更是旅游城镇可持续发展的根本保证。如果旅游目的地生态环境遭到破坏，那么必然会影响该地区旅游业的可持续发展，进而影响该地区旅游城镇化的可持续发展进程，因此，旅游目的地必须要重视旅游生态环境建设，否则必定会影响旅游业的正常发展。比如1992年黄山申报世界自然遗产，由于风景区人为痕迹过重而落选；武夷山作为我国4个拥有"双遗产"称号的世界级旅游目的地之一，由于生态环境被破坏受到联合国教科文组织的警告。

随着旅游城镇化进程的推进，旅游城镇的人口、资源、环境问题也越发凸显。旅游驱动城镇化过程中，对旅游目的地生态环境造成的破坏主要有以下几类：一是开发一些牺牲生态环境的旅游项目或旅游活动，导致对该地生态环境造成直接破坏，比如自然保护区徒步旅游项目等。二是旅游驱动城镇化进程中的一些建设性破坏，比如，为适应游客需求，在自然保护区、国家地质公园景区里修建观光电梯等，这些设施将原有区域生态环境的整体性人为进行分割，使生态环境碎片化。三是外来游客和旅游城镇居民的消费性破坏。旅游城镇本来就是为满足外来游客综合性消费需求而逐步吸引当地人、财、物的集聚而发展起来的，为了满足游客的综合性消费需求，旅游目的地里面或者周边兴建了许多旅游服务设施和旅游关联工业企业，容易产生环境污染，进而影响旅游目的地的生态环境。旅游目的地生态环境被破坏，破坏了该地区旅游资源的整体性，损害了旅游目的地的形象，不利于旅游业的持续发展，进而影响旅游城镇的可持续发展。

岷江上游地区本身就属于生态环境脆弱区、地质活动多发地、主体功能区规划中的禁止开发区和限制开发区，生态环境一旦被破坏不容易恢复。在该地区旅游业几十年的发展过程中，成效显著，旅游业驱动当地城镇化也取得了突出的成绩，但是对该地区的生态环境也造成了一定的破坏，影响了旅游业的正常发展。幸好该地区政府和民众已经意识到生态环境对该地区旅游业的重大作用，开始有计划地采取措施保护和修复生态环境。

(三) 民族文化因素

文化是旅游的灵魂，旅游是文化的载体。旅游拥有了文化属性和主题，旅游项目、产品、业态及功能才有依托，旅游产品体系才会有差异性、独特性、唯一性和垄断性，才容易形成具有个性的、标新立异的品牌形象，旅游产品才会具有更深远强大的影响力和持续发展能力。文化融入了旅游的元素和功能，文化的传播渠道和传承才能形成产业，才能实现资本化和商品化，才会激发多元主体积极投入文化传播和传承事业的持续动力，引领他们以更大的热情去积极参与文化的传播和传承工作。优秀特色文化的保护必须结合当地经济发展战略，与特色产业高度融合才能具有生命力。

从民族地区旅游资源的开发来说，民族风情和独特的民族文化是具有比较优势和特色的资源，也是民族地区旅游业可持续发展的核心资源之一。岷江上游地区历史文化资源富集，并且具有独特性和唯一性，因此，在当地发展经济过程中，发挥并利用这一优势资源，为该地区历史文化的发掘、保护和传承搭上旅游这一后现代生活方式的顺风车，实现该地区文化与旅游的深度融合发展，打造"旅游＋文创＋康养＋旅居＋生态"综合性旅游产品供给体系和泛旅游产业融合，是实现该地区旅游业可持续发展的根本保证。

岷江上游地区旅游业几十年发展的成效显著，推动了当地的城镇化进程，然而，在我国城镇化浪潮的大背景之下，岷江上游地区的旅游城镇化也出现了一些问题。由于民族传统文化保护意识薄弱和保护措施不当，岷江上游地区的特色民族文化资源、传统的生活场景、特色建筑风格和独特的民风民俗等优秀传统文化资源，在该地区旅游产业发展和旅游城镇规划与建设过程中都遭受到不可逆转的破坏，正面临着前所未有的冲击和影响，导致有形的例如民族建筑、传统民居、特色服饰等，无形的诸如当地文字、饮食习惯、手工技艺、曲艺歌舞及民风习俗等特色传统文化，受到解构性破坏或者面临后继乏人、无人传承的风险，严重制约了当地旅游业的可持续发展，进而影响了旅游小城镇的发展质量和持续性。主要体现在以下几个方面：该地区旅游产品体系供给仍然处于观光旅游阶段，仅仅满足于以规模化、团体观光游客为主的低层次的游览观光阶段，未能适应在后现代消费文化的引领和操纵下，旅游消费群体个性化、散客化、体验化的高端消费需求趋势的变化；该地区旅游资源开发"重自然旅游资源，轻民族文化旅游资源"，导致旅游产品供给同质趋势明显，缺乏民族特色；该地区民族文化保护传承事业"重申报，轻保护"，民族文化资源开发利用未能与现代传媒的技术形成融合，民族文化创意产业尚未形成；发达地区现代化高势能文化的影响也使得当地年轻人不愿意留守家中从事当地的特色农业、畜牧业或手工业，导致该地区精英人口严重流失，民族传统文化无人传承的后果，严重影响到民族文化的保护。旅游小城镇开发建设过程中民族文化特色彰显力度和手段不足等，与丰富多样的资源禀赋极不相称。但是，对于岷江上游地区来说，那种仅以民族优秀传统文化保护为目的的保护措施，忽略了当地特色经济的发展和当地民众生活幸福指数的提升，也必将是不能长久的。从旅游产品的供给侧方面来看，外来游客期望到民族地区体验独具特色的异域差异性文化，所以岷江上游地区在旅游产品供给上就应该将该地区民族优秀传统文化与旅游的基本要素有机地融合在一起，营造特色鲜明、差异性大的民族文化体验氛围，提供食、住、行、游、娱、购等民族文化体验产品，提高外来游客对民族文化的体验满意度，进而推动该地区旅游产品创新升级，引领旅游小城镇可持续发展。

（四）社会治理因素

安全稳定的社会环境是一个地区旅游业健康协调可持续发展的主要社会支撑，而旅游目的地的社会治理能力是安全稳定社会环境的根本保证，因此，结合旅游目的地实际，构建适合该地特色的社会治理体系，提高社会治理能力，为旅游业持续发展提供安全可靠的社会环境，是旅游目的地政府、民众、投资主体以及外来游客等多元主体的一致需求。

民族地区社会治理问题尤为重要，事关民族地区民族政策的制定和施行，事关民族地区稳定发展大局。民族地区旅游业发展是以瑰丽秀奇的自然景观、历史古迹和差异独特的民族文化风情为基本开发资源的，但是，外来游客的大量涌入，带来了其他地区的地方性文化，各种极具差异性的文化在民族地区旅游目的地实现了互动、交流、沟通，不可避免地会引发外来游客与本地民众之间、本地民众与当地政府之间、本地民众与旅游开发商之间、本地民众之间、来自不同地区的游客之间的矛盾和冲突。"民族问题无小事"，民族地区任何冲突和矛盾都可能会被别有用心者利用和放大，进而给各级党委和政府社会治理工作造成被动。以上种种民族地区社会治理问题，均是对民族地区基层社会治理能力的重大考验，特别是我国改革开放进入深水期，矛盾问题多发，对于民族地区，更是不容忽视的政治问题。众所周知，旅游业本身是非常脆弱的，是一个对环境高度敏感的产业，主要表现在非常容易遭受境内外突发事件的冲击和影响，从而导致严重的衰退和滑坡，形成所谓的旅游危机。从 2003 年 SARS(严重急性呼吸综合征)疫情对全国主要景区的影响可见旅游产业的环境敏感性。

岷江上游地区位于藏、羌、汉、回等多民族杂居共处之地，又是全国唯一的羌族聚居地，同时是连接西北民族地区和成都平原的交通要道，处于"藏羌彝民族走廊"的东部边缘，位置重要。改革开放几十年来，旅游经济发展成效显著，旅游小城镇建设有目共睹，城镇化水平显著提升。但是该地区旅游业还比较弱质，产业单一性风险极大，旅游业容易受到该地区社会稳定的影响，例如，2008 年阿坝"3·16"群体性事件，就对该地区旅游业造成了很大的冲击，形成了区域性旅游危机。

综上所述，岷江上游地区旅游小城镇受到产业、自然生态环境、民族文化和社会治理等多种因素的制约和影响，有必要对这些制约该地区旅游小城镇可持续发展的因素的形成原因进行深入系统分析，对症下药，为该地区旅游小城镇的健康协调可持续发展提供建议。

三、岷江上游地区旅游小城镇发展制约因素成因分析

通过上述分析可以知道，影响和制约岷江上游地区旅游小城镇发展的因素主要有产业、自然生态环境、民族文化和社会治理 4 个维度，接下来拟对其成因进行深入分析，以便对制约旅游小城镇发展的成因从根本上加以认识，进而为该地区旅游小城镇可持续发展提出针对性的对策及建议。

(一)岷江上游地区产业因素制约旅游小城镇发展的成因

驱动岷江上游地区旅游小城镇持续发展的根本动力是持续不断的外来游客量，吸引外来游客持续前来旅游消费的核心竞争力是该地区旅游产品的创新升级、旅游产业的不断发展，积极主动地进行该地区旅游供给侧结构性改革，形成能够与时俱进、特色鲜明、符合后现代旅游消费需求趋势的旅游产品供给体系。

1. 旅游产业定位不准确，边界模糊

多年以来，人们对旅游业一直缺少一个明确精准的认识。20 世纪 70 年代

末 80 年代初，首先把旅游看作民间外交，然后是把旅游作为创汇的一种手段，优先发展入境游。20 世纪末，旅游业被定位为现代服务业。2016 年《"十三五"旅游业发展规划》中，旅游业全面融入国家战略体系，成为国民经济的战略性支柱产业，但是对旅游业的认识始终不够全面，失之偏颇，总是强调旅游业的经济带动功能，对其本质性的产业属性未能明确认识。按照克拉克大分类法的产业分类思路，旅游业可以看作第六产业（曾博伟，2016）。旅游产业是民众层次比较高的消费，可以提升民众幸福感。因此，一定意义上可以说，旅游产业就是幸福产业。但是多年来，旅游业始终未能准确定位。

由于旅游业定位不明晰，旅游业产业边界不明确，因此，国家在制定旅游业的发展中长期规划时，始终仅仅强调旅游业带动经济发展的功能，不注重游客消费需求变化，创新升级旅游产品。我国现代旅游业发展 40 多年来，各地都忽视了游客消费趋势变动，长期依靠初级阶段旅游产品吸引游客，必然导致中国旅游业无序化竞争严重，旅游产品供给体系偏重游客低端需求，对旅游业发展的相关软环境需求和游客的消费需求升级趋势有意或无意地忽略，致使旅游业发展周期性波动明显，缺乏有序性和持续性。

这种状况自然体现在了岷江上游地区旅游业发展的过程中。在该地区的旅游业发展中，满足单一性观光游览的粗放型旅游发展模式沿袭了多年，为当地带来了可观的旅游经济收入，推动了当地的旅游城镇化进程，同时也为当地旅游业可持续发展埋下了隐患。

2. 旅游产业未能与时俱进，不能适应并引领自主旅游时代的旅游消费需求

从国内外消费发展规律来看，在初级温饱阶段，主要解决"吃、穿、用"的问题；进入小康时期，形成"住、行、游"的概念，旅游成为小康生活的基本要素；中等发达时期，就需要更多的精神消费需求，是"文、体、美"的阶段；到发达时期，就进入"多、新、奇"的个性化消费时代。我国由于幅员辽阔，各地发展差异很大，目前处于多种消费共处共生的阶段。

随着我国国民收入水平的不断提高，人们的消费需求日益多样化，后现代消费文化日益操纵着人们的消费心理和消费行为，人们的消费越来越不满足于其使用价值，个性化、社会阶层认同和群体认同日益成为主导人们消费行为的主要因素，私人订制和个性体验成为新时代人们的主要消费方式。

党的十九大关于我国社会主要矛盾的相关论述，宣告了我国未来发展的主要方向是提升民众幸福感获得感，可知旅游是经济社会发展到一定阶段、人们消费层次达到较高水平的一种消费生活方式，可见，旅游已经成为人们日常生活方式的重要组成部分，旅游的自主性不断凸显，旅游业作为幸福产业，成为解决新的社会主要矛盾的有效产业和工具。随着旅游大众化的普及，个性化自主旅游消费时代的到来，特别是随着旅游消费市场总体量的不断增长和旅游个性化、小众化的发展趋势越来越明显，个性化的年轻人群体正逐渐成为旅游消费主力军，主要针对传统的团体观光游览型旅游业态的旅游产品已经不能满足人们个性化、多样化的旅游需求，追求个性化体验和参与质量的旅游成为人们外出旅游决策的重要考虑因素。这导致旅游消费市场对高端个性化体验式旅游产品的需求日益高涨，现行的旅游产品生产供给体系不能充分满足旅游消费市场细分态势下日益多样化、个性化、高品质的旅游消费需求，在一定程度上，供需双方存在着供需错位。岷江上游地区旅游业仍然停留在满足低层次的游览观光旅游产品体系的供给阶段，未能及时把握消费需求变化的趋势，未能及时创新升级该地区的旅游产品体系，不能适应自助旅游时代的旅游消费需求，影响了当地旅游业的进一步发展，进而阻碍了该地区旅游小城镇的可持续发展。

(二)岷江上游地区生态环境因素制约旅游小城镇发展的成因

岷江上游地区旅游业发展几十年来，旅游城镇化水平显著提升，但不容忽视的是生态环境呈退化趋势，已经影响到当地旅游产品的创新升级，影响旅游业可持续发展，进而制约该地区旅游小城镇的进一步发展。岷江上游地区生态环境性比较脆弱，生态环境呈逐渐退化趋势。造成生态环境退化的原因固然有其先天的自然背景因素，但更多的与人类活动所造成的负面积累有关，是自然因素与人为因素相互作用、彼此叠加的结果。岷江上游生态环境制约该地区旅游小城镇发展主要是通过自然灾害影响外来游客量和破坏自然生态环境、破坏旅游资源、影响旅游产品供给质量来实现的，而该地区生态环境退化的原因有自然原因和人为原因。

1. 自然原因

岷江上游地区地处青藏高原东部边缘与四川盆地的接壤地带和第一阶梯

与第二阶梯的过渡地带，属于后龙门山冒地槽褶皱带和巴颜喀拉冒地槽褶皱带，地质构造背景错综复杂。该区域新构造运动活跃，区域内地震活动频繁，断裂带发育正在进行（孟国才，2007）。同时，在内外营力作用下，地表结构脆弱，地表坡面土层疏松，轻微的外部干扰便会导致严重的生态自然灾害，因此，由地震和暴雨山洪引发的滑坡、泥石流和崩塌等地质灾害频繁发生。2008 年的汶川特大地震不仅激发了很多已有的地质灾害体，也形成了许多新生的灾害点，同时由于地震强烈的冲击，很多山体尽管没有崩塌，但被震裂，松动并出现裂隙，孕育着大量的地质灾害隐患（谢洪等，2009）。随后几年间，该地区多次发生地震和泥石流等自然灾害，导致道路阻塞，交通中断，影响了该地区人员、物资、信息对外沟通和交流，自然也影响了该地区旅游业的可持续发展。例如，2019 年受"8·20"山洪泥石流影响，岷江上游地区旅游业受到不同程度的冲击，尤其是汶川县三江镇、水磨镇、卧龙镇等乡镇遭到毁灭性打击，前往阿坝州的道路阻塞，各项基础设施受损严重。

岷江上游地区高山峡谷错综密布，河谷深切，阻碍了湿润气流的传输，导致该地区降水稀少，干燥多风，形成闭塞的温暖型干旱河谷（亦称干温河谷）。干旱河谷区气候干燥，蒸发量大于降水量近 2 倍，降水稀少，导致干旱河谷灌丛扩展，森林向高处退缩。近年来，该地区干旱河谷地带气候的干旱化趋向严重，小气候恶化，降水季节性更强，雨量更集中，暴雨频率增加。

2. 人为原因

岷江上游地区人们不合理的资源利用和开发建设，同样是导致该地区生态环境退化的主要原因。农业方面，受限于自然地理地形条件，该地区的土地原本以优质的林地和草场为主，适合人类居住和农耕的土地所占比例较少，随着当地人口的迅速增长和经济建设的推进，适合耕种的土地已大部分被开垦利用。20 世纪 90 年代以来，人们出于生存压力开始毁林开荒，大量开垦陡坡耕地，破坏森林植被和生态系统的整体性，导致水土流失，土壤侵蚀加剧，使土地更加贫瘠，土壤肥力下降，耕地的生产力明显下降。

新中国成立以来，由于经济建设的发展，对林木资源的需求量越来越大，森林砍伐进入白热化时期，采伐严重过量，在 20 世纪 80 年代后期出现森林资源枯竭的现象。过量的砍伐，导致区内森林面积急剧减少，质量下降，

1998 年"天保工程"后，森林覆盖率略有恢复，但残次林和灌丛草丛面积扩大，森林小环境恶化，使岷江上游地区水源涵养能力下降，生态功能日益下降，同时致使依赖于森林生存的优势物种消失，生物多样性下降。

另外，该地区道路和小水电站的开发建设需要开垦土地，原有的植被和土地被裸露的地表所代替，在自然风蚀、水蚀等作用下，水土流失严重并极易发生局部崩塌和滑坡等地质灾害。

(三)岷江上游地区民族文化因素制约旅游小城镇发展的成因

文化与旅游密不可分，二者的相互关系已经得到全国政商学界的一致认同，普遍认为：文化是旅游的灵魂，旅游是文化的载体(郭学工，2017)。旅游业发展、旅游产业边界拓展和旅游市场的扩大为文化产业的发展开辟了广阔的市场空间，有利于促进文化的大发展大繁荣。旅游是人们离开惯常居住地去求新、求知、寻求愉悦的一种社会活动，文化贯穿旅游的全过程。旅游的过程就是旅游者经历异质文化、体验异质文化、实现不同文化间交流沟通的过程。旅游目的地的旅游业越是发达，当地经济以及城乡村民的收入水平就越是依赖于旅游业，当地民众对民族和地区地方性文化保护和传承的积极性就越高，在大力保护和传承当地优秀文化的同时，还会重新挖掘、整理、创新和提升濒临失传的民间工艺品、传统特色食品、戏剧曲艺、民风民俗。而一个旅游目的地要真正形成自己的特色，也必须激励和引领当地的人脉(当地民众)对地方性特色文化、优秀传统文化和民俗文化进行整理发掘，传承和创新当地的文脉。

岷江上游地区不但集中了阿坝州乃至四川省众多优势的世界级自然旅游资源，而且拥有许多历史悠久、极具多样性、特色鲜明的民族文化，但是，岷江上游地区旅游业出于产业定位和地理区位原因，一直以游览观光、团体游客为主，该区旅游资源开发利用不充分，特别是对民族文化旅游资源的利用明显不足。目前除茂县《羌子魂》民族文化演艺比较有影响力和知名度、桃坪羌寨观光旅游在夜间有锅庄表演外，其他地区的旅游民族文化展演知名度不高。另外，该地区大量丰富多彩的民族文化旅游资源没有被挖掘、整理和进行旅游化开发，未能顺利实现向民族文化资本转型，在一定程度上削弱了该地区旅游产品供给的民族文化特色，降低了该地区旅游产品的核心竞争力。

由此可见，该民族地区旅游产品供给以奇异秀丽的自然风景和风格独特的建筑风貌为主，对民族文化的保护和传承、发掘和整理相对较弱，未能及时推进民族文化产品，实现商品化、资本化。

民族文化保护和传承未能与旅游产业实现融合发展、实现民族文化从地方性知识向产业资本转化，主要有以下原因。

1. 观念意识方面原因

该地区在旅游发展初期，当地党委、政府主要发展一些投资少、见效快的旅游景区，自然而然首选拥有秀丽风景、奇山秀水的自然风景资源密集的地方，这些旅游景区进入迅猛发展期，外来游客激增，带来了大量的旅游经济收入，形成了路径依赖，对民族文化商品化、资本化、旅游化的重视不够。民族文化开发比旅游产品开发需要时间周期长，人力成本高，见效慢，在初期难以成为当地党政领导的首选。

另外，该地区旅游业发展之初，外来游客大都来自国内外经济发达地区，带有强势能的现代化和全球化的经济和文化的显著特征。这些外来游客一方面对民族文化好奇，带着探知的心理来观赏，另一方面，在旅游过程中，往往带着俯视的心态看待旅游目的地的民族文化，无形中给民族文化带来了很大的冲击，造成了当地民众对本民族文化的不自信，转而模仿这些外来游客的文化行为，造成了该地区民族文化保护和传承、挖掘和整理后继无人，进而影响该地区旅游业和旅游业驱动的旅游小城镇持续发展。

2. 人为原因

在全球化逐渐深化和我国改革开放深入推进的背景下，我国各项社会主义建设事业也进入了快速发展的过程，民族地区也或被动或主动地逐渐参与到这一进程中。在我国现代化建设进程中，现代化的生产生活方式快速涌入该地区，给该地区世居的民众沿袭千百年的生产生活方式造成了很大的影响和冲击。具有现代性的强势的资本、信息、技术和生产生活方式具有明显的便利性和高效性，能够给人们带来足够的经济利益，迅速成为岷江上游地区民众效仿和追求的生产生活方式。而该地区传承和沿袭千百年的民族文化在应对现代性冲击时显现出明显的乏力，而且，在当地旅游业发展初期，人们普遍关注开发周期短、见效快的自然风景资源的开发和利用，对于开发周期较长、经济效益见效慢的民族文化旅游资源开发往往选择性忽视。由于缺乏足够的经济利益激励，再加上当地政府财力有限，对民族文化的保护和传承的投入有限，导致了作为民族文化保护和传承主体的当地民众缺乏足够的动力和激情投入本民族优秀文化保护和传承的事业当中。

此种状况必然导致岷江上游地区在旅游发展过程中，对于民族文化旅游产品开发和利用的忽视和不力，导致该地区旅游业在应对游客消费需求升级趋势剧烈快速变动时缺乏足够的应对能力，影响了该地区旅游产品供给体系的供给质量，制约了该地区旅游产品供给的创新升级和旅游业的持续发展，进而制约了该地区旅游小城镇的发展质量和持续能力。

（四）岷江上游地区社会治理因素制约旅游小城镇发展的成因

安全稳定的社会环境对于旅游业发展的重要性不言而喻。安全稳定的社会环境来自高效能的社会治理能力，现代化、多元性、开放共享型的社会治理体系是提升社会治理能力的根本保障。国内外由于旅游目的地社会环境不稳定导致旅游经济发展受到致命打击的事例比比皆是，因此，社会治理对旅游业发展的影响制约不容忽视。

长期以来，安全稳定的工作一直是民族地区基层党政机关的头等大事，是从中央到地方各级党政领导高度重视的政治任务，工作重心的倾向和长期单向型社会治理模式的惯性原因，导致民族地区社会治理方式未能及时转型，社会治理能力现代化水平未能与时俱进地提高。岷江上游地区作为多民族杂居共处的地区，此种状况十分明显。

岷江上游地区属于生态脆弱区，暴雨、泥石流等极端自然灾害多发，该地区旅游业可持续发展受到自然灾害等突发事件的影响。因此，突发事件应急处置能力相对滞后也是制约该地区旅游小城镇可持续发展的重要原因。

该地区在社会治理方面制约旅游小城镇发展的原因主要有以下几点。

1. 制度惯性原因

岷江上游地区多民族杂居共处，千百年来是农耕民族与游牧民族经济、军事、文化交流沟通的主要通道之一，也是黄河文明上游核心区与长江文明上游核心区的交融交汇地带。对该地区的安全稳定，中央到基层各级党委、政府都十分重视，因此长期以来，岷江上游地区社会治理采用单一性的"管控型"社会治理模式建立起比较统一、高效的社会治理秩序，在这种社会治理秩序下，基层地方党委、政府具有超强的组织社会能力和动员民众能力，对于推动该地区的安全稳定工作发挥了不容忽视的积极作用。但随着该地区改革开放的深入和经济社会的发展，这种社会治理模式的不足也日益凸显。当地基层党委、政府成为社会治理的唯一的直接主体，行政管控成为维持安全稳定局面必需的手段，社会组织、当地民众及外来游客等其他主体的参与意识和参与能力未能够得到及时培育，同时各种各样有效的参与途径未能及时构建。因此，如果没有行政力量的强势介入和充分的组织动员，该地区的社会治理工作就无法完成。这种社会治理手段具有直接快速高效的优势，基层党委和政府受益很大，对这一社会治理模式情有独钟，形成了一定的制度惯性，对多元主体参与型的社会治理方式的支持和培育显得不是很感兴趣。

2. 意识观念原因

岷江上游地区在新中国成立之前实行土司制度，基层政府主要依靠各土司头人和宗教上层人士对社会进行管控。直到新中国成立后，该地区建立人民政权，这种状况才在形式上结束。但是由于长期以来的观念意识和习惯的原因，该地区仍然有些民众未能意识到提升自身参与意识和参与能力的重要性，对参与社会治理缺乏相应的知识和能力。

改革开放以后，该地区开始发展旅游业，大量外来游客的进入，给当地带来了可观的旅游经济收入，人们从旅游业发展中获益，当地民众迅速参与到旅游供给产品体系中，市场经济意识和市场参与能力得到很大的提升。但是，他们的政治参与意识和参与能力却未能得到相应的提高，限制了他们市场参与能力的持续提升。

综上，本节从4个方面梳理了岷江上游地区旅游小城镇发展的制约因素，并分析了其成因，为下一章对该地区旅游小城镇持续发展提出有针对性的对策及建议做了理论准备，以便在分析制约因素和成因的基础上，提出该地区旅游小城镇持续发展的具体建议措施，为其他民族地区旅游小城镇持续发展提供借鉴。

第二节 岷江上游地区发展旅游
小城镇的独特意义

费孝通先生把中华民族聚居地区划分为"六大板块"（北部草原区、东北高山森林区、青藏高原区、云贵高原区、沿海区、中原区）和"三大走廊"[藏彝走廊、西北走廊（包括河西走廊和陇西走廊）、南岭走廊]，板块之间以走廊相连接，可以把武陵走廊、古苗疆走廊、辽西走廊和东北亚走廊等4个民族走廊也涵盖进去。在上述七大民族走廊中，藏彝走廊是所有民族走廊中提出最早、研究最深入、取得成果最丰富的一条走廊（刘丹等，2017）。由于羌族在这区域中占有重要地位，因此藏彝走廊改为"藏羌彝民族走廊"比较适宜。

"藏羌彝民族走廊"东界从岷山东侧沿龙门山、邛崃山、大凉山东边，直达乌蒙山以西地带，即大体在陇南武都、文县，四川平武、北川、宝兴、天全、峨边、马边、屏山，至云南盐津、昭通、会泽一线（李星星，2007）。"藏羌彝民族走廊"的山脉含三大系列——青藏高原山系、横断山系、秦岭山系，其中岷江上游地区包括青藏高原东缘昆仑山系的岷山、邛崃山等山脉及秦岭山系的龙门山等山脉。岷江属于"藏羌彝民族走廊"所包含的四大水系（长江水系、澜沧江水系、怒江水系、黄河水系）里长江水系的主要一级支流，同时属于"藏羌彝民族走廊"中流径长、支流多、流域广的6条主要河流（岷江、大渡河、雅砻江、金沙江、澜沧江、怒江）之一（李星星，2007）。综上所述，岷江上游地区正处于"藏羌彝民族走廊"东部边缘的核心地带，该地区旅游小城镇的发展质量的好坏，直接关系到能否为"藏羌彝民族走廊"这一区域城镇化发展起到样板示范作用，关系到岷江上游地区能否在新常态下实现旅游业转型升级和创新发展。因此，有必要对这一地区旅游小城镇发展的特殊意义进行分析。

一、岷江上游地区发展旅游小城镇的经济意义

岷江上游地区由于当地大多为高山峡谷地带，山高坡陡，地势险峻，河

流深切、高山阻隔，形成了一个个被割裂的、独立的小型自然地理单元，适宜人居住和生产的平地极其稀少。人类正常生产生活地域主要集中在河谷地带和高山台地，因此，这些地带成为该地区民众主要的生存资源依托。显而易见，岷江上游地区平地稀少，人们生存空间极其有限，可供汲取的生存资源比较匮乏。该地区重要城镇主要集中在相对平坦的河谷和高山台地，近年来城镇化迅速推进，城镇的集聚效应明显，人口集中度较高，对土地资源需求加大，河谷耕地被大量挤占。高山台地地势高峻，交通不便，土地利用效率极低。另外，由于人类过度开发利用，导致生态环境恶化，高山石漠化严重，缺水危机的困扰迫使高山台地居民向低山地带和河谷平地迁徙，客观上进一步挤占本就有限的河谷平坦土地，加剧了平地资源的稀缺程度。资源约束限制，致使当地经济社会发展长期处于相对滞后的状态。

1978 年以前，该地区的主导产业是森林采伐业和初级重工业（以矿产资源开发开采、水电开发为主），不但破坏了当地的自然生态环境，而且大部分企业属于"飞地"经济，产业发展与当地关联性不大，对当地民众的脱贫致富没有发挥作用。在这种状况下，开发利用当地独有且有比较优势的资源，以此发展旅游业，成为当地党政领导和民众的共同期望和抉择。将旅游业作为当地的主导产业，发挥旅游业的关联带动作用和集聚效应，助推当地的城镇化进程，建设发展具有当地特色的旅游小城镇，成为当地党委、政府发展经济和引导民众脱贫致富的现实可行路径。20 世纪 80 年代中后期，岷江上游地区各个县开始发展旅游，如 1987 年，理县把旅游业列为全县的支柱产业之一，但是，当时的旅游业仅限于团体观光游，对旅游的功能和作用并未充分意识到。随着旅游业的深入发展，旅游的关联带动作用和集聚辐射效应日益凸显并得到官方、企业界、当地民众的一致认可和重视。官方纷纷开始把旅游业作为当地的支柱产业之一，作为发展经济增加财政收入的现实选择；企业界把旅游业作为投资价值洼地，追求投资收益率；当地民众把旅游业作为解决"三农"问题，转移农村剩余劳动力，推动当地剩余劳动力转移到非农产业就业，实现职业转换，增强自身内生发展能力，进而实现经济社会转型，推动城镇化的主要路径。

在岷江上游地区旅游业发展的各个阶段和历程中，充分发挥旅游业的综合效应,在带动关联产业发展、带动民众就业、增加当地财政税收、激发民众保护和传承民族传统文化等方面发挥重要的影响。在该地区进行田野调查的过程中,旅游业的综合效应和积极作用在对当地政府工作人员、经营商家的访谈中随处可见。

在旅游业发展过程中,由于游客大规模进入岷江上游地区,为了满足游客"食、住、行、游、购、娱"等综合性消费需求,各市场主体在经济利益诱导下,在旅游小城镇实现了资本、人才、信息、物资等要素集聚,推动当地民众直接或间接从事旅游业及其相关产业,既增加了个人及家庭经济收入,同时也开阔了当地民众眼界,改变了思想观念,提升了他们的旅游参与能力,提高了内生可持续发展技能。政府也从旅游业的发展中增加了财政收入,掌控了改善基础设施建设和当地各种社会事业的财源,进而为当地旅游业的创新发展提供基础设施保障。随着岷江上游地区旅游业的迅猛发展,该地区旅游经济和非农就业人数快速增长,第三产业就业人数占该地区总人口的比重,从1999年的4.47%上升到2016年的10.42%(见表4-8和表4-9)。

表4-8 1999年岷江上游地区五县经济发展情况

县份	GDP /亿元	总人数 /万人	第三产业就业人数 /万人	阿坝州		四川省	
				GDP /亿元	财政收入 /亿元	GDP /亿元	财政收入 /亿元
汶川县	9.71	10.88	1.94				
理县	1.96	4.25	0.49				
茂县	2.61	10.11	0.82				
松潘县	2.07	6.64	0.61	33.45	1.82	3 711.6	211.48
黑水县	1.16	5.61	0.61				
合计	17.51	37.49	4.47				

资料来源:1999年各县(汶川县、理县、茂县、松潘县、黑水县)国民经济和社会发展统计公报。

表4-9 2016年岷江上游地区五县经济发展情况

县份	GDP /亿元	财政收入 /亿元	总人数 /万人	第三产业就业人数 /万人	旅游收入 /亿元	阿坝州		四川省	
						GDP /亿元	财政收入 /亿元	GDP /亿元	财政收入 /亿元
汶川县	56.47	3.07	10.02	2.82	37.46				
理县	23.55	1.1	4.85	1.07	32.61				
茂县	32.84	1.69	11.09	2.62	17	281.32	32.6	32 680.5	3 388.85
松潘县	19.29	1.71	7.51	2.56	63.1				
黑水县	21.73	0.98	6.05	1.35	14.48				
合计	153.88	8.55	39.52	10.42	164.65				

资料来源：2016年各县(汶川县、理县、茂县、松潘县、黑水县)国民经济和社会发展统计公报。

在该地区旅游业发展的过程中，为满足外来旅游者庞大而旺盛的综合旅游消费需求，在旅游资源所在地及其附近实现了人、资金、物、信息的集聚，当地民众纷纷投入旅游消费产品的生产供给过程中，进而实现了当地民众与外来游客的商品、信息、文化的交流与互动，同时也实现了自身的生产生活方式、家庭社会结构和身份的转型，最终实现了当地民众的城镇化，提升了当地的城镇化水平。2008年汶川特大地震灾后重建过程中，外部对口援建力量的强势介入，极大地改善了当地城镇的硬件公共基础设施，在灾后重建过程中，该地区一些城镇也顺利完成了主导产业的转型，如水磨、映秀等小城镇，主导产业从重工业转型为旅游业。

随着岷江上游地区旅游业的发展，自1999年到2016年该地区经济总量有了显著提高，产业结构发生了较大的变化。5个县的第三产业生产总值占GDP的总额和比重增大；非农产业就业人数和占总人数的比重均大幅度增长；该地区产业结构在一定程度上持续得到优化升级，农业人口持续减少，非农就业人口增加。详见表4-10、表4-11。

表 4-10 1999 年岷江上游地区五县 GDP、各产业生产总值及各产业就业人数情况

县份	GDP /亿元	总人口 /万人	各产业生产总值/亿元			第三产业 就业人数 /万人	非农业人口 占总人口比重 /%
			第一产业	第二产业	第三产业		
汶川县	9.71	10.88	1.09	7.19	1.43	1.94	34.9
理县	1.96	4.25	0.52	0.86	0.57	0.49	18.6
茂县	2.61	10.11	0.91	0.77	0.88	0.82	12.9
松潘县	2.07	6.64	0.83	0.4	0.87	0.61	13.6
黑水县	1.16	5.61	0.5	0.22	0.43	0.61	12.5

资料来源：1999 年各县（汶川县、理县、茂县、松潘县、黑水县）国民经济和社会发展统计公报。

表 4-11 2016 年岷江上游地区五县 GDP、各产业生产总值及各产业就业人数情况

县份	GDP /亿元	总人口 /万人	就业 人数 /万人	各产业生产总值/亿元			各产业就业人数/万人			非农业 人口占总 人口比重 /%
				第一 产业	第二 产业	第三 产业	第一 产业	第二 产业	第三 产业	
汶川县	56.47	10.02	6.49	3.57	37.38	15.69	2.65	1.02	2.82	38.32
理县	23.55	4.85	3.3	1.93	16.93	4.39	1.97	0.26	1.07	27.42
茂县	32.84	11.09	8.17	5.13	20.93	6.79	4.65	0.9	2.62	31.74
松潘县	19.29	7.51	5.34	3.37	5.92	10	2.59	0.19	2.56	36.62
黑水县	21.73	6.05	3.99	2.37	15.46	3.06	1.89	0.17	1.93	34.71

资料来源：2016 年各县（汶川县、理县、茂县、松潘县、黑水县）国民经济和社会发展统计公报。

该地区产业结构的变动符合该地区资源要素禀赋结构，有利于发挥该地区旅游资源丰富的优势，构建以旅游业为核心的泛旅游产业体系，进而提升以满足持续旺盛消费需求为目的的旅游小城镇的建设质量，实现旅游小城镇可持续发展。同时，旅游的广泛参与性、服务性及文化性吸引岷江上游地区的民众，通过掌握的技能和自身优势民族文化资源为游客提供旅游产品和综合性服务，在获得经济收入的同时，重新认识本民族优秀传统文化资源价值，自身民族自豪感、旅游发展获得感和个人幸福感大为提升。主要体现在以下两方面：（1）该地区民众通过参与旅游业发展，通过在旅游产业系统分工合

作，体现和实现了自身的社会价值，提升了自己的内生发展能力，积累了更好地参与该地区旅游业创新发展的人力和社会资本；（2）村民通过参与旅游，对民族文化资源的价值产生了强大的自信，更有动力去挖掘、保护、传承、发展本民族的优秀文化资源，通过适应和引领旅游消费市场的多样化需求，本民族的传统文化技能、工艺获得新的发展空间，实现了创新性发展和创造性保护。

综上所述，岷江上游地区地理区位特殊，该地区旅游小城镇发展，关系到该地区的经济发展和产业结构升级，关系到该地区民众收入和各项社会事业发展的好坏，关系到能否与成渝城市群的发展形成互补协同，关系到该地区乡村振兴战略实施的成效。

二、岷江上游地区发展旅游小城镇的社会意义

新中国成立70多年来，随着岷江上游地区城镇化发展，驱动该地区城镇化发展的产业逐渐出现多元化趋势，旅游产业成为该地区城镇化的主要驱动产业之一。在该地区30多年的旅游业发展过程中，涌现了很多为满足游客综合性旅游消费需求而出现的旅游小城镇。旅游小城镇的不断推进，为该地区带来了发达地区的发展理念和意识，加快了该地区的经济发展，相应地带动了该地区社会事业的发展。

（一）岷江上游地区社会发展情况

岷江上游地区社会发展情况可以从该地区教育、医疗卫生和交通设施等方面加以阐述。外来游客的大量涌入，带来了持续旺盛的综合消费需求，为了满足外来游客的综合消费需求，当地官方和民众加大对教育、医疗卫生、交通基础设施和应急管理等方面的投入，既满足了外地游客的休闲享受的消费需求，又提升了该地区的社会发展水平（具体见表4-12和表4-13）。总的来说，岷江上游地区随着旅游经济的发展，社会发展水平得到快速提升。交通状况得到极大改善，医疗卫生条件有效提升，各类学校数量、在校学生人数和专任教师人数显著增加，社会公共服务供给能力明显增强，为外来游客旺盛持续的消费需求的满足提供了可靠的硬件保障，也为该地区旅游小城镇的可持续发展提供了保障支持。随着该地区旅游业发展的正外部性特征显现，

就业效应、关联带动效应、集聚效应及扩散效应综合发挥作用，为当地政府带来可观的财政税收，提升了政府改善民生、发展社会事业的能力。同时，提高了该地区社会事业发展水平和社会民生产品综合供给能力，不但为当地民众提供了便利，而且在一定程度上为外地游客提供了方便，客观上满足了外地游客的综合性旅游消费需求，与该地区旅游业的持续发展形成了良性循环，更进一步提升了该地区旅游业的持续发展能力。

表 4-12　1998 年岷江上游地区五县社会发展情况

县份	在校学生数/人	医院数/所	医院床位数/张	医生数/人	公路旅客周转量/（万人·千米）	公路货物周转量/（万吨·千米）	公路通车里程/km	年末电话用户数/户
汶川县	19 725	6	250	325	16 852	11 826	266	4 865
理县	6 300	2	145	148	951	460	202	1 627
茂县	17 846	3	160	168	2 460	1 420	268	2 148
松潘县	10 180	2	110	152	748	240	494	1 603
黑水县	6 885	2	90	107	230	816	274	1 063

　资料来源：1998 年各县（汶川县、理县、茂县、松潘县、黑水县）国民经济和社会发展统计公报。

表 4-13　2017 年岷江上游地区五县社会发展情况

县份	学校数/个	在校学生数/人	教师/人	医院数/所	医院床位数/张	医生数/人	等级公路里程/km	公路里程/km	固定电话用户/户	移动电话用户/户
汶川县	35	14 260	1 640	22	501	556	719	711	19 515	84 761
理县	47	4 327	669	104	230	330	679	670	11 111	44 497
茂县	27	15 257	1 148	—	—	—	1 292	1 280	20 984	88 479
松潘县	30	8 656	742				791	778	17 890	65 207
黑水县	67	5 999	678	147	170	348	1 429	1 301	7 304	36 342

　资料来源：2017 年各县（汶川县、理县、茂县、松潘县、黑水县）国民经济和社会发展统计公报。

（二）岷江上游地区社会治理能力

　　新中国成立以来，与全国其他民族地区一样，岷江上游地区各级政府注重和强调加强汲取财税和动员基层民众，调动全社会的资源支援国家战略，实现对基层社会的集中管控，调动各种资源支援全国经济建设。由于执政党政权的全面扩张和延伸，因而具有强大的组织动员能力，社会管理成就显著，但也让各地各级党委、政府形成了惯性思维，认为真正有效的社会管理就是对社会各种资源进行集中统一管理。这种高度集中的社会管理模式不利于社会资本和社会组织的培育和发展，因此，随着国家权能的扩充，社会资本及社会组织与其他社会主体的发展和培育越来越受到限制，其他社会主体有效参与社会管理的路径也受到限制，其他社会主体对社会治理的方式和路径，以及自身的权利和义务既无知又排斥，不利于民众公共精神的培养。

改革开放以后，随着中国经济发展的扩散和深入，中国的社会结构也发生了历史性变迁，市场经济的发展带来了社会结构和社会阶层的分化以及社会利益主体的多元化，驱动社会治理方式从单向度的"行政化管理"向互动式的"社会化治理"转变，从"传统权威型管理"向"现代扁平化治理"转型，从"单一型他治"向"多元型自治"升级，是从管理向治理演进，提升社会治理能力和水平，实现基层社会治理能力现代化的必由之路。但是对于民族地区，保持社会和谐平安长期以来一直是当地基层政府的一项重要政治任务，所以该地区的社会管理方式仍然以"单向型"管控为主。这种社会管理手段虽然效果明显，但并非根本之策，亟须从根本上创新社会治理体系。

随着岷江上游地区经济社会的快速发展，提升了该地区各族民众的文化水平和科学民主素质，激发培育了他们的社区参与意识和参与能力，开阔了他们近距离观察外界的视野。当地民众更愿意用东部发达地区乃至世界发达国家政府的先进做法来横向评价当地政府的社会治理能力，而不是用改革开放之前的当地政府公共服务水平和能力作为参照体系来纵向评价政府的道德水平和施政能力。尤其是进入新时期，我国的社会基础发生了变化，当地民众对物质文化的需求数量和质量日益提升，政府提供的公共服务相对滞后，日益不能满足需要；社会阶层分层凸显社会利益主体的多元化、利益诉求的多样化，引发各利益主体间的矛盾差异化，人们不但希望政府能力体现在推动地区经济社会发展方面，而且希望政府能够提供更优质高效的公共服务。由于种种原因，当地政府生产提供优质高效公共服务的能力与民众对公共服务的需求存在协调、衔接不精准的问题，因此，该地区的社会治理面临新的更大的挑战，这就需要运用大数据、云计算等最新科技元素不断创新社会治理体制，积极鼓励支持旅居游客、本地民众、地方党政机关及旅游经营者等多元主体自觉参与该地区社会治理，发挥这些参与主体共建共治共享的协同作用，形成合力，构建涉及政府、市场和社会等多元主体协调共治的社会治理模式，形成"党委领导、政府负责、社会协同、公众参与、法治保障"的治理体系，提升该地区治理体系和治理水平，在治理效果上能够提升公共服务、创新社会治理，切实提升该地区社会治理和社会应急处置能力。

党的十八届三中全会要求"创新社会治理，必须着眼于维护最广大人民根本利益，最大限度增加和谐因素，增强社会发展活力，提高社会治理水平（习近平，2013）"。习近平总书记在十九大报告中指出："打造共建共治共享的社会治理格局。加强社会治理制度建设，完善党委领导、政府负责、社会协同、公众参与、法治保障的社会治理体制，提高社会治理社会化、法治化、智能化、专业化水平。""加强社区治理体系建设，推动社会治理重心向基层下移，发挥社会组织作用，实现政府治理和社会调节、居民自治良性互动。"岷江上游地区由于地处欠发达地区，政府提供公共服务的质量和社会治理的方式相对滞后，该地区旅游型小城镇建设，有利于人口、信息、资源集聚，进而有利于公众积极参与社会治理。同时，由于外地游客的进入，有利于主客双方的交流沟通，有利于当地民众和政府学习发达地区的社会治理先进经验和有效做法，并积极运用到本地区的社会治理实践中，有利于运用科技手段，推进本地区的社会治理体系和治理能力现代化水平。该地区社会治理能力的提升不仅可以推进本地区社会治理水平，提升成效，为本地区旅游业创新发展和旅游小城镇的持续推进提供安定有序的社会环境，还为其他民族地区的长治久安、社会治理提供一个可资借鉴的示范。

可见，该地区发展旅游业，外来游客持续进入，不仅带动了当地旅游经济发展，助推当地民众实现职业转换，增加了政府的财政收入，提升了政府社会公共服务的供给能力，还给当地带来了外部世界的思想和观念，为该地区民众更新思想观念、提升社会事务参与能力提供了机遇。大量进入的外地游客，也成为该地区社会治理不可忽视的一个意见群体和参与主体。在中央政策的鼓励支持下，党委领导下多元主体参与协商互动式社会治理方式将成为该地区社会治理的主要途径，有助于提升该地区社会治理水平和治理能力，构建现代化社会治理体系，实现该地区各民族和谐共处和长治久安。

三、岷江上游地区发展旅游小城镇的生态意义

岷江上游地区是我国西部自然资源的丰富密集区，生物多样性丰富而独特，是世界生物多样性的热点地区和我国生物多样性保护的关键地区之一，拥有众多的国家和地方自然保护区。这里是我国三大林区的重要组成部分，又是许多地道药材的分布和主产区。由于地质构造复杂，属于多个地质板块结合部，地质活动频繁，地形地貌类型复杂多样，气候与植被立体分布，且垂直分异明显，生物多样性种类丰富，孕育了垂直差异明显、复杂多样的生态系统类型，是我国十分典型的山地生态脆弱区。该地区海拔落差大，山势陡峭，植被稀少，雨热同期，暴雨频发，地质条件不稳定，经常诱发泥石流、山体滑坡等地质自然灾害，同时，人口增加和过度开发使生物系统整体性被破坏，生态系统多样性减少且极其脆弱，难以恢复。

岷江上游地区曾为促进国民经济发展进行过各种大规模开发建设，近几十年，人类的开发建设活动超过了该地区脆弱山地生态系统的环境承载能力和自然风险抵御能力，引发了该地区生态环境的严重退化，直接影响成都平原生产生活用水的质量和数量，以及整个岷江流域生态环境和整个长江上游的社会经济发展，进而造成国民经济和人民生命财产的巨大损失和浪费。

岷江上游地区位于成都平原西北方向，这种位于成都平原上风上水的地理位置，使其生态环境变化与成都平原的生态环境有极大的相关性，因此岷江上游地区被称为成都平原的"生态屏障"，对四川盆地的生态环境影响深远。该地区的生态环境意义十分重大，可以说，岷江上游生态系统支撑着成都平原、岷江流域甚至长江上游的经济社会生态可持续发展。

近50年来，岷江上游地区生态环境发生了明显的恶化趋势，主要表现在以下几个方面。

（1）森林覆盖率降低，生态功能退化。

该地区很早就有人类进行生产，由于人口压力和经济利益的诱导，人们长期过度开发利用原始森林，破坏了生态系统的完整性、系统性、多样性。

特别是林牧、林农交错结合部，自然生态系统破坏严重，植被退化速度加快，森林覆盖率剧降。据相关资料记载，秦汉以前（即 2 000 多年前）岷江上游森林茂密，生物多样化，而东汉以后岷江上游人口增多，森林植被开始遭破坏，毁林开荒日趋严重。历经 1 300 多年至元末明初，岷江上游尚有森林约 120 $\times$ 10^4 hm^2，覆盖率在 50% 左右。新中国成立初期，该地区仍然约有 120 $\times$ 10^4 hm^2 的森林面积，森林覆盖率高 50%。至 1950 年，森林面积约为 74 $\times$ 10^4 hm^2，立木蓄积量约 1.5 $\times$ 10^8 m^3，森林覆盖率 30%。社会主义建设时期，毁林开荒，尤其是 1958 年土法炼铁和 20 世纪 70 年代的"靠山吃山"大量砍伐森林，森林面积锐减。到 20 世纪 80 年代，森林面积降至 46.7 $\times$ 10^4 hm^2，覆盖率降至 18.8%，20 世纪 90 年代一度降低到 14% 左右，目前又回升到 18.36%[①]。新中国成立后近 50 年间，森林覆盖率锐减，是历史上森林覆盖率下降最快的年代，大大超过自然生态系统自身的调节能力，造成生态平衡严重破坏（郑杰，2016）。由于其他地区经济建设的巨大资源需求和该地区党政部门现代化建设的发展冲动相叠加，致使岷江上游地区森林木材资源采伐严重过量，在 20 世纪 80 年代后期出现森林资源枯竭的现象。过量的砍伐，导致区内森林面积急剧减少，质量下降，残次林和灌丛草丛面积扩大，森林小环境恶化，使岷江上游地区水源涵养能力下降，生态功能日益下降，同时致使依赖于森林生存的优势物种消失，生物多样性下降。

（2）岷江上游供水量逐年减少，季节性缺水严重，水环境形势严峻。

岷山雪线上升，冰雪融水减少，导致岷江中下游季节性缺水日益严重。同时，河流径流量与流域内森林覆盖率成正相关关系，岷江上游森林覆盖率大幅度降低，则其年径流量也就大幅度减少，可用水量剧减，若不断然采取大力植树造林的措施，恢复森林面积（至少恢复到新中国成立初水平），则难以保障岷江流域范围内农灌用水、工业用水和城市居民用水。岷江上游地区干旱河谷扩大到流域面积的 1/5，其中有 30% 的面积已出现荒漠化；岷江干流 20 世纪 80 年代年径流量比 20 世纪 40 年代减少 9.5%，枯水流量减少 27.2%（石承苍等，1999）。由于岷江上游特殊的地理位置，使其成为阿坝州工业发

---

① 数据从林草局访谈中获取。

展的核心地区，现有水电、制革、造纸、化工、冶炼、机械、水泥及食品等行业。在汶川县境内的七盘沟工业区和漩口工业区约 70 km 的河段内，集中了阿坝州 80% 的工业企业，年排放工业废水 650×10^4 t、工业废气 10×10^8 m^3、工业废渣 50×10^4 t，汶川县威州镇以下岷江两岸为污染集中区。岷江上游的这些工业企业大多沿江而建，缺少污染治理，工业"三废"直接排入江中，造成了岷江水质恶化（彭立等，2007）。

（3）自然灾害频繁。

岷江上游属于后龙门山冒地槽褶皱带和巴颜喀拉冒地槽褶皱带，地质条件复杂，一直是地震多发地带，同时，在内外营力作用下，坡面土层疏松，由地震和暴雨山洪引发的滑坡、泥石流和崩塌等地质灾害频繁发生。2008 年 "5·12"汶川特大地震不仅激发了很多已有的地质灾害体，也形成了许多新生的灾害点，同时由于地震强烈的冲击，很多山体尽管没有崩塌，但被震裂，松动并出现裂隙，孕育着大量的地质灾害隐患点。地质灾害严重破坏了地表裸露的植被和土壤，破坏生态环境，还威胁到当地居民的生命财产安全。随着人口的增加和森林面积的减少，森林涵养水源、调节气候的作用减弱，旱灾频发，同样，由于森林调节径流能力减弱，河川水文状况恶化，洪灾发生频繁。据统计，长江上游各水系在 1949—1981 年的 32 年中，有 15 年发生重大洪灾，频率为 47%。近几年更是一年发生几次洪灾。2019 年 8 月，岷江上游地区暴雨导致该地区山体滑坡，水磨、三江、耿达等乡镇损失惨重，给当地的康养旅游业造成了致命的打击，至今仍未恢复元气。该地区森林植被破坏严重，生态系统整体性多样性降低，导致该地区涵养雨水能力下降，生态系统本身自我调节能力降低。为该地区维持适宜的生态环境，必须保证岷江上游流域面积达到 251.42×10^4 hm^2，因此必须使岷江上游森林面积达 182.97×10^4 hm^2（乐文廉，1983）。岷江上游地区大部分属于高山峡谷地带，由于植被破坏，基岩破碎，地质灾害逐年增多。据不完全统计，自 1980 年以来该区发生崩塌滑坡 200 余处，其中有危害的 83 处，累计不稳定物质 2.1×10^8 m^3。滑坡又成为泥石流的诱因之一，造成原生环境破坏和土地严重退化，使该地区的环境更加脆弱。

(4)干旱河谷范围扩大,水土流失严重,石漠化问题凸显。

岷江上游地区冬季盛行内陆风,降水稀少,干燥多风,且山地和峡谷错综分布,重峦叠嶂,河谷深切,对湿润气流的传输起阻碍作用,"焚风效应"显著,形成闭塞的温暖型干旱河谷(干温河谷)。干旱河谷区光照资源丰富,年日照时数1 600 h以上,年降水量不足600 mm,年蒸发量是年降水量的2~3倍,河谷气候干燥,下垫面植被稀少,覆盖率较低。干旱河谷是我国典型的生态环境脆弱带和敏感带之一,生态系统恶化严重,极易发生荒漠化现象。近几十年来,大面积砍伐使该区森林覆盖率不断下降,加之其降水集中于陡坡耕作,因此土壤片蚀、沟蚀、崩塌及滑坡等以水蚀为主的土地退化现象普遍存在,并有逐年恶化的趋势。水土流失使土壤表土元素大量丧失,使本就贫瘠的土地更加贫瘠,土壤肥力明显下降。20世纪90年代岷江上游水土流失面积比80年代增加1 000 km²,侵蚀总量增加26.3%。岷江上游森林资源被长期掠夺式开发利用,森林滥伐、盲目开垦,造成森林覆盖率急剧下降,水土流失加剧,滑坡、泥石流等地质灾害日趋频繁,调节旱涝灾害能力减弱,雨季多暴雨和洪水泛滥,造成的水土流失又加重水荒。由于该地区森林资源锐减,生态系统整体性、生物多样性遭到破坏,动植物物种的种类和数量下降,生物多样性锐减。

由于自然条件的限制和历史的原因,岷江上游地区人口聚集程度不是很高,居住分散,经济社会发展相对落后,滞后的发展方式给当地生态环境造成了极大的威胁和破坏。旅游具有产业关联带动效应强、乘数效应极大的产业特点。该地区发挥旅游资源优势开发旅游业,随着旅游产业的发展,在特定的区域内将制造出各种市场盈利机会。各种社会资源、人口、资本、信息向获利性较高区域聚集,旅游的持续性发展、外来游客的长期持续的流动,在当地形成稳定的市场,可以实现当地人口的城镇化集聚,最终实现区域的城镇化。旅游产业发挥强大的关联带动作用和就业吸纳效应,实现了该地区人口从事旅游业的直接或间接相关产业,实现了劳动人口职业的非农化转换。主要通过以下几方面推动该地区生态环境修复和保护:其一,当地发展旅游业带来体量庞大的多样化消费需求,能够催生大量的本土小微型企业,为当地民众创造就地就近就业的平台和机会,吸引该地民众实现非农化职业转换,避免了当地民众向大自然找寻生存发展资源，有利于减少造成生态环境破坏的人为因素；其二，优越的生态环境是旅游业发展的保障条件，该地区通过引领当地民众积极参与旅游业发展、构建公平合理的旅游收益分配体系，提升民众旅游发展获得感，强化他们生态修复和生态环境保护的理念和行为，为该地区旅游业可持续发展提供生态环境保障和自然风景多样性支持。

同时，该地区旅游产品创新发展，旅游业持续升级，优美的自然风景和形态各异的人文风景是该地区旅游发展的核心竞争力，这就驱动该地区官方和民众关注并实施生态环境保护，"退耕还林""退牧还草"等各项生态修复工程的实施，有效地遏制了该地区生态环境的退化，同时激发当地民众的民族自信心和自豪感，激励他们采取更有力的措施实施各种文化遗产的保护工作，有利于当地各民族文化遗产的传承和发扬。

四、岷江上游地区发展旅游小城镇的民族文化意义

文化多样性是人类社会发展的源泉和动力之一，也是人类文明发展的象征。一个民族区别于其他民族的根源就在于这个民族独特的民族文化（徐文燕，2008）。在全球化飞速发展的今天，对于民族地区而言，各少数民族自身所拥有的具有差异性、独特性的异彩纷呈的民族文化和地方性知识体系是自身极具比较优势的资源，是全球文化多样性中不可或缺的重要组成部分。科技是第一生产力，是第一硬实力，文化是第二生产力，是第二硬实力。"民族的就是世界的"，任何民族要想适应全球化的大趋势，在全球化的市场经济竞争中立于不败之地，就必须开发利用自身独特的民族文化资源和地方性知识体系，发挥文化多样性的优势资源，积极参与全球化的市场经济竞争，这也是少数民族地区实现现代化的必然选择和适应经济全球化形势的迫切需要。民族地区经济社会的健康协调可持续发展，仅仅依靠外力助推是万万不行的，必须要从本民族内部去寻找内生性增长力量的源泉，这个源泉就是本民族独特的文化资源的保护、传承和发展。

岷江上游与黄河上游地理相邻，古长江江源岷山山区与黄河上游河曲地区相距不到 100 km，沿途水草丰美，道路平缓，交通便利。优越的地理区位和便利的交通环境使之成为沟通黄河、长江上游文明的理想通道，因此，可

以说岷江上游地区是长江上游文明与黄河上游文明交汇交融之地。同时，岷江上游地区历史上一直是茶马古道的重要通道之一，也是"藏羌彝民族走廊"的重要通道之一，历史上为藏、羌、汉、回多元族群分布之地，由此形成具有川西地域特色的多民族杂居共处的民族分布格局。在各民族杂居共处的过程中，岷江上游地区多元族群各自恪守传统的宗教信仰，使此处成为儒教、藏传佛教、汉传佛教、道教、伊斯兰教及民间信仰、少数民族传统宗教等多种宗教多元共处共生之地，也是游牧民族和农耕民族经济文化交流的重要通道。

岷江上游地区地处岷江及其支流冲击的高山峡谷型地带，各民族群众千百年来所依赖的生存环境极差，当地各族群众只能生活在岷江的干流、支流乃至溪流两岸的地区。这种地理环境形成了复杂多样且垂直和水平分布明显的土壤、植被和气候分布特征，生计模式和经济类型多样，实际上许多地方大多是农牧兼营，多种经营方式相互补充。岷江上游地区民族文化生态单元间不同的联系方式，是民族文化生态相似性和差异性充分表现的基础。生存环境的差异性造就了该地区结构特点和民族经济文化的差异性与多元性，人类需求的共同性决定了各民族多元文化的交流互通的可能性。在同一流域内，相近山谷间的经济文化单元之间的交流和沟通相对较为容易，因而形成相似的民族文化表象和内生特征。而在不同流域间，由于交通受到高山峡谷的阻隔，形成了一个个相对独立的自然人文单元，各族群之间交流沟通不方便，各民族经济文化单元之间更多地表现出差异性。

岷江上游地区正处在青藏高原和"藏羌彝民族走廊"的东部边缘，也处于中国东部季风湿润区和青藏高原高寒区的过渡地带，这条特殊地带的过渡性特征在该地区生态系统和经济文化方面的表现相当明显，即岷江上游地区是中国传统农耕文化区与游牧文化区的交融交汇地带。在这样一个特殊的自然人文区域单元，要构建该区域的社会经济可持续发展和生物多样性保护事业的双赢发展格局，必须深入详细了解岷江上游地区的传统民族文化过渡性、系统性、多样性背景。岷江作为长江流域水量最大的支流，它既是一条滋润成都平原，成就其"天府之国"美誉的自然河流，又是一条蕴含无比丰富民族文化内涵、为我国文化多样性做出贡献的文化河流。岷江上游历史文化资源富集，其代表性历史文化资源有五类，分别是大禹文化、蜀源文化、江源文化、羌族文化以及其他文化（潘君瑶，2015）。该地区在过去几十年的旅游资源开发过程中，重视自然旅游资源的开发，在观光旅游时期走在了全国的前列，旅游经济发展取得了显著的成效，旅游业的财税效应和富民功能得到充分发挥，也涌现了一批旅游小城镇，但是由于忽视文化生态保护，破坏了民族文化的多样性。在强势文化冲击下，民族传统文化的稳定性、完整性、延续性受到威胁；民族文化同化、异化和断层现象不断出现，民族文化产品庸俗化、商品化、价值退化的现象时有发生。而今，由于大力发展旅游业，该地区独特的民族文化的价值和功能被重新认知和发掘，在旅游业发展过程中，尤其在旅游大众化时代，个性小众化旅游日益成为消费群体进行旅游决策时的首选，民族文化的差异性、独特性越来越成为游客旅游决策时重点考虑的因素。可见，该地区丰富多样的民族文化资源是旅游业发展独特、不可替代的资源，必将成为该地区旅游业持续发展的动力源。因此，在旅游业驱动下，该地区旅游小城镇的发展，可以有效地保护该地区的民族文化多样性，促使该地区民众认识到本民族文化资源的价值，引领他们自觉投入本民族文化资源的开发保护工作中，助推他们抓住乡村振兴和旅游业创新发展提质增效的契机，积极实现本民族文化资源的创新性发展和创造性转化，实现民族文化资源的资本化、产业化，真正实现本民族优秀文化资源的保护、传承、复兴、发展和该地区旅游产品创新升级的双赢。

综上所述，岷江上游地区发展旅游业切合当地资源禀赋实际状况，符合国家功能区划对该地区重点生态功能区的功能定位，有利于该地区生态系统多样性保持和生态环境修复，有利于该地区民族优秀传统文化的保护和传承，进而保持我国民族文化多样性。在旅游业驱动下，该地区旅游小城镇的持续发展，能够更有利于该地区经济、生态、民族文化及社会治理等多重效应综合发挥作用，进而实现该地区经济发展、生态环境保护和修复、民族文化保护传承和产业化，以及该地区社会治理多项事业的协调持续发展，进而在多种影响因素合力推动下，驱动该地区旅游小城镇持续发展。

第三节 岷江上游地区旅游小城镇
发展的必要性和机遇

一、岷江上游地区旅游小城镇发展的必要性

在上面的分析论述中，详细介绍了岷江上游地区自然环境、地理区位、区域民族文化、国家功能区划及资源禀赋等方面的特殊性，由于该地区各种特殊性，有必要分析一下该地区选择旅游驱动型城镇化的必要性。

岷江上游地区各族民众由于技能、文化、观念等方面的原因，进入大城市寻找就业、发展机会实现异地城镇化、市民化有一定难度。因此，通过发展优势特色产业，实现该地区民众就地城镇化、聚落化，就成为当地政府和民众最具有比较优势的选择。

就地城镇化拥有异地城镇化不可比拟的独特优势，对传统的异地城镇化之不足，就地城镇化可以有效地加以弥补，比如缓解每年每逢传统节假日民众"候鸟式"大规模群体迁移带来的交通压力，避免当地民众遭受大城市交通、环境、就业等压力急剧增大造成的群体焦虑、人情淡漠等。就地城镇化有助于留住乡村精英，带动广大乡村地区实现特色优势产业、传统文化、生态环境、乡村综合治理及乡村民众共同富裕等方面全面振兴，提升当地民众的幸福感和获得感，符合乡村民众深厚的乡土情结和内心意愿，也符合各级党委、政府乡村振兴的政策导向，是推进我国新型城镇化的路径探索。

（一）从生态环境维度分析

岷江上游地区处于"藏羌彝民族走廊"东部边缘地带，青藏高原和成都平原接壤地带，青藏高原和邛崃山脉连接地带——龙门山断裂带上，既属于地质活动活跃地带，也是我国生态脆弱区，容易受到破坏而且极难恢复。岷江作为长江上游最大的支流，是成都平原成为"天府之国"的最大依靠，也是成都平原周边多座城市重要水源地，其重要的战略地位和意义不言而喻。多年

来，频繁的开发利用使得该地区生态环境恶化，水质遭到污染；上游地区植被破坏严重，森林覆盖率下降，涵养水源功能下降，导致岷江水流量逐年减少，成都平原用水缺口逐年增大，直接影响成都平原水源供应安全；极端天气增多，暴雨泥石流多发，给当地造成很大损失；等等。

该地区生态环境的重要性和现状，决定了该地区进行大规模工业化建设不现实，同时，依靠大规模工业化驱动型城镇化模式更不符合当地生态环境的实际情况。因此，该地区经济社会发展、人们追求幸福生活只能依托当地优势特色资源发展特色产业等路径，发展旅游产业就是该地区某些地方民众和党政机关发展当地特色优势产业的尝试，所以，选择旅游驱动型城镇化道路也是当地在生态环境条件约束下最具优势的城镇化路径。

(二) 从国家主体功能区规划维度分析

从全国主体功能区规划政策文件可知，岷江上游地区在主体功能区划分中属于禁止开发区和限制开发区，承担着生态环境保护的重任。而且，在限制开发区和禁止开发区，限制或禁止通过工业化驱动大规模城镇化开发，是需要特殊保护的重点生态功能区。这些地区由于生态系统脆弱或生态功能非常重要，资源环境承载能力较低，且一旦被破坏，恢复极其困难，根本不具备大规模进行高强度工业化建设和大规模工业化驱动城镇化的开发条件，因此在该地区，大规模工业化和通过工业驱动实现城镇化受到中央和地方各种政策的严格约束。其主要功能是生产提供生态农牧业产品，及其他大城市居民所渴求的其他生态产品，发展该地区特色优势产业，与大城市群进行产品和功能互补互通，协调发展。

幸福生活是人们永恒的追求，幸福产业是人们获得幸福感的具体途径。旅游产业，无疑是提升人们幸福感的主要产业。岷江上游地区发挥自然人文资源禀赋优势，开发旅游业，生产和供给多样性旅游产品，满足人们综合性旅游需求，提升人们的幸福感，进而推动该地区旅游城镇化、旅游聚落化进程，是该地区民众发挥自身优势，培育内生可持续发展能力，追求幸福生活的现实选择。

(三) 从资源禀赋维度分析

岷江上游地区大部分地区地貌是高山峡谷，当地民众大都居住在河谷地带，耕地资源贫瘠，农业产出较少。该地区原本森林茂密，植被覆盖非常好，但多年砍伐使得该地区植被破坏严重，动植物多样性减少。水利资源虽然丰富，但是多年来不合理的开发使得流域内自然环境受到威胁，导致极端自然灾害多发。同时，该地区自然地貌多姿多样，有高山峡谷，有广袤草原，动植物资源多样丰富；人文旅游资源积淀深厚，民族文化独特多样，表现形态差异性极大，极具旅游开发价值。该地区羌族文化生态保护实验区通过国家验收，成为四川省非物质文化遗产区域性整体保护的样板和岷江上游地区文化旅游的响亮品牌。同时该地区历史上多民族杂居共处，和谐共生，民族文化多样性差异性随处可见。该地区内拥有开发利用的世界自然保护遗产、世界地质公园、国家级风景名胜区及地区级精品旅游景区等多类型景区，现已经形成区域性旅游品牌，拥有广泛的知名度和美誉度，旅游吸引力日益增强，旅游业发展已经初具规模，旅游业进一步发展基础良好。

（四）从旅游城镇发展基础维度分析

岷江上游地区小城镇经历了几次转型，最开始该地区的城镇主要是出于军事防御和政治治理目的而设立的，比如松潘城、薛城镇等。新中国成立后，该地区的许多地方以森林砍伐和重工业为主要产业，出现了以木材转运为主要业务的小城镇，比如威州镇、杂谷脑镇等城镇都是重要的木材转运基地；把以水电为龙头的高耗能工业作为主要产业的小城镇，比如岷江上游汶川的映秀、威州、漩口、水磨等工业城镇。2008 年汶川特大地震灾后重建时外部援建力量的强势介入，为该地区党政和民众改善城镇基础设施提供了一个难得的机会，通过借助外部援建力量的资本、技术、人力，该地区许多城镇的基础设施提升了一个大的台阶。同时，许多城镇也利用重建机会实现了产业转型，产业转型必然推动城镇性质转型，由此出现了许多旅游小城镇，比如，水磨、映秀等镇。

岷江上游地区旅游小城镇主要有重建转型旅游景区型小城镇、交通枢纽和景区依托型旅游小城镇、特色度假旅游小城镇等多种类型。该地区旅游小城镇发展已经初具格局，基本形成了各具特色、旅游产品和供给呈现差异化格局的旅游小城镇发展态势。2008 年汶川特大地震灾后重建，提升了该地区许多城镇的基础设施水平，为该地区旅游业旅游产品生产供给能力提升以及旅游产业提质增效、转型升级夯实了良好的硬件基础，也为旅游小城镇可持续发展奠定了基础。

面对后现代消费文化的影响遍及全社会、世界经济发展进入新常态、人们消费需求升级等三大主要背景，人们休闲方式多样化，外出旅游选择多元化，深度文化体验旅游、个性化特种旅游、康养度假旅游、研学教育旅游、小众组团自驾游及家庭自驾旅游等新旅游形式成为人们旅游的首选。岷江上游地区优质独特的自然人文旅游资源，多元差异的民族文化资源，毗邻成都地理的区位优势，以及肩负国家赋予的生态环境保护功能，存在基本现实条件限制，决定了该地区只能充分发挥资源禀赋优势，发展特色旅游产业，延伸旅游产业链，扩大旅游产业界限，构建泛旅游产业集群，进而通过旅游产品创新发展、旅游产业不断升级，夯实旅游小城镇发展的产业基础，推动该地区旅游小城镇持续健康发展。

二、岷江上游地区旅游小城镇发展面临的机遇

(一) 背景环境

随着我国民众生活水平的提高，旅游已经不再是少数人专享的奢侈品，向普通民众扩散的趋势越发明显，这标志着我国已经步入旅游大众化和自主个性旅游时代。据统计，2018 年全年国内旅游人数 55.39 亿人次，比上年同期增长 10.8%；全年实现旅游总收入 5.97 万亿元，同比增长 10.5%。由此可见，旅游已经成为人们的一种常态化的生活方式，逐渐成为人们追求幸福感、提升自身生活质量的主要途径之一。旅游消费群体日益壮大，民众的旅游消费需求不断升级，并且向多样化个性化趋势发展，市场广阔。

随着现代性的模式化生产生活方式日益影响着人们的身心健康，人们对现代性的反思和反动越来越流行，后现代性思潮逐渐兴盛起来。在这种思潮影响下，后现代消费文化逐渐影响乃至操控着人们的消费行为，以个性化、追求差异和深度体验、渴求身份认同和社会认同为主要目的的消费方式成为社会主流消费方式。在后现代消费文化影响下，人们旅游消费需求不断升级，旅游需求越来越个性化、品质化，对于一些个性化、深度体验性的、能够满足人们身份认同和社会认同的旅游产品的需求越来越旺盛。

　　随着旅游业多重功能和综合效应逐渐凸显，国家对旅游业的认识也经历了一系列的不断深化过程。1981 年，国家第一个关于旅游业发展的战略性文件——《国务院关于加强旅游工作的决定》对旅游业有两个定位："旅游事业在我国既是经济事业的一部分，又是外事工作的一部分""旅游事业是一项综合性事业，是国民经济的一个组成部分，是关系到国计民生的一项不可缺少的事业"。1998 年 12 月，中央经济工作会议把旅游业明确为"国民经济新的增长点"。2009 年国务院《关于加快发展旅游业的意见》提出"把旅游业培育成为国民经济的战略性支柱产业和人民群众更加满意的现代服务业"。党的十八大以来，旅游业全面融入国家战略体系，"全域旅游"是促进经济社会统筹推进和协调发展的重要载体。我国经济进入新常态，正处在新旧发展动能转换的关键期，经济下行压力增大，扩大消费、拉动内需成为刺激经济的重要政策手段。旅游业作为文化交流的主要途径和扩大内需、拉动消费、提升民众幸福感的主要载体，日益受到党和国家最高决策层的重视，因此，从中央到地方，各种关于支持和鼓励旅游业发展的政策陆续出台，共同构成了官方对旅游业发展的政策体系，引领、激励着政府、当地民众、投资者及游客等多元主体在对经济利益、社会效益和自身幸福感的追求过程中，一起构成岷江上游地区旅游业和旅游小城镇发展的主要推动力量。

　　大众旅游时代到来，民众旅游需求旺盛；后现代消费文化影响着人们的旅游消费选择；新常态下从中央到地方各级人民政府扩大内需，拉动消费，刺激经济增长的经济政策体系环境，共同构成了岷江上游地区旅游小城镇可持续发展的大背景环境。

　　（二）国家政策方面

　　自党的十八大以来，国家陆续出台了《国民旅游休闲纲要（2013—2020年）》（2013 年 2 月）、《关于促进旅游业改革发展的若干意见》（2014 年 8 月）、《关于进一步促进旅游投资和消费的若干意见》（2015 年 7 月）、《全域旅游示范区创建工作导则》（2017 年 6 月）、《旅游经营者处理投诉规范》（2017 年 8 月）、《文化主题旅游饭店基本要求与评价》（2017 年 8 月）及《关于规范旅行社经营行为维护游客合法权益的通知》（2017 年 9 月）等一系列关于旅游业发展相关政策、行业标准、指导意见，从旅游产品创新升级到延伸旅游产业链，从扩充旅游产业边界到假日制度改革、带薪休假制度落实，等等，综合运用政策激励和规范手段，培育游客消费欲望和需求，提升旅游产业生产供给能力，促成游客旅游消费活动高质量实现，引领旅游业可持续发展，提升人们的幸福感、愉悦感。这是岷江上游地区旅游小城镇可持续发展的国家政策层面造就的机遇。

(三)岷江上游地区旅游业发展基础良好，可持续发展潜力巨大

岷江上游地区旅游业经过 30 多年的发展，已经有了一定的规模和基础。该地区旅游业过去 30 多年来依靠优越的自然旅游资源和独特的民族风情，特别是"九寨沟—黄龙"世界自然遗产这一世界级旅游目的地品牌的成功塑造，增添该地区旅游吸引力。同时，九环线的开通，九黄机场的投入运营，以及该地区民族村寨旅游的开发建设(桃坪羌寨、萝卜羌寨等)，温泉度假(古尔沟)、康养旅游(水磨、三江等)的兴起，各地生产供给的旅游产品已经初步形成差异化发展格局，而且该地区各民族村寨与旅游小城镇形成了互为补充、互相支持的格局。大众旅游时代到来，全域旅游兴起，阿坝藏族羌族自治州被评选为国家首批全域旅游示范区，岷江上游地区作为阿坝州旅游资源最丰富、集中的地区，拥有优质、丰富、多样的自然风光和独特、多样的民族文化资源，无疑是践行全域旅游理念的最佳地区，因此，该地区旅游业发展基础良好，可持续发展有更大潜力。

综上，在大众旅游时代，岷江上游地区面临着巨大机遇。良好的背景环境，政府政策体系的激励引领，优良的软硬件发展基础，再加上 2008 年汶川特大地震灾后重建，该地区基础设施建设升级，提升了该地区旅游公共服务供给能力，构成了该地区旅游业可持续发展的重大机遇。

第四节　岷江上游地区旅游小城镇发展的动力机制

只有通过作用于当地民众和游客这两类主体，才能实现推拉效果，形成推拉动力，推动岷江上游地区旅游小城镇可持续发展。推动力产生于该地区民众，拉动力主要由大城市群游客旺盛的旅游需求引起。两类主体各自的需

求互补衔接，共同产生推拉动力，驱动该地区旅游小城镇可持续发展。

该地区旅游小城镇持续发展的动力主要分为推动力和拉动力两类。推动力主要有精神心理推动力、政策推动力及产业推动力。拉动力包括集聚效应、关联带动效应、扩散效应等。推动力中的精神心理动力是根本推动力，该地区民众对现代便捷幸福生活的向往和追求是该地区经济社会发展的精神心理推动力，是该地区旅游小城镇持续发展的内生动力、根本动力。政策推动力是该地区旅游小城镇发展的外在推动力。地方政府在政绩驱动下，制定旅游刺激政策，治理有效的城镇软环境，构成了该地区的政府政策推动力。产业推动力是该地区旅游小城镇发展的直接推动力。同样，在拉动力中，主要通过游客旺盛的旅游消费需求，刺激拉动旅游产品生产供给扩大，拉动旅游产业升级，进而通过集聚效应、关联带动效应及辐射扩散效应来拉动旅游小城镇持续发展。

一、岷江上游地区旅游小城镇发展的推动力

岷江上游地区民众同样向往现代高品质的幸福生活，要求分享改革发展成果，追求现代幸福生活的愿望强烈。众所周知，大城市教育、住房、医疗等生活成本高，资源环境压力大。该地区民众人力资本积累不足，生存发展技能不高，难以适应大城市化生存发展的压力，决定了该地区民众通过迁往大城市实现异地城镇化的难度较大。同样，通过前文相关论述可知，该地区自然地理环境多样，气候复杂，河沟纵横，耕地资源稀缺，不能发展现代大规模农业。在国家功能区划分中，该地区大部分地区属于禁止开发区和限制开发区，其高原大草原是若尔盖湿地重要的组成部分，属于国家禁止开发区，具有涵养水源等诸多生态功能，肩负着国家生态环境保护的重任，因此不能通过推行大规模工业化驱动城镇化。另外，国家实施生态保护和修复政策，推行退耕还林、退耕还牧，限制了该地区发展路径的选择。该地区旅游资源丰富多样，具有发展旅游业的比较优势，当地民众在政府指导下，开发旅游资源，发展旅游业，共享旅游发展收益，促进旅游产业与其他产业融合发展，进而推动当地民众实现就地城镇化。

岷江上游地区旅游小城镇可持续发展的推动力是该地区民众要求分享改

革发展成果、对现代幸福生活的向往和追求。当地民众追求幸福生活，广泛参与旅游业并从旅游业发展中持续获益，共享旅游业发展成果，享受现代幸福生活的便利，是他们始终保持旺盛内生发展的根本动力源泉，从而对该地区旅游业发展持续支持和积极参与，构成了该地区旅游小城镇可持续发展的推动力。

政策推动力是指各级党委和政府在政绩驱动下贯彻执行各自职能，实现富民目标，确保地区经济社会稳定。该地区地方政府肩负发展经济、维持社会和谐重任，同时有落实各级政府旅游发展政策的职能。在追求政绩动力的驱动下，制定和执行支持鼓励发展旅游业的公共产业政策，客观上激励、推动了地区旅游业的发展，是当地旅游业乃至旅游小城镇发展的外在政策推动力。该地区民众在政府的鼓励支持下，立足当地资源优势，开发旅游资源，发展旅游业，进而推动旅游小城镇持续发展。具体推动力作用见图4-3。

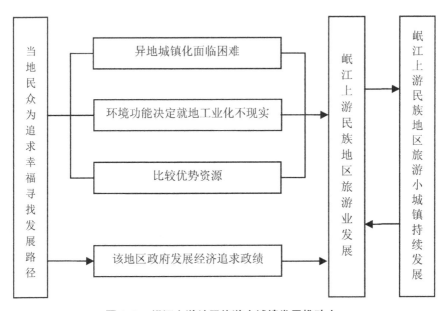

图4-3　岷江上游地区旅游小城镇发展推动力

岷江上游地区旅游小城镇持续发展，其推动力主要通过作用于当地民众发挥作用。主要分为以下几个阶段。

第一，国家对旅游业定位的变动，为我国旅游业发展释放了政策动能，推动了我国旅游产业化转型和旅游经济蓬勃发展。

　　岷江上游地区民众追求高品质生活，渴望共享改革发展成果，扬长避短，充分发挥当地资源优势，开发当地旅游资源，吸引外来游客消费旅游产品，推动当地旅游业发展；当地政府落实上级政策，把旅游业作为发展当地经济的手段，支持鼓励该地区民众参与旅游发展，在农牧业生产闲暇时，改造自家房屋等设施，参与简单旅游接待，获得旅游收益。

　　第二，当地民众参与旅游接待，获得收益，改善了广大群众家庭生产生活条件。在经济利益诱导下，他们坚定支持并参与该地区发展旅游，提升自己旅游参与技能，提高内生发展能力，主动适应旅游发展形势，创新旅游服务内容和形式。在游客消费需求引导下，人力、信息、资本、商品等市场要素在旅游目的地集聚，旅游小城镇开始出现并发展。

　　第三，随着该地区旅游业快速发展，旅游业综合效应凸显，在增加政府财政税收、带动民众就业、推动劳动力实现职业转换等方面发挥了积极的作用。旅游业日益受到当地政府的重视，在政绩激励下，当地政府积极鼓励旅游业发展，出台各项政策体系，改善基础设施，提升旅游产品生产供给能力，保障旅游业发展。

　　上述因素综合作用，推动该地区旅游小城镇持续发展。理县古尔沟镇的发展历程可证实旅游小城镇推动力发挥作用的过程。笔者在理县古尔沟镇调研期间，古尔沟镇 L[①] 镇长说，古尔沟镇旅游起步于20世纪90年代，最早就是当地百姓自己改建房屋，修建澡堂，把天然温泉引入家中，吸引、招待游客，获取旅游收益。随着游客量增加，民众参与旅游获益颇丰。2019年，该镇旅游收入接近2亿元。该镇投资超过500万元的高档酒店有9家；投资超过2 000万元的高档酒店有3家。全镇有30%左右的村民吃上"旅游饭"，直接从事旅游业的民众超过1 000人。

　　随着旅游综合效应凸显，政府开始介入，各市场主体和市场要素也开始集聚，旅游城镇化加速推进。华美达酒店就是四川发展控股有限公司与阿坝

---

　　① 根据民族学、人类学访谈伦理规范，访谈对象必须用编号、代号等，不能使用具体身份信息，以便保护受访对象的隐私。

州政府、理县政府合作的一个代表。四川发展控股有限公司投资 30 亿元，拟打造温泉特色小镇，开发以温泉康养为核心的旅游产品体系。游客旅游消费需求提高，催生了康养度假、温泉养生等旅游业态的出现，围绕着温泉和游客消费需求，衍生了旅游演艺、民族文化主题酒店、民族文化旅游商品等旅游产业。这推动该地民众集聚各种要素，在经济利益诱导下，挖掘温泉资源潜力，整合民族文化资源，生产多样化旅游产品，满足游客旅游康养消费需求，形成了以温泉度假为核心的旅游产业体系，推动着古尔沟镇持续发展。

从上述分析，可知岷江上游地区旅游小城镇持续发展推动力是如何发挥作用的。该地区民众向往和追求幸福美好生活是内生动力和根本推动力；比较优势资源是资源推动力；政府在政绩驱动下支持鼓励旅游产业发展并制定保障政策体系是外在推动力。多重推动力共同作用，推动着该地区创新升级旅游产品、改善旅游基础设施、延伸旅游产业链，进而推动旅游小城镇持续发展。

二、岷江上游地区旅游小城镇发展的拉动力

岷江上游地区旅游小城镇持续发展的拉动力基础是持续不断的客源。因此，拉动力发挥作用主要通过作用于游客来实现。随着我国经济社会发展，旅游大众化常态化趋势日益明显，旅游已经成为民众生活的必需品。我国旅游数据显示，旅游收入和旅游人次逐年增加，每逢假期，我国各旅游景区旅游数据也证实了民众旅游消费需求日益旺盛，旅游消费体量逐年提高。

在旅游大众化和后现代消费文化影响下，成渝城市群民众旅游消费需求日益增加，对生态产品、回归大自然、寻求身心舒畅的需求非常旺盛，催生了体量庞大的旅游消费群体。岷江上游地区紧邻成都，区位优势明显，都汶高速与汶马高速已贯通，成兰高铁正在修建，外部交通状况逐渐改善；内部交通状况也正得到改善。从前文可知，该地区高山峡谷遍布，自然旅游资源丰富；同时，该地区民族文化历史悠久，差异明显，民族文化旅游资源多样；该地区气候立体性明显，旅游产品丰富多样，能够吸引不同的旅游消费群体。大城市群民众旺盛的旅游消费需求、岷江上游地区区位优势、旅游资源优势综合作用，拉动该地区旅游业发展。这是岷江上游地区旅游小城镇可持续发

展的直接拉动力。

　　随着岷江上游地区旅游业快速发展，旅游产品创新升级，催生新旅游业态。游客不断升级的旅游消费需求，带动市场要素更大规模集聚，拉动周边地区乡镇民众、资源参与旅游业，形成泛旅游产业体系。随着该地区旅游业发展，旅游设施改善，游客增加，产生更大综合性旅游消费需求，吸引更多的市场要素集聚，提高旅游小城镇发展质量。旅游业带动该地区农牧业、传统手工业、民族文化产业等产业发展，围绕着旅游核心产业形成关联产业，进一步发挥关联带动效应。当旅游业发展到一定阶段，辐射效应开始发挥作用，辐射带动旅游目的地周边地区民众和其他市场要素参与到旅游发展中，提高他们旅游参与能力，进而提高当地旅游产品生产供给能力。旅游业发展带来的集聚效应、关联带动效应和辐射效应产生了巨大的拉动力，拉动该地区旅游小城镇持续发展。

（一）集聚效应

　　岷江上游地区旅游产业发挥集聚效应的重要基础是该地区优质特色的自然人文旅游资源禀赋。该地区丰富独特的旅游资源在前面已经谈及，在此不再赘述。旅游业起步阶段，该地区开发利用当地优质特色的自然旅游资源，吸引外地游客前来观光旅游，围绕游客旅游过程中的"食、住、行、游、购、娱"等传统六要素形成了一定分量的旅游消费需求，为满足这些游客的旅游消费需求，当地民众开始在旅游目的地及其就近地区开展相关生产、服务，提供必要的旅游产品。逐渐形成本地民众、外地投资经营户、当地政府旅游行政管理部门等多种主体在当地的集聚，进而带来大量人、财、物、信息、技术等多种市场要素的常态化集聚，由此催生了该地区旅游小城镇的出现。在旅游业发展壮大的进程中，其集聚效应越来越明显，参与从事旅游业，从旅游业发展中获益的区域范围和民众日益扩大，驱动引领了旅游小城镇的发展。众所周知，旅游产业发挥集聚效应的重要条件是拥有配套便捷的旅游基础服务设施。为了满足游客不断升级的旅游消费需求，更好地发挥旅游业的集聚功能，该地区政府投入大量人力物力改善旅游基础设施，提升旅游业发展的软硬环境，提高该地区旅游吸引力和竞争力，从而吸引并服务更多的外地游客，进一步推动该地区旅游小城镇的发展。另外，该地区游客旅游消费需求升级，驱动旅游产品生产供给体系升级，带动旅游产业结构升级，推动旅游产业链延伸，围绕着旅游的新的生产服务要素不断出现，各种产品借助旅游平台，提升自身价值，促使泛旅游产业集群形成，能够更有效地发挥旅游产业集聚效应，进而驱动该地区旅游小城镇可持续发展。

（二）关联带动效应

旅游业是一个涉及较多关联产业的综合性服务产业，其关联带动效应已经被国内外理论和实践所证实。旅游业每增加1个直接就业者，就可以增加5个与之相关联的间接就业机会（曾博伟等，2016）。旅游业涉及"食、住、行、游、购、娱、商、学、养、文、体、农"等多种要素，交通运输业、餐饮业、住宿业、特色生态采摘农业、旅游特色工艺品加工、旅游演艺业、体育运动健康产业、生态颐养产业等多种关联产业，既可以延伸旅游业的上下游产业链，也可以拓展旅游业的产业边界，基本做到了第一产业——农业通过"农旅融合"实现"因旅而兴"；第二产业——工业通过"工旅融合"实现"因旅而名"；第三产业——服务业也实现"因旅而旺"，总体上实现人、财、物、信息等经济要素在旅游业及其关联产业的集聚，助力泛旅游产业集群的形成和发展。

（三）辐射扩散效应

在旅游业发展的初级阶段，经济要素的逐利本性决定了人、财、物、信息等这些要素首先在旅游目的地附近汇集，集聚效应发挥重要作用。随着当地旅游业的发展，旅游小城镇集聚效应影响范围扩大，对周围落后地区形成了辐射扩散效应，促成各种生产要素从增长极向周围地区的扩散，从而产生一种按照旅游目的地距离远近而产生大小不同影响力的趋势。旅游业的辐射扩散效应发挥作用，促进旅游目的地周边偏远地区民众或主动或被动地参与到旅游业发展过程中，进而实现自身城镇化的过程。通过这个过程，该地区旅游城镇化水平和质量得到提高，为该地区旅游小城镇的良性发展奠定了基础。岷江上游地区旅游小城镇可持续发展拉动力作用见图4-4。

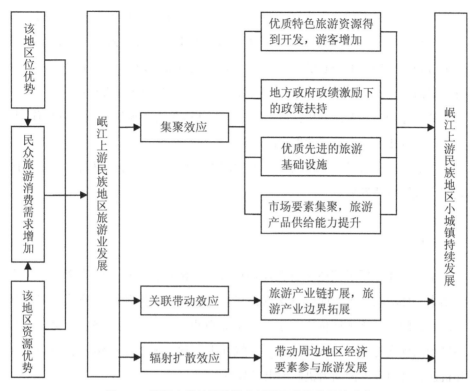

图 4-4 岷江上游地区旅游小城镇可持续发展拉动力

通过川主寺镇的访谈可知旅游小城镇拉动力发挥作用过程。笔者在川主寺镇调研期间，该镇 W 书记说，川主寺镇是随着"九寨沟—黄龙"旅游业发展兴盛起来的。川主寺镇拥有区位优势，如川主寺镇是九黄机场所在地，位于"九寨沟—黄龙"两景区中间，主要功能就是游客休憩站和游客集散地。九寨沟景区开展旅游生态环境治理，把景区内藏族民众迁出景区，实行"沟内游，沟外住"的管理措施，并把九寨沟景区旅游收入一部分作为生态补偿分配给当地民众，取得了良好的经济生态社会效益。

在九寨沟景区开展旅游环境治理后，川主寺镇游客集散地和休憩站功能日益凸显。大量游客在川主寺镇休憩集散，催生了庞大的旅游消费需求，拉动当地民众积极参与旅游接待。他们参与到宾馆、饭店、民族文化展演、民族文化产品与民族特色手工艺品生产销售中来，通过满足游客综合旅游消费需求，来分享旅游发展收益。在该镇最繁荣时，该镇从事旅游业的经营户多达2万人，超过本地户籍人口。当地有的民众把土地、房屋出租或入股，吸引外来经营者来投资经营旅游业，他们则以资本、劳务方式参与。在该地访谈中可知，"九寨沟—黄龙"旅游业发展到一定程度，游客产生了更旺盛的旅游消费需求，拉动市场要素集聚，吸引更多地区参与到旅游发展中。

从上述理论和案例分析，可知岷江上游地区旅游小城镇拉动力发挥作用，拉动该地区旅游小城镇持续发展的过程。

综上所述，通过推、拉两种动力共同发挥作用，驱动引领岷江上游地区旅游小城镇持续发展。

本章小结

本章具体分析了该地区自然地理环境、经济社会发展、民族文化、国家区划生态环境功能等方面的特殊性，找出了影响该地区旅游小城镇发展的制约因素；阐述了该地区依靠旅游业驱动旅游小城镇发展在经济、社会、生态环境和民族文化方面的特殊意义，及岷江上游地区旅游小城镇发展的必要性和机遇，并对发展的动力机制做出了分析。

第五章　岷江上游地区旅游小城镇发展历程、现状及问题

第一节　岷江上游地区旅游小城镇演变历程

岷江上游地区在历史上处于农耕文明和游牧文明交汇分界地区，游牧民族和农耕民族民众常年在这一地区开展商贸交往、文化交流等活动。该地区是"藏羌彝民族走廊"东部边缘，地理环境复杂多样且对外交通不便，千百年来经历了多次大规模的民族间的交流、交汇、交融，促进了各个民族的交融与变革，最终在这一区域形成了藏族、羌族、汉族和回族等多民族多元文化共处的分布格局。在一定程度上，该地区自成体系的自然地理单元阻隔了外部强势文化在本地的传播与渗透，形成和保留了独特多样、自然传承下来的原生态民族文化，是我国多元文化和谐共生、相互交融示范地区，同时也是巴蜀文化四大文化区之一、"藏羌彝民族走廊"文化区起点地区。多元化原生态的民族文化与壮美巍峨的自然风景相互助推，使该地区成为我国乃至世界上旅游资源最丰富、最具有旅游吸引力的地区之一。各民族在这一地区交流、交融、发展，该地区社会经济发生变迁，同时这一地区驱动城镇发展的产业也发生演变。

一、岷江上游地区小城镇发展历程

岷江上游地区历史上既是长江上游和黄河上游两大文明交汇交融过渡地

带，也是农耕文明和游牧文明交汇过渡地带，还是"藏羌彝民族走廊"的重要通道之一，更是一条重要的民族文化走廊。历史上长期以来各个部落、族群在这一地区对抗、交流、交融，并进行经济文化互通，形成了独特的民族特色和历史文化，具有极高的研究价值。

在长期的军事对抗和频繁的经济文化交流过程中，这一地区的城镇也逐步发展起来（见表 5-1）。在长期的民族间交流交往中，在各种因素综合效应推动下，这一地区城镇的功能发生了变迁。岷江上游地区古代的城镇基本上是由于军事对抗和政治统治的原因形成的，例如松潘。松潘远通河陇，上抵青海，下连威茂，是成都平原与西北交流的锁钥，是历代军事重镇和汉地与西北吐蕃茶马互市集散地。在秦代就已经置湔氐县。唐代时，由于位于唐和吐蕃拉锯战的前沿，松潘成为重要的军事重镇。唐武德元年（618 年），在今进安镇修筑松州城；唐文宗太和三年（829 年），剑南节度使李德裕于原松州城旧址修筑柔远楼（筹边楼）。明洪武十二年（1379 年），设置松州卫、潘州卫；御史大夫、平羌将军丁玉命宁州卫（甘肃宁县）指挥使高显修筑松州城，历时 5 年。同时，自唐以来，还以进安镇为核心，建成了东西南北共 30 关、42 堡、27 墩及若干个屯、烽燧的军事防御体系（松潘县地方志编纂委员会，1999）。清雍正七年（1729 年）裁卫，设松潘抚民直隶厅；雍正九年（1731 年）改抚民直隶厅为松潘厅。民国二年（1913 年）改松潘厅为松潘县，沿用至今（松潘县地方志编纂委员会，2013）。

表 5-1　岷江上游古代城镇

城镇名	今所在地	建制时间
茂州	茂县凤仪镇	西汉地节三年（前 67 年）
叠溪	茂县凤仪镇以西 60 km	唐贞观年间（毁于 1933 年）
松潘	松潘县进安镇	南北朝北周天和元年（566 年）
威州	汶川县威州镇	西汉时期
理番	理县杂谷脑镇	西汉时期

资料来源：李锦. 岷江上游城镇的成长性因素分析[J]. 阿坝师范高等专科学校学报，2007，24(1)：31-34.

　　宋代以后至清代之前，茶马互市成为封建王朝中央政府控制和威慑少数民族地区的一项重要经济政治措施，对该地区城镇功能变迁产生了重大影响。这一阶段，该地区作为连接成都平原和川西北、甘青地区的主要通道，不仅是各族客商进行各种物资交易、互通有无的重要通道，各部族朝贡使者也通过这一道路前往中央表示效忠，获得恩赏。可见在这一历史时期，该地区城镇的主要功能仍然还是以军事防御和政治控制为主，商品集散流通功能只能是辅助性的。

　　随着清朝历代中央政府对民族地区控制强化和民族地区的稳定，岷江上游地区城镇的军事防御和政治控制功能明显削弱，物资集散、流通和经济功能上升为主要功能。例如，清代三大边茶贸易中心——打箭炉（今甘孜州康定市）、松潘县和灌县（今都江堰市），由于各族各地客商持续不断的物资流通交易活动而日益繁荣。清代嘉庆到光绪年间，由于大量汉族移民涌入，带来了先进的农业生产技术和手工业制作工艺，直接推动岷江上游地区经济发展，进而带动该地区城镇经济发展，强化了该地区城镇的经济功能。岷江上游集镇的手工业和商业也随之呈现出前所未有的繁荣景象。当时，茶马古道上的茂州（茂县凤仪镇）、汶川（汶川绵虒镇）、新保关（汶川威州镇）、理番（理县薛城镇）、叠溪（茂县校场乡）等主要城镇已经出现 10 余种规模较大的手工业。农业、手工业发展以及与其他各个地区长期频繁的商品物资交流，促进了岷江上游地区城镇商业繁荣，如清末，仅茂州城就有商贩数百户。当时，茂州、叠溪、威州、薛城等城镇每日均有市集，俗称"百日场"，是联系成都平原和藏羌地区，乃至甘南、青海地区的重要的商品物资集散地和中转站。商业和手工业发达，各族各类客商的持续频繁往来，各种生产生活等消费需求催生了行栈店房、搬运和饮食等服务业发展。

　　岷江上游地区城镇化与其他民族地区相比，面临着自然地理条件复杂多样、生态环境脆弱、基础设施滞后、内外通达性较差、自身发展基础薄弱、内生发展能力不足等问题的制约。1950 年，岷江上游地区先后解放，随着社会主义工业化建设在该地区陆续展开，该地区进入工业化城镇发展阶段，该地区城镇化进程在曲折中前进，城镇功能多元化，并随着国家大政方针变动，支柱产业兴衰更替也随之发展变化。

（一）政治中心型功能一度成为城镇主要功能

随着社会主义民主改革和各项社会主义制度建设在岷江上游地区各个县逐步完成，我国很快进入了社会主义建设时期。1978 年以前，由于岷江上游地区同样采取了限制商品经济发展、控制城乡人口流动、严格压缩城镇规模发展等措施，岷江上游原有的城镇功能基本上单一化，到 1978 年，岷江上游除了县城所在地为城镇外，仅有米亚罗镇等几个小城镇，其人口结构也是以政府官员和国家财政供养的事业单位人口为主，城镇功能基本退化为单一政治功能。

（二）工业化进程催生了一批具有经济发展中心功能型城镇

2000 年以前，岷江上游地区位于阿坝州的资源富集区，森林、水电、矿产资源开发是岷江上游地区城镇化的主要驱动力，也催生了这里最早的初级工业化城镇，城镇的经济功能提升，使该地区城镇成为当地经济发展中心。在 20 世纪 50 年代到 80 年代末，岷江上游地区是以森林工业开发为主的区域，以木材采伐、加工为主体的产业结构，催生了米亚罗这样的小城镇。1950 年以前，米亚罗还是长满荆棘的河滩，荒无人烟；1950 年，随着川西林业局开始在这里采伐木材，军民工人增多，外地商人不断来此设店经商，人口增多，工商贸易逐渐繁华。1955 年成都—阿坝公路全线通车后，这里成为商旅交通食宿要道，并于当年建镇。那时，威州镇、杂谷脑镇等都是重要的木材转运基地。从 20 世纪 80 年代中期开始，随着森工企业的逐步转产，以水电为龙头的高耗能工业逐步取代了森林工业，岷江上游地区如汶川的映秀、威州、漩口、水磨都成为主要工业城镇。

（三）旅游业兴起和服务型城镇功能形成

岷江上游地区拥有优质的旅游资源，九寨沟、黄龙、四姑娘山、卧龙大熊猫基地、米亚罗红叶风景区等地，吸引了大批游客。例如，汶川威州镇作为县治所在地，主要是行政管理型和工业水电型城镇；水磨、映秀、三江现已转型为旅游型城镇；松潘进安镇是集旅游目的地和行政管理于一体的城镇；川主寺镇既是服务于九寨—黄龙这一世界级旅游目的地的旅游商贸服务基地、交通要道，又是具有一定知名度的旅游目的地，能较好促进地区经济发展；理县杂谷脑镇作为县治驻地，以农林产业高原绿色食品加工、制酒等为主导产业；古尔沟镇、米亚罗镇主要是旅游型和水电工业型城镇；茂县凤仪镇以工贸和民族村寨旅游为基础；芦花镇作为黑水县城关镇，发展旅游文化产业和农贸产业。

应充分发挥旅游业带动区域经济发展，助推当地民众实现职业转换，实现旅游和其他产业融合发展，吸引区域内人力、资本、信息等市场要素集聚等作用和功能，促进旅游集聚地城镇空间拓展和城镇功能调整、完善；驱动三大产业联动发展和产业结构优化升级；引领当地剩余劳动力集聚并向非农化产业转移以及旅游集聚地社会生活向城镇化、现代化转型；促进民族优秀传统文化资源市场化、产业化开发，进而实现其资本化，促使该地区民众和社区能够增强民族文化自信，自觉主动地充分挖掘、整理、保护、传承本民族优秀传统文化，运用民族文化资本，积极参与旅游产品开发，实现旅游收益公平共享；同时，促使区域内建筑风貌，以及主要标识物、民族旅游商品等区域空间内各种物品充分展现该地区地方性显性民族文化特征，推动旅游小城镇功能、产品与大城市群和中心城市之间实现功能、产品等互通互动，促使二者在产品、功能互通互动中呈现持续优化态势。

二、岷江上游地区旅游小城镇演变历程

岷江上游地区城镇化起始于新中国成立。最初该地区城镇以历史沿袭下来的传统小城镇和行政管理中心为主，后来，随着该地区林木采伐业和水电业的兴起，尤其是旅游业逐步发展，一些城镇的功能开始转型。经过70多年的发展，城镇化水平逐渐提升，建制镇数量增加，城镇化进程成效显著。详细情况见表5-2。

表5-2　岷江上游地区建制镇

序号	县份	建制镇名称	数量/个
1	汶川县	威州镇、绵虒镇、映秀镇(旅游业)、卧龙镇(旅游业)、水磨镇(旅游业)、漩口镇、耿达镇、三江镇(旅游业)	8
2	理县	杂谷脑镇(旅游业)、米亚罗镇(旅游业)、古尔沟镇(旅游业)、桃坪镇(旅游业)、薛城镇	5

序号	县份	建制镇名称	数量/个
3	茂县	凤仪镇、南新镇、叠溪镇、光明镇、雅都镇	5
4	黑水县	芦花镇、卡龙镇(旅游业)	2
5	松潘县	进安镇(旅游业)、川主寺镇(旅游业)	2
合计			22

资料来源：各县统计年鉴。

  岷江上游地区几个县的城镇已经形成较为良好的差异化城镇发展格局，初步构成了比较合理科学的城镇化体系。随着经济结构调整，岷江上游地区一些城镇的功能也发生了巨大变化，位于重要旅游区沿线的城镇以第三产业为龙头，发展以餐饮、服务功能为主的产业，出现了一批新兴旅游城镇。例如，川主寺镇已经成为重要的旅游城镇；桃坪镇是由于桃坪羌寨而闻名，有以羌族民居和风俗为特色的旅游景区，2013 年建镇，全镇以旅游为主；古尔沟镇是米亚罗红叶风景区的重要组成部分，有古尔沟温泉，该温泉是天然优质矿泉水，集餐饮、疗养、温浴于一体，远近闻名。这类小城镇还有卡龙镇、卧龙镇等。同时，1998 年全国特大洪灾后，四川省政府颁布"禁伐令"，迫使该地区寻找代替木材产业的产业结构转型路径，该地区优质旅游资源成为当地政府的首要选择，地区经济重心向旅游业转变，米亚罗这样的森林工业城镇也开发了红叶旅游区，整个经济产业结构向以旅游业为主转变。2008 年汶川特大地震后，灾后重建工作成为全国关注的焦点，外部援建势力强势介入，从硬件和产业层面助推了当地城镇的飞跃。例如，原来以高耗能工业区为特点的水磨镇、映秀镇等工业型城镇，随着"水磨—三江—映秀特别旅游区"建成，宣告了岷江上游地区城镇从工业经济功能向旅游服务经济功能转化的过程。随着文化教育事业的发展，文化资源相对集中，岷江上游还出现了以文化教育服务为主的城镇。例如，威州镇和水磨镇由于大中专院校入驻，大量外来师生带来庞大的综合消费需求，引领当地居民实现生产生活方式的转变(从农业生产转向消费服务生产)，实现人口集聚，进而提升了两镇城镇化水平。

  综上，岷江上游地区城镇化的驱动产业在承担国家生态环境保护功能和自然生态压力的共同作用下实现了产业转型，由以前高投入、高能耗、高污染、低附加值的资源开采型的采矿业、林木采伐业转变为依靠民族特色产品深加工、生态旅游、康养旅游、文化旅游、水电工业及优势地方性特色生态农产品开发等第二、第三产业来驱动城镇化进程。

第二节　岷江上游地区旅游业和旅游小城镇发展现状

一、岷江上游地区旅游业发展现状

岷江上游地区旅游业发展 30 多年来，一些依靠旅游业推动的旅游小城镇发展成效卓然。在旅游业发展的不同阶段，一些旅游小城镇也显示出不同特征。例如，九寨沟—黄龙旅游发展带动了川主寺镇等商贸服务型小城镇出现；桃坪羌寨的开发带动了景区依托型小城镇桃坪镇发展；水磨—映秀—三江特别旅游区带动了该地区几个假日康养型旅游小城镇发展。

随着旅游业强大的关联带动作用和经济、社会、生态、文化等综合效应和功能的凸显，从中央到地方，各级党委、政府均把旅游业作为该地国民经济的重要产业之一，岷江上游地区各地政府同样也不例外。作为"大九寨旅游圈"和"藏羌彝民族走廊"核心区域，岷江上游地区自然地理环境复杂多样且差异鲜明；多民族和谐共处，人文景观独特，自然人文旅游资源丰富，是一个旅游资源完备、特色鲜明、优势旅游资源集中的地区。岷江上游地区旅游业从 20 世纪 80 年代中后期开始起步，当时以自然风景观光旅游为主。随着"九寨沟—黄龙"自然遗产申报成功，以及一系列优质旅游资源得到开发，1998 年九环线通车，该地区交通硬件基础设施得到改善，可进入性差的状况得到一定程度缓解。岷江上游地区优质旅游资源被有机整合，加之"黄金周"假期制度的实施，促成了国内旅游供需两旺的局面，旅游经济迅猛发展，游客人数、旅游收入不断增长。进入 21 世纪，该地区各地方政府纷纷把旅游业列为重要产业，再加上国家假日制度改革，人们旅游消费需求迸发，该地区旅游业获得了井喷式发展，旅游人次和旅游收入都巨幅提升，旅游基础设施和旅游服务设施与质量得到较大改善。岷江上游地区 5 个县中，早在 2001 年，汶川、理县和茂县旅游收入就已经实现过亿元，汶川县 2018 年还被授予"天府旅游名县"称号。旅游业巨大的关联带动作用也得到彰显，岷江上游地区在旅游业发展带动下，旅游产业规模和效益不断壮大，有力地推进了该地区经济社会发展。2002 年以后，随着大众旅游时代的到来，该地区的旅游经济得到进一步发展。2008 年汶川特大地震对该地区旅游业的发展是个重大打击，但随着对口援建该地区外部势力的强力介入助推，该地区灾后重建工作迅速有序展开，各项基础设施建设整体上得到提升，公共服务供给能力明显增强，该地区旅游业重新进入高速发展期，旅游经济发展迅猛。参见表 5-3 和表 5-4。

表 5-3　2017 年岷江上游地区五县旅游收入及人次

县名	旅游收入/亿元	接待人次/万人次	阿坝州		旅游收入占比/%	接待人次占比/%
			旅游收入/亿元	接待人次/万人次		
汶川县	27.03	600.15			11.47	20.62
理县	23.21	343.17			9.85	11.79
茂县	15.42	200	235.72	2 909.58	6.54	6.87
松潘县	57.24	527.96			24.28	18.15
黑水县	10.43	127.92			4.42	4.4
合计	133.33	1 799.2			56.56	61.83

资料来源：根据五县 2017 年国民经济和社会发展统计公报、政府工作报告统计计算。

表 5-4　2018 年岷江上游地区五县旅游收入及人次

县名	旅游收入/亿元	接待人次/万人次	阿坝州		旅游收入占比/%	接待人次占比/%
			旅游收入/亿元	接待人次/万人次		
汶川县	25	563			15	23.76
理县	32.55	480.93			19.52	20.3
茂县	10.4	140.08	166.71	2 369.47	6.24	5.91
松潘县	35	398			20.99	16.8
黑水县	10.58	135			6.35	5.7
合计	113.53	1 717.01			68.1	72.47

资料来源：根据五县 2018 年国民经济和社会发展统计公报、政府工作报告统计计算。

通过对表5-3、表5-4进行简要对比分析可以发现，2017年、2018年，岷江上游五县旅游收入、旅游接待人次连续两年占到整个阿坝州旅游收入和旅游接待人次的50%以上，旅游经济体量巨大，在阿坝州不容忽视。同时可知，岷江上游优质旅游资源日益受到民众关注和青睐。可见，岷江上游五县秀丽的自然风景，丰富多样、差异化明显的藏、羌、回、汉民族的人文资源、文化资源，是该地区独特的旅游资源，给岷江上游五县乃至阿坝州旅游收入和旅游接待人次增长提供了资源保障。通过与前几年数据进行比较，发现岷江上游五县旅游收入和旅游接待人次、阿坝州旅游收入和旅游接待人次在2017年均出现了陡然下降。根据实地访谈得知，茂县山体滑坡泥石流灾害阻塞道路和九寨沟地震是当地旅游收入和旅游接待人次陡然下降的根本原因。可见，岷江上游五县旅游经济发展对交通基础设施依赖性很大，同时，当地自然灾害危机救援能力滞后也是很重要的影响。通过研究分析得出，岷江上游乃至整个阿坝州旅游收入和接待人次在整个四川省旅游收入和接待人次中所占比重份额还很小，与自身所拥有的优质高品位旅游资源极不相符，还有很大的发展提升空间，有待该地区旅游产品创新发展和旅游业转型升级来进一步带动旅游经济发展。

岷江上游地区旅游业经过30多年的发展，经历了几个发展阶段，现已有了一定的产业基础，但仍然面临一些问题，例如产品结构单一性风险、产业脆弱性风险、发展不可持续等。

二、岷江上游地区旅游小城镇发展现状

随着岷江上游地区旅游业的发展，该地区旅游城镇化也取得了成效。在旅游产业驱动引领下，该地区旅游小城镇数量和质量显著提升，旅游从业人员数量和比例明显提高。岷江上游地区旅游城镇化最主要成果之一就是旅游小城镇数量和当地民众从事非农产业人数增加。

在旅游业快速发展的过程中，地方政府日益认识到旅游业的关联带动效应。旅游业发展吸引大量外地游客涌入，围绕着游客急需的"食、住、行、游、购、娱"等六大基本要素产生了庞大的、多样化的旅游消费需求，为了及时、保质保量地满足游客的旅游消费需求，必然带来本地民众、外地经营者

等多元市场主体的人力、物力、财力和信息等要素的集聚，旅游城镇也随着这种要素集聚产生和逐步发展起来。岷江上游地区旅游业的快速发展，驱动引领着该地区旅游小城镇发展。从该地区旅游小城镇分布状况，可以明显看出该地区旅游小城镇发展的现状。

通过对表5-2的对比分析，可以看出岷江上游地区所有建制镇的数量和分布，以及依靠旅游业为产业动力来驱动发展的旅游小城镇的分布状况。该地区的城镇化发展经历了行政管理中心型、初级工业驱动型等发展类型，国家主体功能区划分的生态保护功能重任和该地区生态环境恶化的现实压力，以及该地区自然人文资源禀赋的现实优势，促使该地区城镇化驱动产业实现了向旅游业及其关联产业的转型升级，该地区充分利用旅游业迅猛发展所带来的综合关联带动效应，逐渐实现了该地区地方性特色产品与旅游业的融合发展。例如，围绕着旅游业发展所带来的庞大的、多样化的消费需求，该地区利用独特多样的立体性气候资源，多样化种植地方特色生态农业产品，满足持续涌入的外地游客多样化的生态农产品消费需求。同时，该地区地方区域性民族文化资源也实现了资本化、产业化，成为该地区旅游业持续发展的动力源泉和文化旅游品牌，部分实现了旅游业发展与民族文化保护传承的双赢。

旅游小城镇从事非农产业人员的相关资料可以给田野案例点访谈资料作为佐证。本研究选取了汶川县水磨镇、松潘县川主寺镇和理县古尔沟镇作为田野案例调查点，通过深度访谈，了解了这3个具有代表性的旅游小城镇民众参与旅游业发展、共享旅游发展成果的基本情况。

[访谈1]松潘县川主寺镇关于民众从事旅游业及其相关产业的访谈摘录（访谈时间：2019年6月）

图5-1　与川主寺镇经营商家访谈

图5-2　走访商家

访谈对象：松潘县文化与旅游局L、川主寺镇W。

问：全县从事旅游业的人有多少？

L：九寨沟地震前，全县从事旅游行业总计2万3 000多人，现在1万人都不到。川主寺镇关于旅游方面的信息需要联系川主寺镇王红霞书记，她那里有川主寺镇的具体数据。受九寨沟地震影响，整个(松潘)县的旅游受到极大影响，川主寺镇好多商铺都关门了。

问：镇上老百姓怎么参与旅游业？

W：这两年数据不准确，2008年地震(九寨沟地震)过后，旅游受到很大影响，现在好多宾馆饭店都没开业。户籍人口7 000多人，外地在这儿做生意的有两三千人，老板、服务员大都是外地的。本地人有的从事旅游客运，大部分人靠土地、房屋入股参与旅游业，整个镇上大概有30%的人从事旅游业或相关产业。

巴朗村、黑斯村、传子沟村乡村旅游做得比较好，采取的模式不太一样。巴朗村引进了一家公司，公司采取入股的模式；黑斯村模式是公司跟村"两委"合作经营，老百姓可以用房子入股，整体租用村子里的房子。有一部分房子被用到了，每户每年给2万元。房子没被用到的村民，为了鼓励村民爱护村里设施，每户每年给8 000元。九寨沟地震过后，旅游业受到影响，公司减半付款。

[访谈 2]理县古尔沟镇关于民众从事旅游业及其相关产业的访谈摘录(访谈时间：2019 年 6 月)

图 5-3　采访理县文旅局

图 5-4　采访恭德岭酒店董事长

访谈对象：理县古尔沟镇副镇长 L。

问：最早是老百姓自己开发还是政府开发？

L：最开始是老百姓自己修澡堂子招待客人，最后政府修了个标准的温泉酒店，逐渐开始政府引导，这样慢慢发展起来的。

问：现在是公司化运营了？

L：现在古尔沟有以华美达为代表的理县县政府跟四川发展投资有限公司合资经营(的酒店)，集镇上其他酒店都是私人经营。

问：等于是既有公司化经营，也有当地百姓自己私人经营？

L：以政府、国企经营为龙头，带动私人经营参与进来。

问：一般老百姓怎么参与旅游，从旅游中获得收益？

L：有些民众把民房改建为酒店、宾馆用于接待，做餐饮、住宿生意来参与旅游。

问：镇上有好多人？

L：2 200 多人，城镇户口几十(20 多)人。集镇上常住人口 400 多人。工作人员户口不在这里。古尔沟村、丘地村参与旅游业程度较高，镇上估计有 40% 以上的人参与旅游(接待)。

问：外来老板经营有多少？

L：没得。这边的酒店开发大部分是本地人。这里土地很值钱，1 亩 30 万元～40 万元，拿 30 万元～40 万元喊村民流转，他不得干。而且现在古尔沟全部土地已经开发完了。现在古尔沟最大的问题是乱搭乱建，有经济利益驱动，会千方百计乱搭乱建，来获取经济利益。

[访谈 3]汶川县水磨镇关于民众参与旅游接待情况访谈摘录（访谈时间：2019 年 6 月）

访谈对象：汶川县水磨镇水墨景区管理处 Z；汶川县文旅局 W、ZS。

问：水磨镇经济收入、旅游收入、城镇户籍人口等数据是？

图 5-5 水磨镇商家

图 5-6 县级"非遗"标识

Z：总人口 13 000 多人，城镇户口的四五千人。镇上居民大部分从事休闲度假、避暑康养旅游接待。全镇大概有 3 000 人从事旅游及其相关产业。

问：旅游总收入好多？接待人次呢？

Z：2018 年旅游总收入为 5 000 万元，接待 120 万人次。

问：2017 年底水磨镇商家生意要萧条些（受茂县泥石流和九寨沟地震影响），现在恢复得不错？

ZS：确实恢复得不错，避暑的开始进去了，娃娃放暑假，全家避暑。

从上述访谈可以看出，这 3 个岷江上游地区具有代表性的旅游小城镇旅游业的关联带动效应均得到彰显，当地民众从事旅游业及其相关产业的数量都占总人口不小的比例。

通过岷江上游地区旅游小城镇数量、分布和旅游小城镇民众从事旅游业及旅游相关产业的数量，可以大概看出旅游小城镇的发展现状。

第三节 岷江上游地区旅游业和旅游小城镇发展对经济社会效益的影响

大量外来游客涌入带来旺盛和多样化的旅游消费需求，为旅游目的地群众和外地商家带来了商机。为满足游客的旅游消费需求，在市场驱动下，大量的人、财、物、信息等要素在旅游目的地实现了集聚，进而形成以旅游业为核心、以其他配套关联产业为支撑的泛旅游产业集群，通过泛旅游产业的不断升级驱动旅游小城镇的可持续发展。岷江上游地区旅游业的发展给当地带来了巨大的经济社会效益。

一、增加就业机会，助推当地产业升级

旅游业具有就业市场容量大、门槛低、包容性强、关联度大、就业方式灵活等诸多积极特征，是典型的劳动密集型行业。岷江上游地区旅游业的发展增加了该地区民众的就业机会。据统计资料显示，截至 2018 年底，理县共有各类旅游经营服务点(宾馆、餐馆、乡村酒店、藏家乐、农家乐、客栈、帐篷宾馆、商品销售) 1 038 家，旅游从业人员大约 2 万人，其中旅游直接从业人员 3 567 人；松潘县的乡村旅游就业人数占全县农村劳动力比重达 48.71%；汶川县扶持贫困户发展农家乐就达 500 户，带动周边贫困户从事旅游行业 8 000 余人[①]。

作为现代服务业，旅游兼具消费性服务业和生产性服务业的双重属性，能够通过领域的融合发展推动产业升级。岷江上游地区土地资源分割破碎，农业用地数量和质量均较低。在发展村寨旅游之前，村寨居民以种植玉米、

---

① 数据来源于笔者与文旅局的访谈。

土豆、蔬菜和养殖牛、羊为主，农牧业产出有限，村寨居民收益不足。该地区旅游业的发展、外地游客的涌入带来的多样性旅游消费需求为当地产业结构调整与泛旅游产业创新升级提供了契机。政府、民众和各市场主体纷纷利用旅游发展的平台，开展餐饮、住宿、娱乐、运输、商品销售及民族文化展演等旅游接待业务，提升本地特色产品的附加值，塑造旅游品牌形象。促进该地区农牧业初级产品和旅游业的深度融合，真正实现"旅游＋"，进而实现以自用为主的农牧业向以满足游客多样化、后现代旅游消费需求的旅游服务业转型。例如，松潘县上磨村依靠靠近九黄机场和松潘县城的区位优势，大力发展旅游住宿产业，经过近 10 年的发展，成为一座集住宿、餐饮、休闲和人文体验于一体的酒店村寨；理县甘堡藏寨依托独特的文化资源和农业出产，大力发展甜樱桃、青脆李、鲜食葡萄等特色产业，促进农旅互动、文旅互融，推动村寨第一、第三产业融合发展；汶川县水磨镇老人村利用地震灾后重建契机，从高污染、高能耗的重工业村寨转型为以旅游为主导产业的现代服务型村寨，并带动周边的坪村、连山坡村大力发展康养旅游、村寨旅游，逐步从分散经营向产业集群化发展。

二、增加当地民众收入，提升基础设施水平，改善自然环境

发展旅游业之前，岷江上游地区民众收入有限，收入来源主要有粗放式农牧业生产、森林采伐业及初级重污染工业，这些产业对自然生态、植被水土破坏极大，对岷江水污染较大。该地区旅游业的发展为岷江上游地区居民拓宽了收入途径，增加了可支配收入，主要表现在 4 个方面：一是当地民众可以直接从事旅游经营，增加收入；二是通过当地旅游项目的投资入股分红等形式增加收入；三是可以充分利用该地区自然资源、人文资源，促进其在旅游发展的价值增值；四是通过农副产品的就地消费，降低运输成本，提高市场价格，促进村寨居民增收。2008 年汶川县萝卜寨的人均收入只有 2 000 元左右，到 2017 年，该地人均收入已达 1.1 万元；黑水县甲足村 2017 年共接待游客 23 850 人次，带动 45 户入股旅游经营农户，户均增加收入 2.3 万元；茂县坪头村 90% 的农户经营羌家乐，种植青脆李、甜樱桃等特色农产品，

2017 年该村人均收入达 12 014 元①。

完善优越的基础设施是开发旅游产品、发展旅游业的前提。旅游业发展的软硬环境同等重要，包括安全便利的交通基础设施、游客人身安全保障、多样性的自然生态环境、安全稳定的社会环境和现代化的通信设施等。岷江上游地区旅游业受多种因素影响，因此，对该地区旅游基础设施的大力改善和维护相当重要。岷江上游地区特殊的地理环境和相对滞后的社会经济发展实际决定了在旅游发展过程中必须加强基础设施建设。2010 年，阿坝州政府开展精品旅游村寨建设，岷江上游地区共建设 46 个。基础设施、服务设施建设是精品旅游村寨建设的主要内容，包括生活垃圾处理，生活污水处理，改厨，建设太阳能洗浴设施，建成物质炉或在有条件的地方建沼气池，通村、通户道路建设，村庄照明设施建设，以及旅游服务标识标牌建设，等等。同期开展的特色魅力乡镇建设、幸福美丽村寨建设也多以基础设施建设为主，岷江上游地区共有 97 个乡镇、村寨达标。该地区旅游基础设施的不断完善在大大方便了该地区居民生活的同时，也增强了该地区的旅游吸引力和接待能力，为该地区旅游业的持续发展奠定了基础。

三、提高民众保护传承本民族文化的自觉性，实现旅游经济发展和民族文化保护传承双赢

尽管旅游开发的终极目的是追求经济利润，遵循经济逻辑而非文化逻辑，但在当今难以抗拒的现代化潮流中，维护和发展民族特色文化、发展旅游仍是不可忽视且可资利用的重要力量。随着旅游的发展，蕴藏在旅游小城镇所属村寨内部的民族文化被发掘和利用，客观上促进了岷江上游地区民族文化的保护与传承。

2008 年，国家成立羌族文化生态保护实验区，岷江上游地区被整体纳入保护范围。2009 年，联合国教科文组织将"羌年"纳入急需保护的非物质文化遗产名录。在国家公布的国家级非物质文化遗产名录中，该区域的羌族多声部民歌、羌族碉楼营造技艺、羌族羊皮鼓舞、卡斯达温舞及博巴森根等 14 项

---

① 数据通过笔者与村委会、乡政府的访谈获得。

名列其中，有 8 人成为国家级"非遗"项目传承人，汶川杨华珍藏羌织绣文化传播有限公司成为国家级"非遗"文化生产性保护基地。2012 年以来，在由住房和城乡建设部、文化和旅游部、财政部等部门联合发布的《中国传统村落名录》中，桃坪村、萝卜寨村、色尔古村、老人村及甘堡村等 18 个村寨入选。此外，还有多个村寨、特色文化项目入选省级、州级及县级各类保护名录。同时，当地居民在旅游发展的过程中也逐步意识到本民族文化的用处，自觉参与到民族文化的保护与传承工作之中。在以往的研究中，研究者们大部分对岷江上游地区羌文化关注度比较高，对该地区作为嘉绒藏族核心区域而长期存在的嘉绒藏族文化和回族文化有所忽视，不利于这些民族文化资源的旅游化开发利用和多样性保护和传承。

对于岷江上游地区而言，当地民众同样有追求幸福生活的权利，同样有享受现代便利生活的权利。他们对现代生活方式和幸福生活的渴望和追求，是该地区发展的持续动力之源，是该地区旅游业发展和城镇化推进的根本动力。面对该地区自然生态环境的约束、主体功能区生态环境保护政策规范以及当地优势自然人文旅游资源禀赋，选择旅游业作为主导驱动产业来推进该地区的城镇化是符合现实的选择。

发展旅游业、推进城镇化是岷江上游地区政府、民众引入现代经济、现代生活方式的重要途径。外来游客的大量涌入，为该地区民众带来了新的观念、信息和现代科技设备，促使该地区民众主动更新观念，转化民族成员的传统观念和提升民众思想观念开放程度。例如，发展旅游业以来，岷江上游地区民众意识到，必须衔接外来游客的需求，更新观念和意识。更重要的是，当地民众通过发展旅游业，从旅游经济发展中获益，提升了旅游参与的能力，接受和吸收新事物的能力得到增强。在参与旅游的过程中，当地民众经常与外地游客、外地旅游经营者接触和交往，使他们认识到本民族优秀传统文化的价值，提高了民族自信心，逐步改变传统保守的观念，提升自身技能，自觉挖掘、保护、传承本民族优秀传统文化，积极运用本民族文化资本，参与旅游活动，向游客展示本民族传统文化的魅力。例如，开办民族文化主题酒店、民族特色餐饮、民族文化展演，生产民族文化旅游工艺品，等等。

第四节　岷江上游地区旅游小城镇发展存在的问题

岷江上游地区旅游经过 30 多年的发展，取得了显著的成就，发挥了巨大的经济社会功能。但是在大众旅游时代，该地区的旅游业出现了一些问题，依靠旅游业作为城镇化驱动产业的旅游小城镇发展自然也出现了问题。本书通过查找该地区旅游业以及旅游小城镇发展存在的问题及其形成原因，期望为该地区旅游产业创新升级和旅游小城镇健康发展提供一定的帮助。

一、旅游产品层次低，同质化现象严重

经过近 40 年的发展，岷江上游地区旅游业规模虽然不断扩大，但该地区旅游产品仍处于低层次发展状态，仍然处在观光旅游阶段。对于后现代消费文化操控下的游客多样化旅游消费需求升级的趋势和特性认识和把握不足，因此，对深度体验、休闲度假、康养运动以及文化旅游等方面的旅游产品生产和供给的重视不够。目前，该地区各旅游小城镇推出的旅游产品基本相似，主要包括以"九寨沟—黄龙"这一世界级旅游目的地为核心，围绕"九环线大旅游圈"这一区域提供旅游餐饮、住宿、购物等接待服务，提供相应的旅游产品生产和供给。由于"九寨沟—黄龙"这一世界级旅游目的地的品牌遮蔽效应，这一旅游圈的其他旅游目的地知晓度、知名度不是很高。当地民众主要提供"藏家乐"、"羌家乐"、生态采摘、田园观光等旅游产品，区域内各旅游小城镇和民族村寨提供的旅游产品可复制性极强。例如，在杂谷脑河流域、213 国道沿途，旅游小城镇和民族村寨主要从事旅游餐饮、住宿及土特产品销售等经营活动，民俗文化展演风貌也大同小异，同质化现象较为严重。而且，该地区提供旅游产品的时段几乎完全一致，游客旅游选择时无所适从，往往只从价格方面考虑。这种情况下，无序竞争、低价竞争、争抢客源的现象以及服务质量降低等问题在所难免。同时，旅游产品的低层次化和同质化也使当地旅游业的延展性、深度体验性不足；该地区旅游产业业态相对传统，与其他产业协同发展状况较差，未能与民族特色产品加工业、民族文化产业、民

族特色娱乐业、生态特色农业等周边产业形成深层次互动融合进而形成泛旅游产业集群，整个区域经济社会发展关联带动作用未能得到充分发挥。

另外，该地区由于旅游产品开发利用方面的问题，夜间旅游、娱乐旅游产品开发不足，无法满足游客夜间旅游、娱乐等消费需求，夜间旅游经济还存在比较严重的问题。

二、旅游小城镇人力资本开发利用不足，旅游专业经营人才匮乏

人力资本投入、积累在经济社会发展中的重要作用已经被理论界和各行各业的实践充分证实，人力资本的重大效应对于旅游业的发展同样也不例外。从岷江上游地区旅游业发展实际来看，景观、住宿、餐饮、交通、通信等硬条件的改善相对容易且见效较快，尤其是 2008 年汶川特大地震灾后重建，外部援建力量的强势介入，极大地改善了该地区基础设施，为岷江上游地区经济社会发展提供了坚实的硬件条件。但是，不容忽视的是，管理、服务、创新等方面存在的问题难以在短时间内获得明显改善。从小城镇旅游的直接管理者来看，岷江上游地区旅游部门的负责人多从教育、文化、农业等行业转任，致力于旅游管理或经济管理的占比较少。同时，管理者的受教育程度总体偏低，有全日制专科及以上学历教育的经历者也较少。从该地区旅游从业人员来看，区域内旅游从业者接受过旅游管理或服务培训的不多，从业人员的总体素质不高，特别是专业知识技能水平偏低。从该地区当地民众来看，尽管很大一部分村寨居民并不直接从事旅游业，但他们本身既是该地区旅游资源的重要组成部分，又在一定程度上间接参与旅游活动，其文化素质、旅游意识及态度会直接影响到旅游产品质量、旅游氛围以及游客的体验感受。第六次全国人口普查数据显示，阿坝州的文盲比例高达 12.39%，尤其是中老年民众自身文化素质不高，对子女教育不太重视，必然导致当地民众接受新科学知识和新观念的能力相对较弱。人力资本形成积累较慢，限制了该地区旅游业的进一步发展。

三、生态环境承载压力大，民族文化未得到充分彰显

旅游业本身对自然生态资源、自然风光风景具有极强的依赖性，自然旅游资源在旅游业发展中的基础性作用已经得到理论和实践的广泛证实。旅游业本质上是一项以游客搬运为主要特征、以市场为导向、以追求经济效益为目的的产业，具有明显的资源依赖特性，过度或规划不当的旅游活动会加剧地方生态环境的破坏和地方特色动植物种类的消失，破坏生物多样性。岷江上游地区自然风光虽然雄奇秀美，但是该地区属于我国重度生态脆弱区域，恢复难度极大。经营者和旅游者对资源的过度利用使当地生态环境承载压力增大。一方面，由于该地区自然旅游资源产权的不明晰和旅游市场的不完全竞争性，当地自然旅游资源的使用往往出现付费极低或者无偿使用情况，该地区旅游经营者大部分是外部资本公司经营者，他们为了实现承包经营期内的利益最大化而采取掠夺性的开发利用，当地民众共享旅游收益程度不是很高，缺乏对自然旅游资源自觉保护的内在动力，造成了当地民众对该地区自然旅游资源的保护乏力，排斥了市场竞争条件下旅游资源的合理配置。例如在萝卜寨和坪头羌寨等地就出现村寨居民大拆大建情况，对原有的生态环境和人文风貌造成一定的破坏。另一方面，随着当地旅游品牌知名度逐渐提高，吸引了大量的外来游客、车辆的涌入，旅游环境容量超负荷现象严重，加之部分地区对旅游环境缺乏有效及时的保护和治理，对当地生态环境和旅游资源造成了极大的开发性破坏。此外，值得注意的是，开发旅游业是有一定的资金、资源、人力等门槛的，并非任何地方都可以开发旅游业。岷江上游地区部分小城镇出现盲目开发旅游资源而违背市场发展规律的现象，不仅对当地的小城镇旅游资源和生态环境造成破坏，同时也无法实现该地区旅游业的健康可持续发展。

该地区的羌族文化、嘉绒藏族文化、大禹文化及红色文化等多元文化是该地区特有的文化资源。在后现代消费文化操控下，在人们旅游消费需求不断升级的时代，人们对文化旅游、深度体验旅游等深层次的旅游需求日益上升，岷江上游地区丰富多元的民族文化资源应当成为该地区旅游持续发展、创新升级的动力源。但是在该地区以往30多年的旅游业发展进程中，长期以

团体观光旅游作为旅游的主要业态，主要依靠对自然旅游资源的简单开发作为核心竞争力来吸引外地游客，对民族文化旅游资源的重视不够，现在已经不能满足游客不断升级的多样化的文化旅游消费需求，也制约了该地区旅游产品的创新发展和旅游产品供给侧结构性改革，制约了该地区旅游业的可持续发展，进而制约了该地区旅游小城镇的健康持续发展。市场经济大潮的冲击，解构了优秀传统民族文化正常发展的依存环境和场域，吸引着岷江上游地区投身到收益率相对高的行业，他们对本民族文化的挖掘、整理、保护、传承以及资本化开发利用缺乏自信和动力，不利于该地区优秀民族文化的保护和传承，导致一些社会影响力大的民族文化项目无人传承，也得不到合理的开发利用。

四、旅游小城镇基础设施建设相对滞后，社会应急处置能力不足

岷江上游地区旅游小城镇建设虽然已经取得了一定的成效，但由于该地区交通基础设施仍然滞后，内外交通通达性较差，不通高铁，高速还未全线贯通，仅有国道213通行，路况较差。经常雨热同季，导致暴雨、泥石流等地质灾害发生，中断道路，阻塞交通，影响游客可进入性和内部通行安全性。同时，该地区旅游业发展对交通的依赖性较大，所以旅游经济发展具有较大风险。例如2017年茂县山体滑坡和九寨沟地震，导致当地交通中断，影响了该地区旅游经济的发展，进而严重影响了该地区旅游小城镇的发展。2019年6月，笔者去该地区调研时，作为"九寨沟—黄龙"景区重要中转站的川主寺镇，原本应该游客不断，非常繁忙，但是大多数宾馆、饭店歇业，几乎看不到游客，只有零散的几家当地人所开的宾馆、饭店开着门，但也几乎没有游客消费，一片萧条。访谈中，当地政府工作人员和商家均表示由于九寨沟地震导致九寨沟景区关闭，再加上茂县泥石流影响，交通受阻，旅游业受到很大冲击。

另外，该地区旅游基础设施比较滞后，不能满足外地游客日益升级的多样化旅游需求。旅游业的传统要素(食、住、行、游、购、娱)和其他产业的融合还不够深入，尚未形成泛旅游产业集群。更为重要的是，岷江上游地区

社会应急处置能力和应急处置体系还相对传统。从近年来该地区发生的自然和社会突发事件来看，该地区对于突发事件，不论是信息舆情应对，还是突发事件应急处置，应急处理的人员素质技能和应急处理设备都需要提升。游客对于该地区的刻板印象大都是不稳定、不安全，不利于该地区旅游品牌形象的构建和旅游业的健康发展。

综上可知，岷江上游地区旅游小城镇面临一些迫在眉睫的问题。诸如旅游产品层次较低、旅游专业经营人才匮乏、自然生态环境和自然旅游资源遭到人为破坏、民族文化旅游化程度不高、旅游基础设施滞后、突发事件应急能力和应急体系不完善等一系列影响旅游小镇可持续发展的问题亟须解决。

本章小结

本章首先通过对岷江上游地区旅游小城镇的发展历程进行述评，其次对该地区旅游小城镇的现状进行了梳理和分析，进而总结出岷江上游地区旅游小城镇发展中存在的问题，为下一章岷江上游地区旅游小城镇的案例分析研究提供了理论依据，并最终为提出推动岷江上游地区旅游小城镇高质量发展的对策及建议提供理论分析框架。

第六章　岷江上游地区旅游
小城镇案例研究

　　旅游产业发展带来旅游经济繁荣，旅游产业的综合联动效应驱动了各种资源要素在旅游目的地附近集聚，进而带来旅游小城镇的兴起和发展。因此，岷江上游地区旅游小城镇是该地区旅游经济发展的客观结果，是该地区实现就地和就近城镇化的有效途径。在旅游业发展的过程中，在旅游业驱动引领下，该地区旅游小城镇逐步产生、发展和逐渐完善起来，旅游小城镇的发展取得了长足进展，在服务旅游业发展、带动就业、推动当地民众投入旅游业发展来脱贫致富、推动该地区实现现代化变迁的进程中发挥了关键性作用和功能。

　　本章通过对该地区不同类型的旅游小城镇进行案例比较研究，对其发展现状进行评估，分析研究影响该地区旅游小城镇发展的制约因素及其产生的根本原因，以便有针对性地提出解决办法，助推岷江上游地区旅游小城镇持续发展，并为其他民族地区旅游小城镇乃至其他类型特色小城镇发展提供借鉴。

　　本研究依据旅游特色小城镇的类型代表性、资料可获取性等角度综合考虑来加以选取，最终选取了岷江上游地区汶川县水磨镇、松潘县川主寺镇和理县古尔沟镇作为田野调查案例点来进行案例研究，见表6-1。

表 6-1 2018 年水磨镇、川主寺镇、古尔沟镇旅游收入及 GDP

镇名	旅游总收入/万元	全镇 GDP/万元	占比/%
水磨镇	5 000	9 036.1	55.33
川主寺镇	3 523	10 760	32.74
古尔沟镇	18 800	22 366	84.06

资料来源:各镇年终总结报告。

选择田野调查点的依据如下:

(1)3 个旅游小城镇代表了岷江上游地区 5 个县(汶川县、茂县、理县、松潘县、黑水县)中 3 种不同类型的旅游小城镇,具有一定的典型性和代表性。汶川县水磨镇是重建转型旅游小城镇,松潘县川主寺镇是商贸服务型旅游小城镇,理县古尔沟镇是自然资源型旅游小城镇。由于黑水县路程较远,考虑到时间安排合理性、资料可得性等问题,田野调查点未选取黑水县。

(2)从表 6-1 可以看出,所选取的 3 个旅游小城镇不论是旅游收入,还是旅游收入在全镇 GDP 中的占比,都具有一定的典型性,比较符合旅游小城镇的基本特征,因此,选取其作为田野调查点具有一定的代表意义。

(3)3 个旅游小城镇均面临旅游产业创新升级、可持续发展乏力的问题,同时面临区域内地方性优秀传统文化旅游化不太显著、不能成为该地区旅游业发展持续动能的现实紧迫问题。

因此,选取这 3 个旅游小城镇作为研究田野调查点,具有一定的理论价值和现实意义。

第一节　旅游小城镇发展质量评价指标体系构建

对岷江上游地区旅游小城镇进行总体综合评价,首要前提就是构建该地区旅游小城镇发展质量评价指标体系。

一、指标体系设计的基本原则

(一) 科学性原则

岷江上游地区旅游小城镇指标体系应当能够反映该地区旅游小城镇的发展现状、影响因素及地方特色，同时能够对该地区旅游小城镇未来的发展做出科学预测，因此，构建的评价指标体系应当具有科学性。

(二) 综合性原则

岷江上游地区旅游小城镇的发展是旅游产业、生态环境、民族文化及社会治理等多种因素综合引领驱动的产物，因此是一个复合系统，系统内不同构成要素相互影响、相互制约，共同作用于旅游小城镇发展。因此，该地区旅游小城镇发展质量评价指标体系要反映出各种构成要素特征。

(三) 可行性原则

构建旅游小城镇发展质量评价指标体系主要基于定性分析和定量分析相结合的分析研究方法，因此构建该指标体系，所选择的分析指标必须既要考虑信息资料的可获得性，确保数据信息比较容易取得，同时也要考虑所获的数据信息便于进行定量分析，对其他民族地区旅游小城镇发展具有参考借鉴意义。

(四) 因地制宜性原则

岷江上游地区自然人文环境的差异性，导致旅游小城镇的功能和特征也具有明显的差异，因此，所构建的旅游小城镇发展质量评价指标体系既要考虑其综合完整性，又要综合考虑不同类型旅游小城镇的特征，尽量因地制宜地建立起一套在不同自然人文环境和社会经济条件下均有一定适用性的旅游小城镇发展质量评价指标体系。

二、评价指标因子选取

旅游小城镇发展质量评价指标体系的主要使用者和操作者是各级政府及其有关部门、科学研究人员、政府智库工作人员等。为充分发挥岷江上游地区旅游小城镇发展质量评价指标体系的评价、引导、预测功能，立足于岷江上游地区旅游小城镇发展的层次性、区域特殊性，从旅游产业、生态环境、民族文化和社会治理4个方面比较全面地反映该地区旅游小城镇发展质量的现状、问题、制约影响因素和未来可预测的发展目标，切实推进该地区旅游小城镇的进一步高质量发展(见表6-2)。

表6-2 岷江上游地区旅游小城镇发展质量评价指标体系

一级指标	二级指标	三级指标	单位
旅游产业 (X1)	旅游产业发展状况 (X11)	旅游产业规划体系状况	分
		年旅游总收入	万元
		年旅游总收入占城镇总收入(GDP)的比重(8%～15%)	%
		居民收入中旅游收入的比重	%
	旅游资源品质 (X12)	5A、4A、3A(品牌知名度)	分
		地方特色旅游产品状况	分
		地方旅游品牌及营销状况	分
	旅游供给能力 (X13)	民族特色旅游餐饮	分
		民族特色旅游购物	分
		民族特色旅游娱乐	分
		民族特色旅游住宿	分
	旅游业持续客源 (X14)	距离大城市距离	km
		外地游客对旅游小城镇满意度	分
		本地群众对旅游业支持度	分
生态环境 (X2)	旅游小城镇生态环境保护 规划政策体系(X21)	自然生态资源保护措施和方案	分
	旅游小城镇的生态 环境状况(X22)	森林覆盖率	%
		日照天数	天
		空气质量	分
	生活宜居(X23)	旅游小城镇卫生厕所普及率	分
		旅游小城镇自来水供给普及率	分
		旅游小城镇生活污水处理率	分
		旅游小城镇生活垃圾处理率	分
	运动、康养设施(X24)	旅游小城镇医疗卫生人员数	人
		运动、康养设施建设使用状况	分

续表

一级指标	二级指标	三级指标	单位
民族文化 (X3)	民族文化保护规划状况(X31)	规划体系状况具体措施可行性	分
	优秀民族文化资源(X32)	"非遗"资源数量及等级	分
		民族特色"非遗"旅游利用情况	分
	旅游小城镇民族文化特色 (X33)	民族特色文化景观的打造状况	分
		旅游产品的民族文化特征状况	分
	传承和保护状况(X34)	"非遗"传习所数量	个
		传承人状况	分
		城镇居民对民族文化的态度	分
社会治理 (X4)	社会治理政策规划状况(X41)	社会治理法规体系状况,具体方案可行性	分
	旅游收益共享状况(X42)	带动当地农民就业、提高农民收入	分
		当地居民旅游收益分配状况	分
	旅游小城镇治理 参与状况(X43)	本地居民社会综合治理参与度	%
		外地游客对旅游小城镇社会治理满意度	分
	旅游小城镇社会 治理能力(X44)	社会公共安全应急能力	分
		自然突发灾害应急能力	分
		当地居民对外来游客的接纳状况	分
		旅游综合协调能力	分

第二节　重建转型旅游小城镇案例研究

——以汶川县水磨镇为例

一、水磨镇概况

汶川县水磨镇位于汶川县南部的岷江支流寿河河畔,以境内寿河支流水磨沟而得名,是阿坝州距离成都最近的一个镇,紧邻世界文化遗产都江堰,清末民初曾称"兴仁场",新中国成立后一直称"水磨"。水磨历史上隶属灌县(都江堰市),明末曾划归汶川下水里,清康熙时编入灌县筏村,民国时水磨联保隶属灌县第四区。民国二十九年（1940年），水磨、漩口合编为清仁乡，民国三十年（1941年）又分别建置兴仁（水磨）、清正（漩口）乡，隶属灌县第五指导区。1951年属灌县新五区，1955年区治所迁漩口，1957年7月，与漩口一同划归汶川县，隶漩口区。1958年成立公社，1980年置乡，1984年建镇，1992年白石乡并入水磨镇，镇政府驻地在老人村水磨街上。该镇主体民族是羌族，地处亚热带盆周山区，气候湿润，年降雨量充足，自然资源、旅游资源丰富（汶川县地方志编纂委员会，1992），是地震灾后重建而转型发展（原为煤炭集散地和农业主导型）的5A景区；是"5·12"地震灾后阿坝州、四川省旅游重建振兴的样本。2010年，联合国环境规划署官员把水磨镇誉为"世界灾后重建的灯塔"（杨东，2011）。

二、水磨镇旅游业发展历程和现状

（一）水磨镇旅游业发展历程

1. 起步阶段

虽然汶川县旅游行业管理机构成立于1989年，但汶川县的旅游产业却起步于20世纪90年代初，刚开始主要集中力量打造三江生态旅游区、卧龙自然保护区、姜维城文化遗址、西羌第一村及萝卜寨等旅游景区，汶川县水磨镇旅游业发展仅10多年的时间。

2. 工业为主，旅游为辅阶段

在实地调研中，从当地镇政府工作人员处得知，由于水磨镇是阿坝州所属建制镇中距离成都最近的一个建制镇，有着较好的交通优势，1998年，水磨镇被列入"四川省高耗能工业经济开发区"，成为阿坝州的高耗能工业集中区，集中了硅、电石、水泥、稀土、石灰等阿坝州主要高污染、高能耗、高投入、低产出的工业企业63家，生态环境污染一度相当严重。汶川县工业收入占整个阿坝州工业收入的2/3，而水磨镇的工业又占了汶川县一半以上。综上，可以看出，2008年之前，水磨镇的主导产业是重工业，属于工业重镇。旅游业主要是在毗邻青城后山的地区零星地发展。

3. 灾后重建转型阶段

2008年汶川特大地震灾后重建，广东省佛山市对口援建水磨镇，根据"腾笼换鸟，工业外迁"的思路，水磨镇共清理迁出 62 家高污染、高耗能企业，改善生态、产业升级，规划建造了禅寿老街、寿溪湖、水磨羌城三大核心区域。在外部援建势力的强力推动下，水磨镇按照"农旅相融、整合资源、全域推进"的原则，着力发展生态农业和旅游业。

4. 融合发展阶段

经过 10 余年的发展，水磨镇成功实现了由汶川工业重镇向文化旅游强镇的转换。2010 年 4 月，水磨镇被联合国人居署评为"全球灾后重建最佳范例"，被第三届世界文化旅游论坛组委会授予"中国精品文化旅游景区"称号；2012 年 3 月，被国家住房和城乡建设部、文化和旅游部评为"国家特色景观旅游名镇"①。水磨镇的灾后重建由广东省对口援建，完全按照羌文化聚落和旅游商业形态重新打造，交通、市镇、景观、接待等基础设施健全，旅游业态以周末、节假日短期度假、购物为主。2013 年，汶川特别旅游区（由映秀镇、水磨镇、三江生态旅游区组成）升级为国家 5A 级景区，水磨镇是其重要组成部分，可谓"烟雨三江、丹青水磨、天地映秀"。2016 年 12 月，水磨镇入选《全国红色旅游景点景区名录》；2017 年 8 月，被住房和城乡建设部授予"全国特色小城镇"称号。现如今，水磨镇以农业与旅游业作为主导产业，农业、旅游业结合，着力促进休闲农业与乡村旅游融合发展，借助旅游的平台，实现生存型农业向休闲型农业转换，进而提升农业附加值。

（二）水磨镇旅游业发展现状

由前述可知，2008 年以前，水磨镇支柱产业为重工业，是典型的工业型小城镇。灾后重建时，在外部援建支持下，充分利用生态和人文旅游资源以及特色产业基础，积极发展旅游康养、运动赛事、旅居养老等服务业和地方特色生态高效农业，推动镇域经济发展动能转换，成功实现水磨镇从重工业型小城镇发展为灾后重建型旅游小城镇。从表 6-3 可见，自 2010 年灾后重建完成以来，该镇旅游收入基本上稳中有升。2018 年，全镇旅游收入 5 030 万元，全镇 GDP 为 9 036.1 万元，旅游收入占全镇 GDP 比重 55.67%；全镇旅游

---

① 汶川县人民政府官网．[EB/OL]．http：//www．wenchuan．gov．cn/wcxrmzf/c/00131/201904/58f4014b26334ec5931c98fed68all67．shtml．

从业人员 2 800 多人，镇区常住人口11 960人，旅游从业人员约占总人口比例的 23.41%①。由此可见，水磨镇实现了镇域经济驱动产业动能转换，旅游业和生态农业相融合，成为水磨镇的主导产业，水磨镇已经成为特征明显的旅游小城镇。

表 6-3　2010—2018 年汶川县水磨镇旅游业发展情况

年份	旅游收入/亿元	旅游人次/万人次
2010	0.28	256
2011	0.32	300
2012	0.33	302
2013	0.34	326
2014	0.30	140
2015	0.26	246
2016	0.35	320
2017	0.50	115
2018	0.50	130
2019（上半年）	0.85	150

资料来源：水磨镇景区管理处工作总结材料。

三、水磨镇旅游业发展存在的问题

(一) 旅游产业形态相对滞后，旅游产业与其他产业融合有待加强

水磨镇的旅游定位是运动康养旅游模式，但是笔者在调研中发现，水磨镇的避暑旅游资源不如三江，运动康养设施不是很完善，旅游接待能力有待提升。例如，在对水磨镇景区管理处 Z 处长的访谈中得知，2019 年汶川马拉松运动项目在水磨镇举行，当时镇上宾馆、饭店全部爆满，人满为患，而且没有专用的运动场地和设施，不利于运动康养旅游业态的培育和发展。水磨镇虽然一直培育休闲农业和乡村旅游，推行农旅融合，但是从对汶川县文旅局 W 处长、Z 书记的访谈中了解到，农旅融合做得还不到位，生态农产品并没有借助旅游的平台提升自身价值，扩大营销渠道。水磨的生态农产品特色

---

① 数据资料通过访谈水磨镇景区管理处 Z 处长获得。

仍然不鲜明。

(二)旅游产品相对单一，特色不明显

水磨镇区位、气候条件好，基础设施好，客源市场较大，但受成都周边古镇和阿坝州羌族地区民族村寨旅游竞争影响，面对自主化、个性化、旅游消费需求多元化的趋势，水磨镇的旅游产品仍然以自驾、散户观光度假为主要形式，缺乏体验型旅游新产品。水磨镇主要旅游业态仍然是餐饮、住宿服务业，业态特色不鲜明，对于游客们急需的研学旅游、体验旅游及户外运动旅游等旅游产品缺乏必要的了解，未能及时准确把握游客的消费心理，积极提供新型旅游产品，不能满足游客消费需求升级的趋势，不利于当地旅游产业创新升级，也不利于旅游产业的供给侧结构性改革。

(三)民族特色文化在旅游发展中未得到充分彰显

在水磨镇调研的过程中，发现当地的旅游商品与其他民族地区旅游商品区别不大，特色旅游工艺品的民族文化特征不突出，未能充分彰显民族文化的特征。同时，汶川县水磨镇作为羌文化核心区、国家级羌族文化生态保护实验区建设的重要组成部分，"非遗"资源丰富多样，应当成为当地旅游产业创新升级的动力源，成为旅游产品差异性、特殊性生产供给的创新要素来源。但是，笔者在水磨镇调研的过程中，却发现在水磨镇，以羌族民族文化和"非遗"文化展示为主要内容的旅游演艺几乎没有，羌族传统手工技艺、民族特色手工艺品保护和传承也不尽如人意，在旅游发展中并未实现旅游发展与民族文化保护传承的双赢。这充分证明了当地旅游产品没有充分体现民族文化特色，旅游发展急功近利，民族优秀传统文化在旅游发展中的打造比较粗糙，缺乏精品民族文化旅游产品，未能形成民族文化产品的特色品牌。

附：调研访谈摘录

访谈对象：汶川县水磨镇景区管理处 Z 处长。

张：水磨对民族文化展示展演有没有举措？

Z：以前跟阿坝师范学院合作，有过。但是收入不抵成本，根本维持不下去，这是个问题。民族文化产业化、商业化有待提升。

访谈对象：成都青松旅游公司总经理 R。

张：贵公司是否经常组织游客去水磨旅游？水磨镇旅游有什么问题？

R：经常组织游客去。由于距离成都比较近，有高速可直达，所以只能做周末、小长假等短期团，过境效应比较明显。缺乏民族文化展演，民族文化体现不够。

访谈对象：游客 F。

张：水磨镇旅游有什么不足？有没有生态农产品？民族文化产品感觉怎么样？

F：只能避暑度假和周末、小长假旅游，生态农产品特色不鲜明。民族文化产品打造比较粗糙，缺少地方特色精品品牌民族文化产品。

（四）旅游营销方式仍显传统，与其他各乡镇旅游产品同质化竞争严重

水磨镇旅游营销手段仍显传统，只是依托州、县的文化、旅游及宣传部门的宣传营销媒体，缺乏自媒体时代个性化的营销手段，未能借助自媒体平台、自媒体大咖、民间意见领袖及"网红"等现代营销渠道打造自身的特色旅游品牌 IP，致使水磨镇旅游产品知名度和美誉度不高。同时，水磨镇提供的旅游产品，周边其他旅游小城镇同样可以生产供给，容易形成同质化竞争，产生内耗，未能形成差异化协同发展。

（五）受地质灾害影响较大，交通状况依然滞后，抗风险能力较弱

水磨镇旅游业发展受地质灾害影响较大。如 2017 年受九寨沟地震和茂县泥石流滑坡影响，道路中断，导致该镇客源剧减。另外，该镇外部交通设施仍然滞后，都汶高速只通到映秀镇，没有高铁。成都到水磨镇，最快也要 1 个半小时。

附：调研访谈摘录

访谈地点：汶川县水磨镇景区管理处办公室。

访谈对象：汶川县水磨镇景区管理处 Z 处长。

张：这边确实比 2017 年热闹多了。

Z：旅游确实是风险较大的产业，如果一个地区对旅游过分依赖，没有实现旅游与其他特色产业融合发展，风险确实很大。

四、水磨镇旅游业发展的对策及建议

（一）创新发展旅游产业，构建泛旅游产业体系，筑牢旅游特色小城镇发展的产业基础

水磨镇的旅游客源以前主要包括九环线西段过境游客和成渝城市群及周边城市自驾游散客，现在水磨镇的旅游客源以成渝城市群和周边城市自驾游散客为主，旅游客源基本保持稳定。当前，我国旅游业体现出后现代消费文化引领驾驭下自主消费的趋势，已经体现出主题化、定制化、小众化、深度化的消费特征，主要目的是满足游客们休闲、度假、娱乐、求知、探险、个性认同和群体认同等多元化的旅游消费需求。

水磨镇必须立足当地优势特色自然资源和文化资源，充分挖掘利用当地优势资源，以乡村休闲旅游和运动康养旅游为主要发展模式，打造彰显水磨镇特色的乡村旅游和运动康养旅游品牌形象，提升当地旅游吸引力，吸引外地游客聚集，进而形成包括主题酒店、特色文化商业街区、民族特色"非遗"文化主题展演以及运动康养基础设施等旅游休闲、运动康养产品的聚集。加强基础配套设施建设，改善外部交通条件，运用现代科学技术，加强地质灾害监测预警，增强突发事件应急救援能力。围绕传统旅游"食、住、行、游、购、娱"六要素，结合该地区资源特色，创新乡村旅游、运动康养旅游产业新业态，进而衍生建构出研学、商务会议、组织团体素质拓展、户外亲子体验、民族特色产品加工业及生态农产品深加工产业等新的泛旅游产业体系。同时，加强旅游和本地其他优势生态农业、文化产业的融合，为水磨镇旅游创新发展筑牢坚实的产业基础，提供持续产业动能。以避暑度假旅游为基础，培育民族"非遗"文化体验式旅游、研学旅游及户外特种旅游等新旅游产品，提升该镇旅游品牌吸引力，为该镇旅游经济持续增长吸引可持续、忠诚度高的客源。

（二）打造特色旅游产品，与周边景区差异化协同发展，引领并满足游客消费需求

进入后现代消费时代，人们的需求层次日益多元化，水磨镇必须创新升级自身的旅游产品供给体系。后现代消费文化驾驭下的游客消费需求已经超越了物质功能，上升到社会认同、情感认同、个性化体验的心理情感功能。这种旅游消费需求是有迹可循的，是能够引领和创造出来的。例如，天地映秀、烟雨三江、丹青水磨等3个景区联合成功申报5A级景区——汶川特别旅游区，因此，3个区域差异化打造供给代表各自特色的旅游产品、协同发展是必由之路。映秀镇定位为研学旅游和爱国主义教育基地，水磨镇运动康养、乡村旅游的发展定位适合自身实际，三江是大熊猫自然保护区的重要组成部分，3个区域可以提供极具代表性的差异化旅游产品，形成"研学在映秀，游食在三江，康养在水磨"的旅游业发展格局。3个区域可以围绕各自特色定位，完善自身旅游基础设施，提供各自的特色旅游产品，形成协同发展的区域旅游共同体。如水磨镇应当立足实际，打造羌族文化主题民宿酒店、康养运动主题酒店、羌族医药康养主题酒店等度假酒店，提供能够发挥和体现自身优势的旅游产品。3个地区应当结合各自文化特色，联合打造出能够体现各自文化特色和优势的旅游民族文化展演，借助现代互动体验新技术把汶川国家级羌族文化生态保护实验区相关"非遗"文化资源和抗震救灾精神文化、灾后重建文化完整展现，提升当地旅游核心吸引力。

(三)结合自媒体时代品牌营销发展趋势，提升本地旅游的知名度、美誉度

汶川特别旅游区(映秀、水磨、三江)借着汶川特大地震吸引了全球关注，随着自助旅游时代的到来，自驾型、小众化的旅游模式逐渐成为人们旅游出行的首选。散客、小众游客的消费偏好、旅游资讯的获取渠道、对旅游产品的偏好和期望容易受到自媒体时代碎片化、多元化、模块化信息的引导，其中，网络空间意见领袖、网络红人、"网红"旅游目的地的宣传引导作用的重要性就不言而喻了。水磨镇在升级自身旅游产品体系、创新旅游新业态的同时，应发挥新媒体的技术优势和大众化的优势，发扬自身产品定位和资源优势，塑造当地旅游特色，吸引游客注意力，缔造水磨镇当地"网红"旅游经济。同时，水磨镇还必须提升自身旅游信息大数据智能化服务水平，扩充自身的自媒体平台影响力，创建符合本地实际的旅游公共服务信息平台，不断构建、维护自身旅游IP品牌形象，为本地旅游特色小城镇发展吸引持续客源。

第三节　交通枢纽和商贸服务型旅游
特色小城镇案例研究
——以松潘县川主寺镇为例

一、川主寺镇概况

松潘县川主寺镇位于松潘县县城东北 17 km，地处岷江源头松潘北段，海拔 3 400 m 的国内第三海拔高原机场——九黄机场即位于镇北约 12 km 处。镇政府位于川主寺镇巴郎村。川主寺镇是四川通往九寨沟、黄龙风景区和川西北大草原的必经之地，位于九寨沟与黄龙两大世界自然遗产之间，也是九环线和在建成兰高铁的重要枢纽，是川西北众多风景名胜区的重要交通枢纽和 4 条旅游干线的十字交汇点，被誉为"高原明珠，度假天堂"，国道 213 线、省道 301 线、县道 120 线（平松路）在此交汇。从川主寺镇向北 15 km 是红星岩，向北 87 km 是九寨沟风景名胜区，经九寨，可直达广元、西安；向西 40 km 是大草原，延至黄河九曲第一湾，可达甘肃兰州；向东 39 km 是世界自然遗产地黄龙风景名胜区，穿过雪宝鼎、丹云峡风景区后可直达绵阳；向南 17 km 处是松潘古城，延至牟尼沟风景区。民族文化以藏、汉、回多元文化为主；交通、市镇、景观、接待等基础设施比较健全。旅游业态仍然是以前往"九寨沟—黄龙"团体游客过境短期观光、餐饮、购物为主，已有部分自驾短期度假游或者自驾过境游客。

川主寺镇属高原温带气候，气候冷而干燥，冬长无夏，昼夜温差大，春秋相连，四季不分明，主导风向为西北向，干雨季分明。干季（11 月至次年 4 月）降水稀少，空气干燥，雨季（5 月至 10 月）降水集中，属寒温季风气候区。

气温年较差和日较差大，常年平均气温 4.8 ℃，最高气温 31.1 ℃，最低气温零下 23.1 ℃。从 11 月下旬至次年 2 月底，月平均气温在 0 ℃以下，3～4 月后平均气温在 6.5 ℃，5～7 月平均气温在 10 ℃以上，无绝对无霜期。日照长，光能资源丰富，日照时数多，太阳辐射强，年日照时数为 2 000 h。川主寺镇境内累年平均降雨量为 693.2 mm。降水量年较差大，雨季降水量占整年 72% 以上，冬季在来自西伯利亚的寒冷空气控制下出现降水稀少、天气晴朗、日照强烈、空气寒冷干燥、多大风的气候特点（松潘县地方志编纂委员会，2013）。川主寺镇境内目前并没有开发出具有核心吸引力的旅游产品。

二、川主寺镇旅游业发展历程与现状

（一）川主寺镇旅游业发展历程

1. 起步阶段

松潘县旅游业起步于 20 世纪 80 年代初。1982 年，国务院批准了黄龙风景名胜区列入全国第一批 44 个国家重点风景名胜区。同年，四川省政府批准建立四川松潘黄龙自然保护区。1992 年，"九寨沟—黄龙"被列入《世界自然遗产名录》，2000 年被列入世界人与生物圈保护区。川主寺镇作为"九寨沟—黄龙"这一世界级旅游目的地的必经之路、九黄机场坐落地（所在地）和重要游客集散地、旅游中憩站，主要依附"九寨沟—黄龙"这一闻名遐迩的世界级旅游目的地，服务于前往"九寨沟—黄龙"的游客。

2. 自主发展阶段

川主寺镇在定位服务前往"九寨沟—黄龙"的游客的同时，也逐渐开始选择自身的旅游发展路径。该镇 1988 年开始修建红军长征纪念碑，1990 年落成，1992 年成立了红军长征纪念碑碑园管理处。该景区是全国爱国主义教育基地和全国 100 个红色旅游经典景区之一。在对该镇 W 书记的访谈中得知，川主寺镇依托特色民族村寨和民族文化，开发民族文化演艺产品，现在主要有安多藏族生产、生活、娱乐的民族文化情景再现的民族文化风情街等。在未来旅游发展规划中，对民族文化演艺旅游产品的开发，有关于融入民族团结、红色文化的元素，打造出精品的民族文化展演产品，把川主寺镇打造成交通枢纽、商贸服务、夜经济繁荣的旅游小城镇。

（二）川主寺镇旅游业发展现状

川主寺镇依托"九寨沟—黄龙"景区，服务于前往两地的游客，是典型的集交通枢纽、景区依托、商贸服务于一体的旅游特色小城镇。2007 年被评为"四川省环境优美乡镇"；2009 年传子沟村被评为"全国民主法治示范村"；

2011 年被评为"全国文明村镇""四川省环境优美示范镇"；2014 年被评为"四川省乡村旅游示范镇"；2015 年被评为"四川省安全社区"；2016 年被评为"四川省乡村旅游特色乡镇"；2017 年入选四川省首批"省级特色小城镇"。

2018 年川主寺镇年旅游收入 3 523 万元，全镇年 GDP 10 760 万元，年旅游收入占全镇 GDP 的比例达 32.74%，旅游从业人员 1 700 多人，全镇总人口 7 964 人，旅游从业人员占全镇总人口的比例约 21.35%，旅游产业已成为该镇名副其实的主导产业。

三、川主寺镇旅游业发展过程中存在的问题

(一)旅游产业业态单一，缺乏特色鲜明的旅游产品

川主寺镇的旅游业是伴随着松潘县旅游业的发展，特别是"九寨沟—黄龙"的开发而发展起来的。商家主要从事餐饮、住宿、娱乐等传统性服务产业，服务于前往"九寨沟—黄龙"的游客，自身并没有特色的旅游产品。

松潘县文旅局的 L 股长、D 主任在访谈中也赞同川主寺镇只能作为九黄机场的游客集散地和游客过境地，服务于九寨沟(黄龙都算不上目的地，很多游客把黄龙当成九寨沟的附属景区，少有专程来黄龙旅游的)这一世界级旅游目的地，自身成为旅游目的地的可能性很小。成都青松旅游公司总经理 R 也认同川主寺镇成为旅游目的地可能性不大，只能作为"九寨沟—黄龙"的中转站和游客集散地，提供餐饮、住宿、娱乐、演艺服务，做活夜经济，接待的顾客主要是过境游客，太依赖九寨沟，而黄龙景区自身特色不明显。

众所周知，餐饮、住宿、娱乐等传统服务业业态相对单一，而且川主寺镇商家大都是外地人来本地经营此类业务，对当地特色地方性资源文化缺乏一定的了解，提供的相关服务性旅游产品特色化不明显，不能代表当地民族特色。同时，川主寺镇缺乏自己核心的旅游资源，仅有的红军长征纪念碑园景区隶属于黄龙管理局，而且并非游客们必选的景区。正在打造过程中的旅游景区尚未形成产品，不能成为当地核心特色性旅游产品。川主寺镇地处高原，海拔 2 980 m 左右，客源市场不如水磨镇和古尔沟镇；旅游季节性明显，但随着九寨沟旅游的恢复和成兰高铁的建设，其旅游发展前景可期。这些问题可以从田野访谈纪要中得到佐证。游客 W 也认为这边经营宾馆饭店的大都

是外地人。川主寺镇夜间娱乐旅游产品也较为普通，缺少知名品牌民族文化
演艺。

(二) 依附性严重，单一性风险突出

川主寺镇是"九寨沟—黄龙"这一世界级旅游目的地的必经之路、九黄机
场坐落地和重要游客集散地、旅游中憩站，主要依附"九寨沟—黄龙"景区，
服务于前往这两地的游客，依附性极强，单一性风险突出。川主寺镇和九寨
沟旅游发展联系非常紧密，如表 6-4 所示，两地旅游收入呈同样的变动趋势。

表 6-4   2016—2018 年川主寺镇、九寨沟县旅游数据

县份	川主寺镇旅游收入	九寨沟县	
	/亿元	旅游收入/亿元	旅游人次/万人次
2016	0.8	90.1	720
2017	0.5	60.7	250
2018	0.35	1.72	23.45

数据来源：依据两地历年统计年鉴及笔者访谈。

川主寺镇旅游依附性严重、单一性风险突出这一点通过田野访谈可以得
到证实。

笔者在当地调研期间，访谈该镇政府领导得知，川主寺镇 2016 年旅游收
入 8 000 多万元，2017 年下降到 5 000 多万元，2018 年下降至 3 523 万元。在
对该镇经营商家访谈时，也证实了这种说法。调研期间，同样看到多家在川
主寺镇的知名的星级酒店，几乎全部暂停营业。仅有的几家在营业的旅游商
店，也几乎不见游客。

在调研访谈过程中，镇政府工作人员和当地商家均表示，2017 年九寨沟
地震和茂县山体滑坡对川主寺镇旅游产业的冲击影响太大，使得川主寺镇的
游客量剧减，许多商家关门停业。笔者亲眼看到街上至少一半的商家关门歇
业。当地政府主要负责人也开玩笑地说，如果九寨沟再不恢复营业，川主寺
镇很多商家都要破产。(在对松潘县文化与旅游局的访谈中了解到，九寨沟地
震前，全县从事旅游行业的总计 2 万 3 000 多人；现在据统计 1 万人都不到。
受九寨沟地震影响，整个松潘县的旅游业受到极大打击。而在对川主寺镇商

家的访谈中可知川主寺镇受交通和自然灾害制约很大。)

附：调研访谈摘录

访谈地点：松潘县川主寺镇街区。

访谈对象：经营户 (由于该经营户不识字，翻译当时未在身边，所以不知其名)。

问：生意怎么样?

答：差得很，基本没啥子人。

问：为啥子?

答：九寨沟地震影响。整天空起，没得生意。这边路灯不够亮，晚上黑漆漆的，没得游客过来。

(三) 内外通达性较差

川主寺镇虽然交通区位比较重要，但是通往该地的交通方式只有前往九黄机场的航班和国道 213 线、省道 301 线和县道松 (潘) 平 (武) 公路，成都到兰州铁路仍在修建中。航班班次不多，而且运输量较小。成都到川主寺镇走国道需要 6 个多小时，而且国道沿途经常山石垮塌，内外通达性较差。在调研过程中也发现，一路上落石较多。当地政府和民众也表示，交通障碍是川主寺镇旅游转型升级的最大障碍。

访谈地点：松潘县川主寺镇镇政府办公室。

访谈对象：W 书记、X。

张：从茂县过来，发现路上交通状况不是很好，您认为整个松潘县旅游的制约因素是不是交通要素?

W 书记：我也不是松潘的，是外地的。每次过来都发现确实交通不好。

张：九寨沟地震对川主寺镇旅游影响如何?

X：还是很大。你看，好多店铺都关起门的。以前镇上的打麻将都打 50 元、20 元的，现在都打 10 元、5 元的，这就是明显反馈。

从对基层政府工作人员的访谈中，可知交通条件是制约川主寺镇旅游业发展的主要因素。

四、川主寺镇旅游业发展的对策及建议

(一)立足自身中憩站、游客集散地的服务性功能，提升旅游服务品质

川主寺镇长期以来一直作为前往"九寨沟—黄龙"这一世界级旅游目的地的游客中憩站、九黄机场的游客集散地，其旅游产业也依附"九寨沟—黄龙"，主要为前往这两地的游客提供餐饮、住宿、娱乐、购物等相关配套服务。这种定位短期内不会改变，因此，川主寺镇必须跟九寨沟景区管理局、黄龙景区管理局加强合作，实行游客信息共享，实时为游客提供优质特色服务，同时加强当地基础设施建设，提高服务品质，创新服务产品，进而提升游客满意度，扩大川主寺镇自身品牌形象。

(二)加强自然地质灾害防控体系建设，改善内部交通条件，提升游客安全感

川主寺镇内外交通受自然地质灾害影响很大，一旦交通受阻，势必影响川主寺镇的旅游业发展。因此，应当利用自然灾害监控智能化技术设备，强化当地的自然灾害预警防控体系建设，及时发布自然灾害预警防控信息，塑造本地安全形象，提升外地游客安全感，增强他们的旅游信心，进而为当地带来持续客源，推动川主寺镇旅游业发展。随着成都到兰州铁路建成通车的临近，川主寺镇旅游发展的外部通达性问题将得到解决。制约川主寺镇旅游业发展的障碍就是内部交通通达性问题，因此，应当投入巨大的人力物力，改善内部交通设施，加强交通管理，保证内部交通通达，保障游客安全便捷旅游。

(三)挖掘本地民族文化的内涵和要素，丰富民族文化旅游产品内容

"九寨沟—黄龙"是享有世界声誉的世界自然遗产，国内外游客期盼向往。但是据访谈得知，这两个地方民族"非遗"文化资源在旅游业发展过程中并未得到充分展现。川主寺镇在打造自身特有的旅游目的地的过程中，可以抓住这个市场机会，深入挖掘地区民族文化内涵，开发具有地方特色的融合九寨沟、黄龙两地民族文化特色的文化旅游产品，形成当地特有的民族文化产业，既提升川主寺镇本地的核心旅游吸引力，又与九寨沟、黄龙两个地方的自然

资源旅游产品形成差异化、互补性发展的格局，增强川主寺镇旅游核心竞争力，在一定程度上避免了当地旅游发展的依附性、单一性风险。要精准定位自身功能和价值，改善基础设施，挖掘该镇地方民族文化资源，开发出民族文化体验式旅游产品，搞活该地夜旅游经济。

第四节　自然资源依托型度假旅游
特色小城镇案例研究
——以理县古尔沟镇为例

一、古尔沟镇概况

古尔沟镇地处理县县治所在地杂谷脑镇西部，岷江支流杂谷脑河（史称沱水）的上游，西邻米亚罗镇，成都到阿坝的公路贯穿全境，距县城 30 km。该镇年平均气温 9.5 ℃，光照 1 680 h，降水量 760 mm，无霜期 162 d。古尔沟镇 2000 年以前原名沙坝乡，2000 年撤销沙坝乡建古尔沟镇，镇政府驻地设在古尔沟村石鼓磨。该镇地处米亚罗红叶风景区的中心腹地，镇境内有红叶、冰川、鱼海子、瀑布等旅游资源。古尔沟神峰温泉是目前四川省唯一集饮用、洗浴、医疗为一体的天然热矿泉，常年水温 60 ℃左右，自然日流量在 1 000 t 以上，含有 20 多种对人体有益的微量元素，具有美容、护肤、减肥、延年益寿等功能，享有"西川第一汤"和"仙山瑶池，灵水神泉"的美誉（理县地方志编纂委员会，2013）。在旅游大众化、个性化、体验化时代，康养度假等旅游业态发展潜力巨大。2014 年，古尔沟镇被列为全省 100 个特色旅游城镇之一（理县地方志编纂委员会，2013），是随着九环线建成而较早发展旅游的小城镇，主要是依托周边其他乡镇的特色旅游资源（古尔沟温泉、米亚罗红叶、桃坪羌寨、毕棚沟雪景、嘉绒甘堡藏寨等）共同发展起来的特色度假旅游小城镇，旅游业态是以温泉康养、冰雪户外旅游度假为主。

二、古尔沟镇旅游业发展历程和现状

(一) 古尔沟镇旅游业发展历程

1. 起步阶段

理县的旅游业起步于 20 世纪 90 年代初。1991 年，理县县委、县政府正式把旅游业列为全县八大主要产业之一，并随之开始组织旅游资源调查和相应规划，为理县旅游业的发展奠定了基础。2000 年，县委、县政府将旅游业列为全县第一大支柱产业。古尔沟镇的旅游业也同时起步。1987 年，经过地质矿产部、四川省地矿局、四川省卫生防疫部门分析测试，古尔沟温泉是四川省内唯一集饮用、浴用、疗养用于一体的天然、淡矿化、热硅水型医疗保健热泉，是具有垄断性、唯一性的温泉康养旅游资源。1991 年，初步开发热矿泉，将热矿泉水从木城沟内引致古尔沟口，相继建设民族式接待旅游宾馆，改进相应的接待服务设施。1994 年，理县古尔沟温泉被评为四川省省级名泉。2000 年，基本形成集休闲、度假、娱乐、疗养、保健于一体的古尔沟温泉旅游地。

2. 提质发展阶段

古尔沟镇地理位置优越，北连"九寨沟—黄龙"，南接四姑娘山、卧龙两大世界自然遗产，是串联毕棚沟景区、米亚罗滑雪场、桃坪羌寨、甘堡藏寨、卓克基官寨及达古冰山等著名景区的中憩站，同时也是通往红原俄木塘花海、若尔盖黄河九曲第一湾、阿坝大草原等四川经典旅游景区的门户。从对古尔沟镇 L 镇长的访谈中得知，古尔沟镇上投资超过 2 000 万元的温泉酒店有 3 家，投资超过 500 万元温泉酒店的有 11 家，有充足的旅游接待供给能力。

(二) 古尔沟镇旅游业发展现状

2017 年受九寨沟地震和茂县山体滑坡影响，旅游业受到很大冲击，旅游收入下降明显。2018 年，古尔沟镇全镇旅游总收入 18 800 万元，全镇总收入 (GDP) 22 366 万元，全镇旅游总收入占全镇 GDP 的比例达 84.06%；全镇旅游从业人员 420 人，全镇总人口 2 169 人，全镇旅游从业人员占全镇人口比例 19.36%。古尔沟镇充分利用温泉资源，发挥中憩站功能，吸引游客至其他景区欣赏风景，再到这个温泉小镇康养休闲，发展态势良好。该镇 2017 年旅游收入 1.34 亿元，2018 年 1.88 亿元，2019 年接近 2 亿元，从旅游业收入数据可知古尔沟镇旅游经济发展现状。古尔沟镇准确定位，坚持以康养、休闲、度假为主的温泉旅游模式，与其他景区协同发展，基本形成了毕棚沟赏景—米亚罗体验—桃坪羌寨、甘堡藏寨研学—古尔沟康养度假的差异化发展格局，是典型的自然资源型、温泉康养型旅游特色小城镇。

三、古尔沟镇旅游业发展中存在的问题

(一) 旅游产品单一度很高，淡旺季分明，易受地质灾害影响

理县古尔沟镇虽然拥有独占性、垄断性的温泉康养旅游资源，但是旅游产品仅以泡温泉康养为主，旅游产业与其他关联产业融合不到位，游客不能在古尔沟同时体验多样化的旅游产品，不利于古尔沟镇旅游品牌的打造。同时，古尔沟镇旅游淡旺季很明显。笔者在当地调研过程中，从对古尔沟镇镇政府工作人员和商家的访谈中得知：每年旺季主要是当年 8 月到来年 2 月，其他时间是淡季。

与岷江上游地区其他各县一样，理县旅游发展同样受到地质灾害影响较大，如表 6-5 所示，在 2008 年、2017 年，受汶川特大地震和茂县泥石流滑坡地质灾害影响，旅游收入和旅游人次均有明显下降。

表 6-5 理县关键年份旅游数据

年份	旅游收入/亿元	旅游人次/万人次
2007	1.16	15.94
2008	0.67	8.53
2009	1.09	16.51
2010	2.61	37.1
2011	6.77	85.07
2016	32.3	472
2017	23.2	343.17
2018	32.55	480.93
2019	42	580.94

数据来源：根据理县历年国民经济和社会发展统计公报汇总。

理县古尔沟镇虽然旅游发展较早，拥有温泉、红叶和羌寨等特色旅游资源，但与理县其他景区同样，地质灾害和季节影响明显。

附：调研访谈摘录

访谈地点：理县古尔沟镇镇政府办公室。

访谈对象：古尔沟镇 L 镇长。

张：古尔沟旅游受不受季节影响？

L：还是有一点。每年从 3 月份，一直到 7 月份(是淡季)。7 月份，学生高考完，游客慢慢多起来，10 月、11 月、12 月、1 月是高峰期。4 个月(高峰期)就把 1 年的钱挣完了。

通过基层政府工作人员的访谈纪要可以看出该镇旅游业发展中存在的问题。

(二)民族文化旅游产品生产供给能力不足

古尔沟镇的旅游商品同质化严重，未能充分体现当地民族文化特色。整个理县也缺少能够体现民族文化特色的旅游展演人才团队，因此，古尔沟镇也同样缺少相应的旅游产品，导致民族文化旅游产品供给能力显得薄弱。

在访谈中得知，该地有知名度的民族文化展示演艺几乎没有，嘉绒藏族文化挖掘整理传播彰显不够。

附：调研访谈摘录

访谈地点：理县古尔沟镇恭德岭温泉度假酒店会客厅。

访谈对象：恭德岭酒店董事长 B。

张：古尔沟最大的特色是啥子？

B：温泉。

张：高速通了，古尔沟游客会不会增加？自然灾害会不会发生？

B：旅游最大的障碍就是交通。这边自然灾害就是小灾害。理县以上植被较好，大的自然灾害不会发生。

张：你觉得古尔沟镇民族文化展现怎样？

B：民族文化展现不够，有文化资源，挖掘展现不够，形不成特色。

R女士也认为古尔沟镇这边旅游产品比较单一，只是温泉康养度假，晚上的文化娱乐活动几乎没有。

通过访谈可知，该地区旅游产品仍然仅限于温泉，外来游客精神文化层面消费需求不能得到满足，特色民族文化产品也不能充分彰显，民族特色传统并未成为该地区旅游产品创新升级的资源而得到开发利用。

(三) 当地民众资本性参与程度不高

由于旅游行业是高层次高质量消费产业，游客对旅游需求不断升级，进入门槛比较高，参与旅游所需要的资金投入、经营能力及相关技能比较高，因此，古尔沟镇当地投资经营温泉酒店、参与旅游产业的都是乡村能人、乡村精英。

在访谈镇政府工作人员时得知，古尔沟镇广大普通民众只能低度参与当地的旅游开发，只有劳务、餐饮等服务型参与，民众资本性参与程度不高。通过访谈了解到，当地最大的温泉酒店是县政府跟公司合作开发经营的，属于资本密集型酒店，竞争实力强劲，高层次消费客源充足稳定。当地民众自己开发的民宿酒店只能接待消费层次不高的游客，收益不高。大资本财团参与当地温泉酒店开发，当地村委会、民众和乡政府并未从中获益。

附：调研访谈摘录

访谈地点：理县古尔沟镇政府办公室。

访谈对象：古尔沟镇L镇长。

张：能够开温泉酒店的都是乡村能人、乡村精英，不是谁都开得起的。

L：是的。镇上投资超过2 000万元的有3家，投资超过500万元的有11家。

张：一般老百姓怎么参与旅游业，从旅游业中获得收益？

L：部分民众把自己民房改建为酒店、宾馆用作接待，做餐饮、住宿生意来参与旅游业。

从上述访谈中可以看出，当地民众旅游业资本性参与度较低，有一定情绪，这种状况不利于该地区温泉康养旅游业的可持续发展。

四、古尔沟镇旅游业发展的对策及建议

(一) 精准定位，差异化发展，坚持构建以温泉康养为主的特色旅游品牌

古尔沟镇拥有四川省具有唯一性、垄断性的温泉康养旅游资源，把温泉康养作为本地旅游产业核心吸引力的旅游业发展战略定位精准，切合实情。古尔沟镇应当和毕棚沟景区、米亚罗景区、桃坪羌寨景区甚至卓克基官寨、达古冰山景区合作，协调发展，共同打造区域旅游发展共同体。在此基础上，逐步形成特色鲜明、差异化凸显的旅游产品供给格局，实现区域旅游产业、产品共建、共享的旅游业发展结构。此外，立足当地中药材资源丰富多样的资源优势，可以与成都中医药大学等高校进行项目合作，共同开发、升级本地温泉康养旅游产品的种类，实现温泉康养、中药康养、保养康养项目协同共进，从而带动当地康养旅游产业与生态农业、中药材产业相融合，持续为当地康养旅游业的发展提供产业动能。

(二) 丰富当地民族文化旅游产品，提升该地体验旅游质量

古尔沟镇作为"藏羌彝民族走廊"的腹心地带和重要节点，藏、羌、汉各民族在这里互通有无，友好往来。在共同的生产生活中，多元民族文化在这里交汇交融、完美融合，体现了文化的多样性和互补性。挖掘当地各民族服饰、民居、民族歌舞等传统特色优秀民族文化资源和元素，开发具有研学、体验、教育意义的民族文化旅游产品，增强体验性，提升游客的愉悦度和体验质量，助推游客在体验、享受温泉康养旅游产品的同时，欣赏有差异性的民族文化旅游产品，有助于古尔沟镇旅游产品体系的完善和旅游产业新业态的创新升级。加强民族传统文化旅游化开发，实现创新性发展和创造性转化，给温泉度假的游客提供民族文化个性化体验性旅游娱乐产品，丰富他们的夜间娱乐生活，提升游客们旅游个性化体验的质量和对该地的旅游忠诚度。

(三) 鼓励引领民众资本化参与，强化本地民众相关培训，提升其参与技能

在古尔沟镇旅游业发展中，当地民众参与程度较低，有两方面原因。一

是温泉康养旅游业是资本密集型产业，进入门槛高，相应的资金投入很大，对经营能力、相关技能要求较高，普通民众暂时缺乏资本参与的能力；二是当地政府规范化管理当地温泉康养旅游市场，不允许当地民众私自引流温泉。再加上一些资本雄厚的乡村精英、大型投资集团能够提供从温泉康养设施到相关配套产品等几乎所有的旅游产品，当地民众几乎没有参与机会，只能经营餐饮、销售低端康养配套产品。因此，应当根据国家土地"三权分置"、农村土地资本盘活等相关鼓励政策，积极引导当地民众以土地资本、房屋资本入股的方式，保持产权稳定地深度参与当地温泉康养旅游产业，共享康养旅游发展收益，保障当地旅游产业持续和谐地发展，进而能够推进当地旅游特色小城镇的发展。

第五节　3 种旅游小城镇发展影响因子比较研究

一、3 种类型旅游小城镇异同比较

(一) 共同之处

3 个案例点旅游小城镇反映的共性可以说代表了岷江上游地区旅游小城镇的共通性，如地理区位相近，均在九环线上；均受"九寨沟—黄龙"旅游目的地的影响(旅游遮蔽效应明显，受益于"九寨沟—黄龙"这一世界级旅游目的地，同时有些方面受制于这一世界级旅游目的地)；民族文化资源相近，均有藏、羌民族文化资源；旅游业态和类型均有短期度假、民族文化观光体验与餐饮购物等；风险相似，夏季暴雨季节均容易受到洪水、泥石流以及其他地质灾害影响，因此，旅游突发危机处置体系、处置能力、安全救助和防灾减灾是三镇乃至整个阿坝州旅游业可持续发展要面临的重大课题。

(二)差异之处

表 6-6　3 个旅游小城镇差异对比

名称	地理区位差异 (海拔，区位)	旅游资源	旅游业态	优势	劣势
水磨镇	汶川县南部岷江支流寿溪河畔；海拔 920 m(是阿坝州距离成都最近的一个镇)；有都汶高速贯通	黄龙寺、赵公山、毗邻青城山—都江堰；藏、羌、汉等民族互嵌共处，以羌族文化景观和资源为主	旅游业态以周末和节假日短期度假、避暑康养、生态颐养度假、购物为主	区位、气候条件好，基础设施好，距离成都较近，交通便利，客源市场大	地质灾害影响较大，受成都周边古镇和阿坝羌寨旅游竞争，文化资源旅游化打造粗糙
川主寺镇	九寨沟、黄龙、大草原交汇处；海拔 2 980 m；多条公路交汇于此地；距成都 300 余 km	红军长征纪念总碑碑园；藏、回族互嵌共处；以藏族文化为主	旅游业态以前往"九寨沟—黄龙"景区的团队过境游客的短期观光、餐饮、购物为主，已有部分自驾短期度假游	多年来，服务于"九寨沟—黄龙"这一世界级旅游目的地，旅游基础设施比较完善	旅游季节性明显，近年受九寨沟地震（2017年)影响也较大，客源急剧减少
古尔沟镇	毕棚沟、米亚罗、桃坪羌寨、甘堡藏寨、卓克基官寨、大古冰山等景区的中憩站；海拔 2 400 m；距离成都 250 km，汶马高速贯通	温泉资源、红叶、桃坪羌寨、毕棚沟雪景、嘉绒藏寨、嘉绒藏族文化	假日度假康养，个性化小众团体自驾观光游	拥有温泉、红叶和羌寨等特色旅游资源，温泉是其垄断性资源	受地质灾害和季节影响明显

资料来源：各县(汶川县、理县、松潘县)县志。

从表 6-6 可明显看出，所选择案例点的旅游小城镇地理区位、所拥有的自然人文旅游资源的差异性，决定了 3 个旅游小城镇旅游业态的差异化。同时决定了 3 个旅游小城镇未来可持续发展选择路径的差异性。

二、基于主成分分析法的 3 个旅游小城镇比较研究

本书在岷江上游地区 3 种类型田野调查案例点发放问卷 200 份，回收 180 份，其中有效问卷共计 136 份，分别是松潘县川主寺镇 40 份，理县古尔沟镇 29 份，汶川县水磨镇 67 份。调查问卷的访谈对象包括本地居民、政府工作人

员、外来经营户、游客。通过对回收的有效问卷的统计整理，计算其指标特征值。见表6-7和表6-8。

表6-7　3个旅游小城镇发展影响因子一级指标特征值

4个维度	LX 古尔沟镇	SPX 川主寺镇	WCX 水磨镇
average_LYCY（旅游产业）	0.031 514	0.223 405	0.033 781
average_STHJ（生态环境）	0.007 833	0.073 336	0.085 952
average_MZWH（民族文化）	0.009 077	0.020 492	0.000 000
average_SHZL（社会治理）	0.000 000	0.029 827	0.000 000

表6-8　3个旅游小城镇发展影响因子三级指标特征值

指标因子	LX 古尔沟镇	SPX 川主寺镇	WCX 水磨镇
地方特色旅游产品	1.279 760 191	2.895 145 83	（1.226 208 443 111 594 3+0j）
地方旅游品牌及营销状况	0.436 606 952	0.907 803 658	（0.852 033 553 244 678 8+0j）
旅游餐饮	0.205 724 59	0.549 174 352	（0.619 431 436 257 561 7+0j）
旅游住宿	0.141 305 761	0.458 494 77	（0.190 238 679 896 014 65+0j）
旅游购物	0.122 869 287	0.356 846 5	（0.035 311 614 046 256 5+0j）
旅游娱乐	0.087 745 958	0.294 291 038	（0.016 454 947 623 111 45+0j）
旅游人才状况	0.013 115 01	0.211 550 261	（0.021 877 182 899 025 52+0j）
旅游产业带动能力	0.038 064 537	0.186 187 093	（−2.109 865 229 602 494e−16+0j）
外地游客对本地旅游的满意度	0.052 261 887	0.167 501 173	（−2.075 233 259 497 565 2e−17+0j）
本地居民对旅游业的支持度	0.065 895 581	0.130 782 214	（2.924 567 018 030 155 3e−17+ 1.352 310 687 107 274e−17j）
空气质量	−3.61E−18	0.089 754 135	（2.924 567 018 030 155 3e−17− 1.352 310 687 107 274e−17j）
非遗资源转化为旅游产品	9.99E−19	0.069 293 665	0j
民族特色文化景观的打造	0	0.060 321 999	0j
旅游产品的民族文化特征状况	0	0.056 929 779	0j

续表

指标因子	LX 古尔沟镇	SPX 川主寺镇	WCX 水磨镇
城镇居民对民族文化的态度	0	0.046 455 609	0j
带动当地农民就业、提高农民收入方面	0	0.040 507 675	0j
本地民众社会治理参与状况	0	0.006 613 644	0j
外地游客对本城镇社会治理满意度	0	0.011 947 092	0j
社会公共安全应急能力	0	0.018 863 952	0j
自然突发灾害应急能力	0	0.015 894 534	0j
当地居民对外来游客的接纳状况	0	0	0j

资料来源:笔者通过对调研访谈问卷影响因子赋分数据统计整理后,使用 Python 里面的科学计算包 Scipy 和 Numpy 算出来的。

在多元线性回归的过程中,倘若遇到多重共线性问题,可以借助逐步回归来遴选解释变量,而当逐步回归不能解决该问题时,就要以有偏估计为代价,提高模型参数的稳定性,降低共线性的消极影响,解决方案之一即采用主成分分析(Principal Component Analysis,即 PCA)。主成分分析能够实现非线性空间的降维,并不损失太多信息,从而更利于揭示原始变量之间的内在关系。因此本书采用主成分分析法对 3 种类型旅游小城镇的发展状况和影响因子进行了综合评价。对调研访谈问卷影响因子赋分数据统计整理后,使用 Python 里面的科学计算包 Scipy 和 Numpy 计算了它们的特征值和特征向量。各主成分得分和综合得分计算公式为:

$$A_i = \boldsymbol{M}_i\boldsymbol{X} = m_{1i}x_1 + m_{2i}x_2 + \cdots + m_{ni}x_n, \tag{1}$$

$$A = W_1A_1 + W_2A_2 + \cdots + W_iA_i, \tag{2}$$

其中,A 为综合得分;A_i 为第 i 个主成分得分;W_i 为第 i 个主成分权重,即各主成分因子的贡献率;$\boldsymbol{M}_i$ 为第 i 个主成分的得分系数矩阵;m_{1i},m_{2i},$\cdots$,

m_{ni} 为第 i 个主成分的得分系数；X 为标准差标准化的原始数据矩阵；x_n 为标准差标准化后的原始数据。

表6-9　基于主成分分析的3种类型旅游小城镇发展状况综合得分和排序

指标	古尔沟镇	川主寺镇	水磨镇
F1	1.279 8	2.895 1	1.226 2
F2	0.436 6	0.907 8	0.852
F3	0.205 7	0.549 2	0.619 4
F4	0.141 3	0.458 5	0.190 2
F5	0.122 9	0.356 8	0.035 3
F6	0.087 7	0.294 3	0.016 5
综合得分	0.379	0.910 3	0.489 9
排名	3	1	2

资料来源：根据访谈问卷数据计算所得。

基于前述研究方法构造主成分分析模型，对主成分进行提取分析。通常选取特征值大于1，同时参考累计贡献率大于85%的主成分纳入选取标准。基于模型运行结果，本书选取前6个作为主成分因子，即 F1（地方特色旅游产品）、F2（地方旅游品牌及营销状况）、F3（旅游餐饮）、F4（旅游住宿）、F5（旅游购物）、F6（旅游娱乐）。累计贡献率93.919%，其中，3种类型旅游小城镇的主成分贡献率分别为56.436 4%、28.0781%、12.605 3%。通过构造主成分得分系数矩阵而计算各组成的得分与综合得分，并将综合得分进行排序，结果如表6-9所示。可见，松潘县川主寺镇排名在首位，表明该镇依附于"九寨沟—黄龙"这一世界级旅游目的地，服务前往"九寨沟—黄龙"的游客，旅游业发展较早，发展状况位于区域内3个旅游小城镇之首；理县古尔沟镇排名靠后，表明这一旅游小城镇由于旅游业态单一，旅游产品长期依赖温泉这一自然垄断型资源，受惠于此，对这一资源有了路径依赖，发展状况在区域内处于弱势地位；汶川县水磨镇由于重建转型，旅游业态比较滞后，度假避暑旅游尚在培育中，比较脆弱。

从指标体系中的三级指标项目可知，F1～F6，这些指标项目均是一级指标旅游产业所包含的。通过提取筛选，发现旅游产业对 3 个旅游特色小城镇的贡献是比较大的。松潘县川主寺镇开始发展旅游业就是依附于为前往"九寨沟—黄龙"这一世界级旅游目的地的游客提供餐饮、住宿、购物、娱乐等相关性服务，因此，在 2017 年九寨沟地震和茂县泥石流滑坡之前，松潘县川主寺镇旅游业发展受益于"九寨沟—黄龙"旅游经济的发展，一直处于良好的发展状态。在 2017 年九寨沟地震和茂县泥石流发生以后，"九寨沟—黄龙"景区暂时停业修复，川主寺镇旅游业受到很大冲击，镇上店铺要么关门歇业，要么门可罗雀。可见，川主寺镇旅游业虽然受益于"九寨沟—黄龙"这个世界级旅游目的地，但是依附性、单一性风险突出。汶川县水磨镇旅游业起步于 2008 年，发展较晚，以前客源主要是九环线西段过境游客和少量成渝城市群及周边城市自驾游散客。笔者在 2017 年 11 月的调研中看到水磨镇上的商家同样生意萧条，通过访谈镇上商家得知其原因主要是受九寨沟地震和茂县泥石流的影响。2019 年 6 月再次去调研，发现镇上商家生意都不错。通过访谈镇上商家和镇景区管理处工作人员得知，水磨镇已经重新定位自身旅游发展战略，转向服务于成渝城市群及周边城市自驾游散客休闲、避暑、度假旅游。理县古尔沟镇发展旅游业主要采取温泉康养旅游模式，旅游餐饮、住宿、购物、娱乐等配套性服务一直不是当地的主要旅游产品，因此，只有唯一性、垄断性的温泉资源对该镇旅游发展影响较大。

通过对岷江上游地区具有代表性和典型性的 3 种类型旅游小城镇案例的研究和比较分析可知，岷江上游地区旅游小城镇虽然发展成效显著，但是都存在一定的问题，一些影响着该地区旅游小城镇可持续发展的因素都不同程度地在对 3 个旅游小城镇的研究中得到体现。

从上述可知，3 种类型田野调查点的旅游小城镇虽然发展各有差异，存在的问题各有不同，但是由于都属于岷江上游地区，面临的问题仍然具有一定的共性。如，都属于"大九寨旅游圈"范围，旅游遮蔽效应明显；自然灾害、公共突发事件、交通状况都在一定程度上制约着 3 个旅游小城镇的健康持续发展；旅游业态仍然传统；等等。因此，针对 3 个旅游小城镇，乃至该地区其他类型的旅游小城镇，在发展过程中，有必要建立起互通共享的旅游合作机制，以主要公路为轴线，联合各旅游小城镇主要旅游资源，形成各具特色、差异化发展格局，推动实现旅游品牌共同策划营销、旅游信息共享、旅游客源共享；缓解游客扎堆、时空供需错位等结构性矛盾；面对自然灾害、突发事件，有必要应急处置体系联动，应急处置资源区域协调共享，构建区域旅游发展共同体，最终达到区域旅游合作发展。

综上，岷江上游地区旅游小城镇发展的过程中，各旅游小城镇所面临的问题及其影响因素具有一定的共性。因此有必要对影响该地区旅游小城镇可持续发展的影响因素和深层次成因进行分析，以便有针对性地提出对策及建议。

本章小结

本章通过对 3 种类型田野调查点的旅游特色小城镇的资源禀赋、地理区位、发展历程和现状及面临的问题进行定性分析、定量研究，分析了 3 个类型旅游小城镇的异同之处、发展特点及各自面临的具体问题，并针对 3 种类型旅游小城镇可持续发展面临的问题提出了相应的对策及建议。提出了岷江上游地区旅游小城镇发展质量评价指标体系，并运用主成分分析法进行了比较案例研究，揭示了影响该地区旅游小城镇可持续发展的共性问题。

第七章　岷江上游地区旅游小城镇发展思路与对策建议

第一节　岷江上游地区旅游小城镇发展思路

一、岷江上游地区旅游小城镇产品与大城市群产品的关系

随着我国城镇化进程的不断推进，城镇化水平有了显著提高，城镇化率逐年上升，城市公共基础设施建设日益改善，城市公共服务供给水平和能力有了一定的提升，民众享有一定的获得感、幸福感。但是，不可否认，大城市也出现了一些问题，例如交通拥堵、教育医疗资源短缺、环境污染、程式化生活节奏导致人们群体性焦虑、大城市居民心理压力大、处于亚健康状态的大城市民众比例增加等。总体上看，我国现代工业品生产能力增强，生态产品供给能力削弱。伴随着人们收入水平的改善和生活水平的提高，对清新空气、清洁水源、宜人气候等生态产品的需求，对寻求精神栖息的休闲康养、纾解压力的旅游消费需求日益增强。

岷江上游地区旅游小城镇能够持续发展的重要原因就在于该地区能够生产并提供特色的产品，发挥特殊的功能，并依托成渝城市群庞大的人口体量，与大城市群提供的产品和功能之间形成常态化的互补互通。换言之，该地区能够提供的特殊的产品和功能恰好是大城市民众所需要的；与之相对应，大城市孕育的强势多元思想、发达的科技设备、先进的观念意识、便利的公共

服务产品以及后现代消费文化浸染的体量巨大的消费群体等是该地区发展急需的，两者的产品和功能可以互补，进而在相互促进中实现持续动态优化。

（一）岷江上游地区旅游小城镇产品

人民向往、追求幸福生活的进程永不停止，对人们追求幸福生活的各种需求的满足是经济社会发展的根本动力源。岷江上游地区民众向往和追求现代幸福生活是该地区经济社会发展的精神心理动力，也是根本动力源。成渝城市群，乃至全国各大城市群的民众对幸福生活的向往和追求是岷江上游地区培育特色产业、民众幸福富裕、乡村振兴和旅游小城镇发展的直接动力。

为满足人们由生存到发展的各种幸福诉求，提高人们的生活质量和幸福感，就形成了幸福产业。幸福产业主要包括旅游、文化、体育、健康、养老、教育培训等领域。旅游业在幸福产业中的位置和重要性都首屈一指。对于岷江上游地区而言，幸福产业已成为推动该地区经济可持续发展、社会转型、地区竞争力提升、增进民生福祉的主要路径。该地区的幸福产业主要有旅游产业、康养产业、养老产业等。当地旅游业通过与其他产业的逐渐融合，例如"文化＋旅游""健康＋旅游""康养＋养老""旅游＋教育""研学"等多种方式，其涵盖范围几乎可以囊括所有幸福产业领域。

岷江上游地区主要提供生态产品，包括特色生态农牧产品、康养温泉产品、度假休闲产品、地方性特色传统手工艺品、民族文化产品、清洁空气水源、多样化动植物科研教育产品、户外运动产品及民族地区差异性文化体验等。该地区旅游小城镇主要是该地区广阔乡村腹地和大城市群之间的中间重要连接点，其主要功能是为满足大城市群居民的精神栖息、休闲度假、舒畅康养、运动健康等综合性幸福生活需求提供相应的合适场域。

（二）岷江上游地区旅游小城镇产品与大城市群产品的关系

岷江上游地区旅游小城镇连接该地区广大乡村腹地和大城市群，以优质特色的自然旅游资源为基础，生产提供涵盖幸福产业的高质量旅游产品，其依托成渝城市群，辐射西南地区乃至全国各大城市群，能够满足大城市群民众对食品安全、绿色生态农产品、亲子教育、差异性特色民族文化及特色小众民族手工业品等方面的需求。与大城市群生产和提供的产品在产品和功能上形成常态化互补。该地区旅游小城镇与成渝城市群通过产品双向互补，呈现各自持续优化升级态势，推动了该地区旅游产品创新升级和旅游业产业结构的发展，同时推动该地区经济社会发展和旅游小城镇持续发展。两者互补关系如图7-1所示。

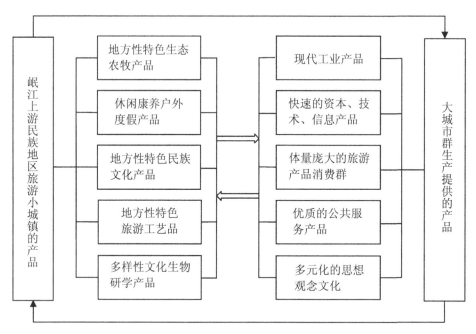

图7-1 岷江上游地区旅游小城镇与大城市群产品互补关系

我国新型城镇化发展的主流是以大城市为核心的城市群，城市群是人口和工业产业最集中的空间载体，集聚了绝大多数人口和产业。特色小城镇是我国城镇化体系的重要组成部分，是以大城市为核心的城市群的必要补充。乡村振兴战略根本目的是构建起"三生"融合、与城市群形成互补、产品和功能特色鲜明的乡村体系。特色小城镇连接城市群和广阔乡村，应当助推城市群与乡村产品实现互补。

大城市群人口产业集聚，民众生活工作方式具有现代性特征。在后现代消费文化的影响下，大城市群民众的思想和行为已经具有后现代特征，如彰显个性、去中心化、渴求认同等，在生活工作方式和消费行为中产生了一种张力，导致他们渴求回归田园，亲近大自然；渴求通过一定场域彰显个性来暂时性逃避现实。另外，随着城市群人口体量的增加，城市各种资源紧缺日益明显，城市病趋向严重。大城市民众生产方式固定，身心压力极大，对于生态产品、身心康养、差异性文化、精神愉悦等产品的需求增加。岷江上游地区旅游小城镇依托优势的自然、人文资源，邻近成渝城市群的区位优势，可生产、提供成渝城市群民众急需的生态农牧产品、特色民族文化产品、民族传统手工艺品、康养度假产品、回归自然舒畅身心产品、研学亲子教育产品和个性体验产品，可以满足城市群民众身心休闲、团队认同、个性体验、求新求异等需求。

大城市群资本、人才等市场要素聚集程度高，带来大量的发展机会，吸引了各地民众聚集，各种观念碰撞交流，形成多元思想观念；大城市基础设施完备，公共服务完善，能够提供便捷的公共服务；驱动大城市群发展的主要动力是工业化，能够生产现代工业品；大城市群民众的休闲娱乐需求形成了庞大的消费群体。

在后现代消费文化背景下，民众追求个性体验、实现团队认同的需求日益旺盛。岷江上游地区旅游小城镇通过创新旅游产品，增强旅游吸引力，引导游客旅游消费倾向，吸引他们前去消费旅游产品，带去多元思想观念和文化。当地民众参与旅游，与游客交流，接受各种文化和观念，开阔视野。为方便游客旅游消费，当地民众迅速接受使用现代工业产品，提升了旅游服务品质。政府和市场经营主体为满足游客的旅游需求，应改善旅游基础设施，提升公共服务能力。通过游客消费，给当地带去了信息、资本，把当地的优势资源、特色产品信息带到大城市，助推当地优势资源与大城市资本、信息衔接，实现当地资源资本化、产业化，进而推动该地区旅游小城镇发展。通过参与旅游，当地民众意识到民族文化的价值，自觉挖掘、整理、保护、传承本民族优秀的传统文化，实现本民族文化资源的资本化，同时增强了旅游产品的特色和吸引力。当地农牧业产品也借助旅游发展平台实现了深加工，延伸了产业链，提升了价值。

水磨镇的发展历程可佐证旅游小城镇与大城市群民众的产品互补。在水磨镇田野调查中，据当地景区管理处工作人员介绍，水磨镇以前是工业城镇，集聚了阿坝州大部分工业企业，污染比较严重。在地震灾后重建中，该镇依托当地优越的自然文化资源，利用毗邻都江堰—青城山区位优势，针对成渝城市群民众对生态产品、精神文化产品、缓解身心压力、暂时性逃避现实、回归大自然的旺盛需求，为大城市民众提供周末度假、康养避暑、地方性特色生态农产品等旅游产品；同时，该地在发展旅游的过程中，吸引到优势资本、信息、技术，改造该地区农业生产结构、投资资本密集型康养度假酒店，提升了该地传统农产品的价值，改善了旅游接待服务设施，取得了良好的效益。在汶马高速、成兰高铁开通，旅游铁路完工后，该地区位优势更明显，未来旅游发展可期。

从上述可知旅游小城镇产品如何与大城市群实现产品互补，为岷江上游地区旅游小城镇旅游产品的提质扩容提供可资借鉴的思路。

综上，通过游客旅游消费，岷江上游地区旅游小城镇与大城市群实现产品互补。大城市的现代工业品、思想观念、公共服务、资本信息等产品实现了扩张；岷江上游地区旅游小城镇的优势资源得到开发，民族文化价值彰显，地方特色农牧产品价值提升，基础设施改善，公共服务能力提升，旅游产品吸引力增强，进而提升了旅游小城镇的发展质量。

二、岷江上游地区旅游小城镇总体发展思路

岷江上游地区旅游小城镇能够不断发展的根本动力源就是构建起该地区广大乡村腹地与大城市群产品和功能互补互通的桥梁和纽带，通过衔接两者信息、技术、物流、观念的互补，增强其生态产品、地方特色产品及休闲度假产品的生产、供给能力，充分发挥其乡村地区产品、要素集聚地和大城市群产品衔接互补功能，推动二者通过产品和功能的互补，实现旅游小城镇和乡村地区统筹协调、可持续发展。

从具体思路来讲，就是针对旅游消费需求升级趋势，依托后现代消费文化影响日益渗透的市场环境，立足该地区优质自然人文和民族文化资源禀赋，创新发展旅游产品，完善、提升个性化、深度精神体验性旅游产品的生产和供给能力，丰富旅游产品生产供给体系，为大城市群民众提供急需的生态旅游产品、地方性特色农牧业产品以及优质特色的民族文化产品等。运用各种平台和途径，促使这些产品能够与大城市群产品实现互补互通。

旅游小城镇从业态来讲，以旅游服务业、休闲产业为主导；以实现休闲

聚集为核心，涵盖"食、住、行、游、购、娱；商、养、学、文、体、农"等十二大主要旅游要素，拥有完善的城镇公共服务基础设施，其城镇风貌及建筑景观应该体现该地区地方性特色的文化主题。因此，从以上分析可以知道，对于岷江上游地区而言，主要应从 4 个维度进行分析：旅游产业的与时俱进、适时创新是该地区旅游小城镇持续发展的根本基础；自然生态环境是该地区旅游小城镇持续发展的基本保障；民族文化是该地区旅游产品供给转型升级和旅游小城镇持续发展的特质和内涵基础；社会治理体系和社会治理能力是该地区旅游业和旅游小城镇持续发展的可靠保障。影响该地区旅游小城镇发展的因子如图 7-2 所示。

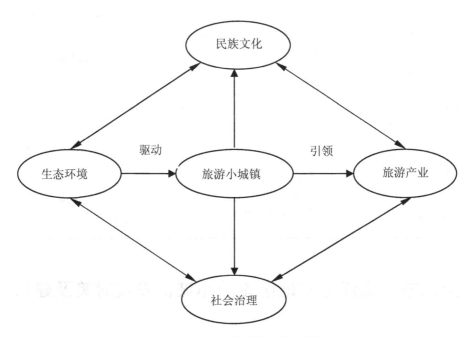

图 7-2 岷江上游地区旅游小城镇影响因子

因此，岷江上游地区旅游小城镇持续发展的基本思路是：从 4 个维度，运用五大发展理念来创新旅游小城镇发展路径。实行旅游产品供给侧结构性改革，通过该地区旅游产品体系的创新升级，打造特色鲜明的旅游核心吸引物，建构彰显独特民族地区地方性文化特征的旅游产品供给体系；通过提升旅游产品供给质量，彰显民族文化特色，为该地区旅游产品创新发展注入源源不断的文化动力源泉，持续吸引大量外来游客的流入和聚集，实现消费聚集，进而实现"休闲＋产业""农业＋旅游""文化＋旅游"等旅游新产业创新发展，形成休闲度假人口、旅游服务人口、常住人口等各类人口持续聚集；促进城镇基础设施和公共服务提升，构建多种社会治理主体"共建、共治、共享"的社会治理体系，提高岷江上游地区旅游小城镇的现代治理水平。发挥各影响因素的综合效应，驱动引领实现该地区旅游小城镇持续发展。具体发展路径总体思路见表7-1。

表7-1　岷江上游地区旅游特色小城镇持续发展路径总体思路

要素	思路建议				
旅游产业	旅游产业供给体系创新	泛旅游产业链协调发展	旅游全产业链绿色生态	发展共享型旅游经济	民众、经营者、政府共享旅游经济发展收益
生态环境	围绕旅游产业的要素，激励环保型旅游产品供给体系创新	旅游产业与其他生态产业融合协调发展	全旅游环境生态绿色	多元共创良好生态环境	共建、共治、共享旅游生态环境
民族文化	发展民族文创经济、民族文化展演产业	文创产业、旅游演艺、展示产业相融	通过创新发展旅游产业，保护和传承优秀民族文化	多元文化共存共生	多元文化和谐参与旅游
社会治理	社会治理机制创新	各个治理主体功能有序发挥作用	软环境整治	旅居人员参与治理	旅游收益社区民众共享

第二节　岷江上游地区旅游小城镇发展对策及建议

岷江上游地区旅游业经过30多年的发展，成效显著，旅游业功能和作用日益凸显，在旅游业的驱动引领下，该地区旅游小城镇也初具规模，发展基础和格局基本形成，得到政府、民众、游客及投资者的认同和支持。但是，不可否认，该地区旅游业仍然存在一些问题，在体验经济时代，后现代消费文化引领着主要消费群体的消费倾向性行为，岷江上游地区旅游业逐渐不能适应游客多样化综合性旅游消费需求，制约了该地区旅游业的可持续发展。

该地区旅游业在 2012 年之前，大部分旅游目的地仍然采取粗放式发展方式，主要提供自然风光、民族文化低水平展演等粗放型旅游产品，仍旧依靠团体观光型游客为主要客源。面对游客不断升级的个性化的旅游消费需求，该地区旅游产品的生产和供给仍然有些滞后，不能满足多样化、个性化的旅游消费趋势。因此，需要创新升级旅游产品，延伸旅游产业链，扩充旅游边界，构建泛旅游产业集群，进而驱动该地区旅游小城镇可持续发展。

一、创新升级旅游产品，促进产业融合，夯实旅游小城镇持续发展的产业基础

积极推进岷江上游地区旅游供给侧结构性改革，改善该地区旅游产品供给体系结构和质量，为该地区旅游小城镇持续发展夯实产业基础。持续不断的游客流量是旅游小城镇持续发展的根本保障，旅游产品不断创新发展和特色化是吸引游客不断涌入的关键。旅游产品结构升级和旅游产品质量不断提升是旅游产业结构升级的基础。岷江上游地区由于旅游产业惯性，未能及时适应自主个性化旅游时代消费需求，产品供给体系主体的理念和供给质量长期滞后于游客消费需求变动趋势，制约了该地区旅游经济的持续发展。因此，必须对该地区旅游产品供给体系进行创新升级，进而推进该地区旅游产业创新升级，夯实该地区旅游小城镇的产业基础。

旅游产品存在明显的生产与消费同步性和不可转移性特征，使得旅游目的地区位条件和可进入性成为影响民族地区旅游业发展的重要因素。旅游目的地景区的自然人文旅游资源和民族文化资源，很大程度上影响着区位条件。岷江上游地区各旅游小城镇应当立足自身资源和功能定位，深入分析研究后现代消费文化影响下消费群体旅游消费需求个性化、差异化、自主化等特征及其演进趋势，实施差异化旅游发展战略，注重旅游产品供给体系区域性互补和旅游产品差异化供给，推动各旅游小城镇之间旅游资源互补和共享，实现各旅游小城镇之间协同发展，形成区域性旅游发展共同体。根据游客多元化、个性化、体验化旅游消费需求，开发利用该地区特有的民族文化资源，对该地区目前仅可展演供游客观赏的民族文化旅游产品，增强其个性化体验性，进而满足他们个性认同的心理需求，增强该地区旅游产品生产和供给体

系对游客和旅游企业的吸引度，助推该地区形成泛旅游产业集群，带动该地区旅游经济发展，进而驱动旅游小城镇健康协调发展。培育以个性化民族文化体验、小团体休闲度假和家庭小众亲子康体养生为主的旅游新业态，以该地区个性化、差异化民族文化旅游产品为核心，打造该地区旅游小城镇特色IP品牌形象，嫁接现代科技手段，建设便捷的商务会议、团辅旅游接待、会展等设施，扩大游客范围，提升旅游小城镇知名度和美誉度。

根据旅游产业发展情况，该地区适时在原有旅游传统"食、住、行、游、购、娱"等六要素的基础上，提炼出六大旅游基础性要素(食、住、行、游、购、娱)和六大发展性要素(商、养、学、文、体、农)，并在这十二大要素的引领下，立足该地区当前既有旅游产业，结合该地区旅游资源优势特色和实际状况，在具体旅游产品生产过程中，融入高科技元素和地方性民族文化元素，延伸和衍生出低空旅行、研学旅行、康养旅行、运动康养旅行及避暑旅行等旅游新兴产品，使之成为该地区旅游业发展的新动力，并催生出该地区文化创意产业、医疗康养产业、教育培训产业等新兴产业。通过多样化产业聚集，形成多样化产品结构，从而形成旅游小城镇旅游产品的内生性创新结构，进而实现三大产业深度融合联动，增强该地区旅游小城镇风险抵御能力。立足当地独特的自然文化资源优势，利用各种技术手段，提高该地区旅游产品提供个性化体验的能力，增强游客个性化体验质量和获得感，满足游客多样性个性化旅游体验需求，培育游客忠诚度，进而吸引持续客源。

该地区旅游小城镇产品创新应该重点关注游客休闲和康养消费需求日益旺盛的发展演进趋势，立足各旅游小城镇旅游资源和民族文化实际，通过休闲和康养旅游核心吸引力，打造彰显和体现该民族地区特色地方性文化的体验性旅游产品供给结构，形成包括主题餐饮、特色商街、主题旅游展演及温泉SPA等休闲产品的聚集，形成休闲和康养旅游产业的业态多样化和各种聚集，由此构成该地区旅游、休闲、康养等产业多种业态协同发展的结构和态势，降低单一性旅游产品供给的风险，吸引大量游客前来消费多元化的旅游产品，实现持续不断的游客消费群体的进入和集聚，进而为实现该地区旅游小城镇的持续发展夯实产业动力基础。

岷江上游地区党、政、社、民等主体还应当通力合作，共同挖掘开发自身所拥有的独具特色的地方性产品，比如生态产品、特色民族文化产品、特色农产品等，利用文化与旅游融合发展平台，提升这些地方性产品的价值，拓展其市场空间，降低该地区旅游业产业单一性和弱质性风险。发挥各个旅游小城镇所辖区域的资源差异，培育各自特色细分产业，力争做到旅游产品多层次、多元化，实现"一镇一特色，一镇一品牌"，避免区域内各旅游小城镇同质化和替代性竞争，实现该地区旅游小城镇健康可持续发展。

　　近些年来，民族地区村寨旅游如火如荼地发展起来，典型的有桃坪羌寨、西江苗寨、郎德苗寨等民族村寨。在调研过程中发现，在岷江上游地区，民族村寨旅游与旅游小城镇形成了互相助推、协同发展、相得益彰的态势，有的游客会在民族村寨观光娱乐，在旅游小城镇食宿、娱乐，因此，应当积极支持岷江上游民族村寨旅游业发展，推动该地区民族村寨旅游产品的创新升级。同时，该地区主动开发冬季体验类旅游产品项目，把该地区少数民族民俗文化融入旅游开发项目，增强该地区旅游产品核心吸引力，吸引成渝城市群大量外地客源持续不断地前来体验消费，提升他们的体验感和获得感，把旅游淡季做活做热，尽力降低旅游淡季的影响。构建起巨大临时性的文化与旅游消费空间(消费能力＋消费需求)，引领驱动人、财、物、信息等元素的集聚，并生产出高品质的文化与旅游产品来满足和填充这些文化与旅游消费空间，进而与旅游小城镇形成健康协调发展格局。具体如图7-3所示。

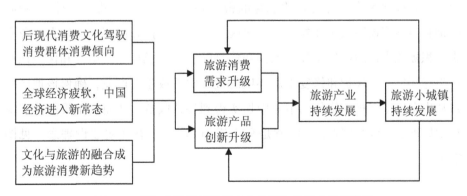

图7-3　岷江上游地区旅游产业发展与旅游小城镇发展

二、保护修复优良生态环境，为旅游业持续发展提供生态保障

自然生态环境是人类社会各行各业存在和发展的基础和基本保障，旅游业自然也不例外。纵观世界各地，旅游经济发达的国家和地区，大都拥有优良的自然生态环境。习近平总书记指出："生态兴则文明兴，生态衰则文明衰"，"绿水青山就是金山银山"，"要像保护眼睛一样保护生态环境，像对待生命一样对待生态环境"。因此，优良的自然生态环境是旅游业发展的基本保障。

岷江上游地区作为长江和黄河两大河流的上游地区，是成都平原的生态屏障和生产、生活主要水源地。新中国成立以来，生态自然环境呈现退化恶化趋势，而且，虽然近 20 年来该地区施行"封山育林""退耕还草""退耕环牧"等生态环境保护和修复政策，但是该地区生态环境退化恶化的趋势并未得到根本遏制。笔者经过调研认为，该地区生态环境退化恶化已经影响和制约了该地区旅游业和旅游小城镇持续发展。

岷江上游地区地方政府应当结合国家战略，把生态环境保护和修复与该地区旅游产业发展规划融合起来，通过培育全域生态旅游全产业链，发展该地区旅游业，形成泛旅游产业在旅游小城镇集聚，吸引该地区剩余劳动力在旅游小城镇集聚，向非农产业转移，提升该地区民众就业能力，拓展就业途径，遏制该地区生态环境退化恶化的根本趋势。通过政府投入、社会参与，鼓励和引领当地民众积极参与到该地区生态环境保护和修复这一伟大事业中来。积极探索该地区生态环境保护和修复的产业形成机制，培育和保护该地区生态环境，在保护和修复生态环境的过程中形成生态产业，确保该地区民众从生态环境保护和修复的事业中切实得到持续收益，从而真正贯彻落实绿色发展理念，践行"绿水青山就是金山银山"这一生态文明建设理念。见图7-4。

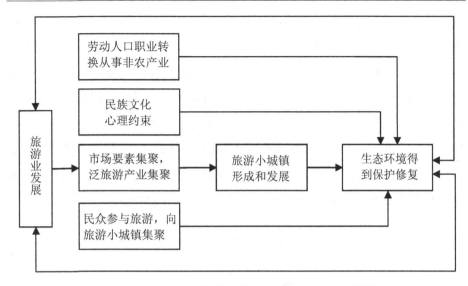

图 7-4　岷江上游地区旅游小城镇发展和生态环境保护修复

在岷江上游地区旅游产品供给侧结构性改革中，该地区在旅游产业结构升级和旅游产品创新发展的过程中注重生态型旅游产品的开发和生产，驱动旅游产品从原料获取到产品生产再到消费各个环节实现集约循环型流动，减少对自然生态环境的破坏，并确保旅游产品生产、生活垃圾处理后进入大自然生态循环系统。在该地区旅游产品需求侧，鼓励和倡导"责任旅游"，提倡旅游伦理，从游客旅游观念这一根本入手，发挥社会组织的积极引领作用，利用高科技手段和自媒体终端时代"网红"等意见领袖正面积极的作用，引领游客在消费该地区旅游产品的过程中，注重生态环境保护。

只有从供给和需求两方面入手，减少对生态环境的破坏，注重生态旅游产品的生产和供给，才能从根本上遏制岷江上游地区生态环境退化恶化的趋势，才能为该地区旅游业的创新发展提供自然生态依托，为旅游小城镇持续发展提供生态保障。

三、创建民族特色文化保护传承机制，实现民族文化保护传承与旅游发展双赢

人们的消费层次是随着收入水平的提高而不断提升的，旅游消费同样如

此。最初是大众化观光游览型旅游消费层次，随着大众游客文化层次提升，旅游消费层次日益向文化消费层次提高。进入经济发展新常态，旅游消费游客群体逐渐呈现年轻化、自主化、个性化趋势，旅游功能要素也大大扩展和提升，人们更加关注旅游的个性化体验和身份认同、群体认同功能。个性化体验型旅游产品供给，不仅能够满足人们旅游的基本消费需求，达到供游客休闲娱乐的功能，还能驱动游客通过个性化旅游体验，达到"以身体之，以心验之"的目的，更能够促使游客通过个性化体验型旅游产品消费，实现游客群体认同和身份认同，最大化地发挥旅游的扩展性功能和效益。具体见图7-5。

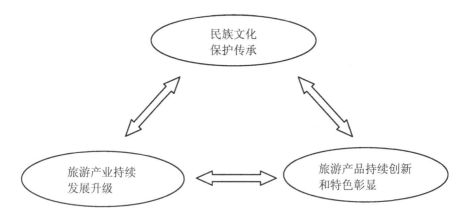

图7-5　岷江上游地区民族文化保护和传承与旅游业发展

民族文化的异质性、差异性是民族地区旅游业发展的核心吸引力，也是民族地区旅游产品持续创新发展的重要保障因素之一。民族地区各民族生存环境的差异性决定了各民族以及民族内各族群之间民族文化的多元性，人们需求的共通性决定了民族文化之间交流沟通的必然性。所以，在交流的过程中，各地区民族文化必然会出现涵化和趋同趋势。再加上现代式场景和全球化的冲击，强势文化拥有强势资本动能，以势不可当的优势冲击磨灭着民族文化的差异性，驱动民族文化日益向强势文化趋同，民族文化差异性逐渐消逝。因此，在此种状况下，创建良性民族文化保护和传承机制显得尤为重要，关系到民族地区旅游业的持续发展，关系到全球文化多样性保护问题。

岷江上游地区作为全国最大的羌族聚居区和历史上农耕民族和游牧民族

经济文化交流的沟通地带，民族分布呈现藏、羌、回、汉等多民族杂居共处的格局。各民族在生存发展的过程中，创造了丰富多样的民族文化，有很大的开发利用价值。该地区旅游业经几十年的发展，虽然取得了较强的经济社会效益，但是作为该地区的支柱产业，发展后继乏力，发展不可持续性日益凸显，已经影响到该地区城镇化进程和经济社会各项事业的正常发展。

岷江上游地区解决旅游产品问题，根本途径就在于提升旅游产品的民族文化成分，增加民族文化体验性旅游产品供给，因此，保护和传承该地区优秀民族文化势在必行。首先，应当培育该地区民族文化产业，引入知名品牌文化企业，开发利用该地区优秀民族文化资源，实现该地区民族文化资源向文化资本转化，促使当地民族文化实现产业化运作，并延伸民族文化产业链，增强旅游产品的民族文化内涵，提升旅游特色核心吸引力。其次，实施保护与传承分道运行的政策。民族文化保护是政府职能，政府是民族文化保护的主体，理所应当由政府承担主要责任，并安排政府财政资金予以落实；民族文化的传承主体则是当地各民族民众，特别是一些民族文化传承人，他们应当被列为保护对象，通过他们的教习，确保当地民族文化代代相传。再次，应将该地区民族文化保护传承与正规教育结合起来，增加民族文化保护和传承受众范围，提高保护力度。之后，需把现代科技与民族文化保护和传承结合起来，通过现代科技手段，加强对民族文化的保护和传承。最后，把民族文化保护和传承与旅游产业发展融合起来，对于适合生产性保护的项目，可以考虑培育成产业，施行产业化、市场化运营；对于不适合生产性保护的项目，必须列出专项保护基金进行保护。充分挖掘该地区民族文化资源异同之处，差异化打造自己的特色民族文化旅游产品、增强各地特色旅游品牌形象，避免区域间同质化竞争造成的不利影响。只有多种主体参与，多种政策共同实施，才能真正使该地区民族文化得到保护和传承，才能为该地区旅游业发展提供持续创新动力，实现民族文化保护传承与旅游发展双赢。另外，规划设计该地区旅游小城镇时，应将该地区差异性的民族文化与现代建筑技术、艺术融合起来，将民族文化的特殊标识融入城镇建设中，并结合区域自然环境、主题形象、民族文化特点，在城镇特色文化街区、建筑风格等方面的规划建设中，贯彻全域旅游理念，充分彰显当地民族的特色建筑、文化艺术，让民族特色建筑和城镇景观成为旅游小城镇吸引力和品牌形象的重要组成部分。

四、构建共享式社会治理机制，为旅游小城镇发展提供安全稳定的社会环境

新中国成立以来，我国国家治理模式经历了从单向"管控式行政管理"到有限的社会参与式"社会管理"再到多元互动式"社会治理"的三次重大社会治理模式变迁。如今，随着我国经济社会的发展，利益主体日益多元化、团体化，同时，随着技术的进步、网络自媒体的发展和多元主体的参与，多元互动对话合作式社会治理模式成为党、政、民、社等各主体一致认可的现实选择。对于民族地区，尤其是岷江上游地区，维护社会和谐工作一直是该地区党政领导的主要工作之一，决定了该地区仍然采用单向管控式管理来进行社会管理，还没有转变到社会治理模式的轨道上来，不利于民族地区长治久安。

旅游业是众所周知的弱质性、高风险产业，容易受到自然灾害、安全稳定形势、突发事件等各种因素的影响。在各种影响因素中，对于安定有序的社会环境的依赖性尤其重。纵观世界各地，社会环境不稳定影响地区经济社会发展的事例数不胜数，我国也不鲜见，例如，2017 年九寨沟地震和茂县泥石流、2019 年岷江暴雨导致的山洪和泥石流，就对岷江上游地区乃至整个阿坝州的旅游业造成了致命打击。因此，安定有序的社会环境是民族地区旅游业持续发展的社会保障。突发事件应急处理能力是国家治理能力的重要组成部分。

在岷江上游地区，由于特殊的自然地理环境和地质地貌，以及民族宗教分布的特殊性，社会治理能力和突发事件应急处理能力相对不太发达，再加上自媒体时代碎片化信息盛行，对该地区区域品牌形象的构建和维护提出了挑战，对该地区政府能力、社会治理方式和治理手段提出了更高要求。只有适应民众对社会治理能力和社会服务能力增长的需求，适应自媒体时代信息大爆炸的宣传形势，提升自身社会治理能力、突发事件应急能力和自媒体时代宣传能力，才能构建起岷江上游地区区域旅游品牌形象，使游客安心放心前来该地区旅游消费，提升游客忠诚度，进而推动该地区旅游业和旅游小城

镇持续发展。具体见图 7-6。

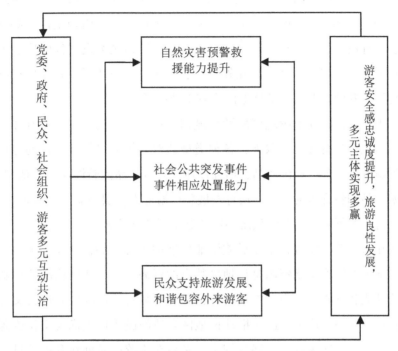

图 7-6　岷江上游地区社会治理与旅游业发展

第一，岷江上游地区党、政、军、民各界人士应当首先转变思想观念，转变以往单向管控式行政管理理念，树立多中心治理理念，从思想观念层面为提升该地区社会治理现代化水平、提高社会治理能力打好思想基础。第二，应当从根本上构建共享式社会治理机制，这一机制包括政府在内的各种社会主体(非政府组织、民族地区各族公民个人、社会组织及外来旅居游客等)广泛参与，参与社会治理活动的各个治理主体应互相信任、相互依赖、彼此合作、资源共享，以期在达到各自团体和个人目的的基础上，实现社会治理目标。在多中心治理理念指导下，社会治理手段除了政府组织强力控制外，更强调政府、民众、社会组织之间的沟通对话与合作。第三，应鼓励培育当地民众积极参与社会治理的意识和能力，创新参与途径，引领他们以社区整体参与方式参与该地区的社会治理，为该地区民众利益诉求表达和满足创建有效沟通渠道。第四，大量外地游客涌入，形成了规模庞大的意见群体，他们表达的意见如果不能得到重视和有效满足，必将影响旅游目的地的口碑和品牌形象。因此，必须将其纳入该地区社会治理主体中来。第五，共享式社会治理机制创建必须在党的领导下依法实施，确保各社会治理主体能够共同享有社会治理成效。利用现代科技，提升岷江上游地区突发事件的应急处置能力，提升外来游客安全感，消除外来游客顾虑，为该地区旅游业可持续发展带来源源不断的客源，驱动该地区旅游小城镇可持续发展。

综上所述，岷江上游地区旅游小城镇可持续发展的根本出路在于——精准把握后现代消费文化驾驭下，各种类型消费群体消费需求变化的趋势和特征，创新升级本地区旅游产品，增强该地区旅游产品体验性和社会认同功能，以旅游产品创新升级为核心，培育发展新旅游业态，引领旅游产业创新发展，通过旅游产业创新发展驱动旅游小城镇健康可持续发展。

文化与旅游深度融合是今后旅游业发展的主要趋势，岷江上游地区各民族传承下来的优秀文化资源是该地区特有的资源，是该地区旅游业创新升级的持续动能和核心吸引力所在。因此，必须加强对该地区民族优秀文化的挖掘、整理、保护和传承，进而推动该地区合适的民族传统优秀文化资源实现资本化，融入该地区旅游发展规划中。必须在旅游产品创新升级的过程中加大融入该地区的特色民族文化元素，增强该地区旅游产品的文化吸引力，满足大城市群民众求新、求奇、求异的心理需求，为他们提供急需的民族文化旅游产品，同时在该地区旅游小城镇的建设规划中，体现该地区民族文化显性特征，构建该地区特有的旅游产品民族文化品牌形象，为该地区旅游小城镇持续发展吸引持续不断的客源。

旅游是游客在非惯常环境下进行深度体验，良好的自然环境和安全的旅游环境是基本支撑。所以，生态环境保护和修复是前提条件，必须按照国家功能区规划划分，重点加强该地区生态环境保护和修复，为该地区旅游业发展提供优良的自然生态环境，助力该地区旅游业和旅游小城镇可持续发展。

旅游产业的弱质性、高风险性的特征决定了其容易受到不稳定因素、突发事件、自然灾害的冲击。因此，该地区实施党、政、社、民和游客等多元主体共同参与，多元互通共治式社会治理体制势在必行，以此提升该地区旅游环境安全度和突发事件应急处理能力，为该地区旅游业和旅游小城镇可持续发展提供安全环境。

本章小结

　　本章分析了岷江上游地区旅游小城镇发展的动力，提出了该地区旅游小城镇产品和大城市群产品互为补充，简要阐述了岷江上游地区旅游小城镇可持续发展的思路，最后针对该地区旅游小城镇存在的问题提出了对策及建议，期望为该地区旅游小城镇可持续发展提供一定的借鉴。

参考文献

一、中文专著

[1]陈国阶，涂建军，樊宏，等. 岷江上游生态建设的理论与实践[M]. 重庆：西南师范大学出版社，2006.

[2]吴宁. 山地退化生态系统的恢复与重建：理论与岷江上游的实践[M]. 成都：四川出版集团，四川科学技术出版社，2007.

[3]曾博伟，魏小安. 旅游供给侧结构性改革[M]. 北京：中国旅游出版社，2016.

[4]李仁武. 城市文化发展引论[M]. 北京：世界图书出版公司，2020.

[5]北京巅峰智业旅游文化创意股份有限公司课题组. 图解文旅特色小镇开发理论与实践[M]. 北京：旅游教育出版社，2018.

[6]彭兆荣. 旅游人类学[M]. 北京：民族出版社，2004.

[7]B. 约瑟夫·派恩，詹姆斯·H. 吉尔摩. 体验经济[M]. 北京：机械工业出版社，2016.

[8]林峰. 特色小城镇孵化器：特色小城镇全产业链全程服务解决方案[M]. 北京：中国旅游出版社，2016.

[9]罗纳德·H. 科斯，等. 财产权利与制度变迁：产权学派与新制度学派译文集[M]. 刘守英，等，译，上海：格致出版社，上海三联书店，上海人民出版社，2014.

[10]富兰克·H. 奈特. 风险、不确定性和利润[M]. 王宇，等，译. 北京：中国人民大学出版社，2005.

[11]康芒斯. 制度经济学[M]. 于树生，译，北京：商务印书馆，2009.

[12]约拉姆·巴泽尔. 产权的经济分析：第二版[M]. 费方域，段毅才，钱敏，译，上海：格致出版社，上海三联书店，上海人民出版社，2017.

[13]迈克尔·波特. 竞争优势[M]. 陈小悦,译,北京:华夏出版社,2005.

[14]阿尔温·托夫勒. 未来的冲击[M]. 孟广均,等,译,北京:中国对外翻译出版公司,1985.

[15]王志宪. 我国小城镇可持续发展研究[M]. 北京:科学出版社,2012.

[16]冉光荣. 羌族史[M]. 成都:四川民族出版社,1985.

[17]松潘县地方志编纂委员会. 松潘县志[M]. 北京:民族出版社,1999.

[18]松潘县地方志编纂委员会. 松潘县志[M]. 北京:方志出版社,2013.

[19]阿坝藏族羌族自治州地方志编纂委员会. 阿坝州志[M]. 北京:民族出版社,1994.

[20]张荣祖. 横断山区干旱河谷[M]. 北京:科学出版社,1992.

[21]张友,肖红波,王龙. 岷江上游生态环境保护长效机制研究:基于"5·12"汶川地震灾后生态环境恢复与产业重构视角[M]. 成都:四川民族出版社,2009.

[22]理县地方志编纂委员会. 理县志:1991—2005[M]. 成都:四川民族出版社,2013.

[23]汶川县地方志编纂委员会. 汶川县志(全)[M]. 北京:民族出版社,1992.

[24]中国二十世纪通鉴编辑委员会. 中国二十世纪通鉴(1901—2000):第五册[M]. 北京:线装书局,2002.

[25]常璩. 华阳国志校补图注[M]. 任乃强,校注,上海:上海古籍出版社,1987.

[26]顾朝林. 县镇乡村域规划编制手册[M]. 北京:清华大学出版社,2016.

[27]王雅红. 西北民族地区城市发展研究[M]. 北京:民族出版社,2005.

[28]蔡秀玲. 论小城镇建设:要素聚集与制度创新[M]. 北京:人民出版社,2002.

[29]王志宪. 我国小城镇可持续发展研究[M]. 北京:科学出版社,2012.

[30]王志强. 小城镇发展研究[M]. 南京:东南大学出版社,2007.

[31]袁中金. 我国小城镇发展战略[M]. 南京:东南大学出版社,2007.

[32]费孝通. 中国城乡发展的道路[M]. 上海:上海人民出版社,2016.

[33]张丽君. 中国民族地区新型城镇化机制与路径研究[M]. 北京:中国经济出版社,2015.

[34]建设部课题组. 新时期小城镇发展研究[M]. 北京:中国建筑工业出版社,2007.

[35]张维智,单忠东,陈燕凤. 中小城市城镇化发展模式研究:成熟度与质量评价[M]. 北京:经济科学出版社,2015.

[36]卓旻. 西方城市发展史[M]. 北京:中国建筑工业出版社,2014.

[37]赵晖,等,著. 说清小城镇:全国121个小城镇详细调查[M]. 北京:中国建筑工业出版社,2017.

［38］刘晓鹰，等，著．中国欠发达地区城镇化道路及小城镇发展研究［M］．北京：民族出版社，2008．

［39］厉以宁，艾丰，石军．中国新型城镇化概论［M］．北京：中国工人出版社，2014．

［40］刘峰，杨晓东，黄斌．旅游驱动新型城镇化：湖北武当山特区发展模式研究［M］．北京：中国工人出版社，2014．

［41］朱光喜，朱燕，彭冲．西南民族地区新型城镇化：政策认知与"进城意愿"——基于广西、云南、贵州三省区网络民众与农村居民的调查研究［M］．北京：经济科学出版社，2017．

［42］黄炜．西南民族地区旅游城市新型城镇化发展模式研究［M］．长沙：中南大学出版社，2017．

［43］周其仁．城乡中国（上、下）［M］．北京：中信出版社，2013．

［44］徐志耀．农村小城镇发展动力机制研究：基于空间外部性分析框架［M］．北京：经济科学出版社，2015．

［45］中国城镇化促进会．中国特色小（城）镇发展报告2016［M］．北京：人民出版社，中国致公出版社，2017．

［46］李伟，宋敏．新型城镇化发展报告（2017）：特色小镇［M］．北京：社会科学文献出版社，2018．

［47］曾博伟．旅游小城镇：城镇化新选择——旅游小城镇建设理论与实践［M］．北京：中国旅游出版社，2010．

［48］刘易斯·芒福德．城市发展史：起源、演变和前景［M］．宋俊岭，倪文彦，译，北京：中国建筑工业出版社，2005．

［49］李柏文．以旅游为产业动力的少数民族地区特色城镇化道路研究［M］．北京：中国社会科学出版社，2014．

［50］张大林．中国特色小镇发展报告2017［M］．北京：中国发展出版社，2017．

［51］魏丽莉．中国特色城镇化道路的区域响应、动力机制与政策创新［M］．北京：中国社会科学出版社，2015．

［52］北京绿维创景规划设计院课题组．旅游引导的新型城镇化［M］．北京：中国旅游出版社，2013．

［53］北京巅峰智业旅游文化创意股份有限公司课题组．大转型：旅游·改革·新型城镇化［M］．北京：旅游教育出版社，2015．

［54］简新华，何志扬，黄锟．中国城镇化与特色城镇化道路［M］．济南：山东人民出版

社，2010.

[55]王新越，张广海. 中国旅游化与城镇化互动协调发展研究[M]. 北京：旅游教育出版
    社，2014.

[56]李铁. 新型城镇化路径选择[M]. 北京：中国发展出版社，2016.

[57]张红宇. 新型城镇化与农地制度改革[M]. 北京：中国工人出版社，2014.

[58]王伟光，魏后凯，张军. 新型城镇化与城乡发展一体化[M]. 北京：中国工人出版
    社，2014.

[59]城市中国计划. 国家新型城镇化指标体系及若干问题研究[M]. 北京：人民日报出版
    社，2016.

[60]徐和平. 城市化历史演变与中国城市未来发展研究[M]. 北京：人民出版社，2016.

[61]凯文·林奇. 城市意象[M]. 方益萍，何晓军，译. 北京：华夏出版社，2001.

[62]卢海元. 实物换保障：完善城镇化机制的政策选择[M]. 北京：经济管理出版
    社，2002.

[63]费孝通. 乡土中国·生育制度·乡土重建[M]. 北京：商务印书馆，2011.

[64]费孝通. 江村经济[M]. 北京：北京大学出版社，2012.

[65]阿比吉特·班纳吉，埃斯特·迪弗洛. 贫穷的本质：我们为什么摆脱不了贫穷[M].
    景芳，译，北京：中信出版社，2013.

[66]罗伯特·芮德菲尔德. 农民社会与文化[M]. 王莹，译，北京：中国社会科学出版
    社，2013.

[67]贺雪峰. 新乡土中国[M]. 北京：北京大学出版社，2013.

[68]约翰·厄里，乔纳斯·拉森. 游客的凝视：第三版[M]. 黄宛瑜，译，上海：格致出
    版社，2016.

[69]马林诺夫斯基. 文化论[M]. 费孝通，等，译，北京：中国民间文艺出版社，1987.

[70]郭华. 乡村旅游社区利益相关者研究：基于制度变迁的视角[M]. 广州：暨南大学出
    版社，2010.

[71]道格拉斯·C.诺思. 制度、制度变迁与经济绩效[M]. 杭行，译，上海：格致出版
    社，上海三联书店，上海人民出版社，2008.

[72]约翰·布林克霍夫·杰克逊. 发现乡土景观[M]. 俞孔坚，陈义勇，等，译，北京：
    商务印书馆，2015.

[73]诺伯格·舒尔茨. 存在·空间·建筑[M]. 尹培桐，译，北京：中国建筑工业出版
    社，1990.

[74]斯心直.西南民族建筑研究[M].昆明：云南教育出版社,1992.

二、中文期刊

[1]李克强.论我国经济的三元结构[J].中国社会科学,1991(3)：65-82.

[2]黄震方,等.关于旅游城市化问题的初步探讨：以长江三角洲都市连绵区为例[J].长江流域资源与环境,2000(2)：160-165.

[3]陆林.旅游城市化：旅游研究的重要课题[J].旅游学刊,2005(4)：10.

[4]刘敏,刘爱利,孙琼,等.国内外旅游城镇化研究进展[J].人文地理,2015,30(6)：13-18.

[5]彭华.关于城市旅游发展驱动机制的初步思考[J].人文地理,2000(1)：1-5.

[6]李鹏.旅游城市化的模式及其规制研究[J].社会科学家,2004(4)：97-100.

[7]陆林,葛敬炳.旅游城市化研究进展及启示[J].地理研究,2006(4)：741-750.

[8]王红,宋颖聪.旅游城镇化的分析[J].经济问题,2009(10)：126-129.

[9]肖洪磊,李柏文,王婷,等.云南省旅游小城镇开发状况及模式研究[J].江苏商论,2010(5)：98-100.

[10]杨懿,李柏文,班璇,等.我国少数民族地区旅游城镇发展研究[J].生态经济(中文版),2010(2)：105-108.

[11]李柏文.中国旅游城镇化模式与发展战略研究[J].小城镇建设,2012(1)：14-19.

[12]古诗韵,保继刚.城市旅游研究进展[J].旅游学刊,1999,14(2)：15-20+78.

[13]葛敬炳,陆林,凌善金.丽江市旅游城市化特征及机理分析[J].地理科学,2009,29(1)：134-140.

[14]陆林,放冉,朱付彪,等.基于社会学视野的黄山市汤口镇旅游城市化特征和机制研究[J].人文地理,2006(6)：19-24.

[15]刘嘉纬,蒙睿.关于旅游业对西部城市化动力驱动的研究[J].陕西师范大学学报(自然科学版),2001(S1)：156-160.

[16]杨俊,李月辰,席建超,等.旅游城镇化背景下沿海小城镇的土地利用空间格局演变与驱动机制研究：以大连市金石滩国家旅游度假区为例[J].自然资源学报,2014(10)：1721-1733.

[17]丁新军,田菲.世界文化遗产旅游地生命周期与旅游驱动型城镇化研究：基于山西平遥古城案例[J].城市发展研究,2014,21(5)：13-16+20.

[18]戴楚洲.建设旅游城镇 加快民族地区奔小康步伐[J].湖南省社会主义学院学报,2004

（4）：52-54.

[19] 刘晓鹰，杨建翠.欠发达地区旅游推进型城镇化对增长极理论的贡献：民族地区候鸟型"飞地"性旅游推进型城镇化模式探索[J].西南民族大学学报（人文社科版），2005，26（4）：114-117.

[20] 李柏文.旅游"废都"：现象与防治——基于云南国家级口岸打洛镇的实证研究[J].旅游学刊，2009，24（1）：65-70.

[21] 蒋焕洲.贵州少数民族地区县域旅游业与城镇化互动发展的实证分析：以雷山县为例[J].安徽农业科学，2010，38（32）：18530-18532+18535.

[22] 罗雪莉.旅游开发与民族地区的城镇化建设：以四川省西昌市城镇化建设为例[J].农村经济，2011（9）：52-54.

[23] 钟家雨，柳思维.基于协同理论的湖南省旅游小城镇发展对策[J].经济地理，2012，32（7）：159-164.

[24] 何腾.基于协同学的西部民族地区旅游城镇化发展研究[J].贵州民族研究，2013（1）：122-126.

[25] 普荣，白海霞.旅游城镇化与民族地区经济发展互动研究：以滇西北为例[J].对外经贸，2015（4）：78-79.

[26] 蒋志勇.西部民族地区旅游驱动型城镇化发展研究：基于区域比较优势和竞争优势理论的分析[J].广西民族研究，2015（5）：157-163.

[27] 周智，黄英，黄娟.基于居民感知的少数民族地区旅游城镇化可持续发展研究：以云南大理古城周边地区为例[J].现代城市研究，2015（5）：112-118.

[28] 沈超群，陈凯.民族地区旅游城镇化进程中的趋避冲突及其对策分析：以阿坝州为例[J].理论与改革，2015（1）：66-69.

[29] 王兆峰，龙丽羽.民族地区旅游业发展驱动城镇化建设的动力机制研究：以湖南凤凰县为例[J].中央民族大学学报（哲学社会科学版），2016，43（5）：11-17.

[30] 赵志峰.科技创新驱动旅游小城镇的发展路径：以渝东南民族地区为例[J].社会科学家，2016（11）：107-111.

[31] 吴芳梅，郑建锋.新型城镇化背景下民族文化保护与地区旅游经济发展研究[J].贵州民族研究，2016（11）：165-169.

[32] 吴良德，唐剑.民族地区旅游城镇化的生态经济效应分析：以阿坝藏族羌族自治州为例[J].贵州民族研究，2017（12）：183-187.

[33] 罗明义.论国际旅游城市的建设与发展[J].桂林旅游高等专科学校学报，2004（2）：

5-8.

[34] 李柏文, 田里. 中国小城镇旅游研究综述[J]. 旅游论坛, 2009(5): 678-684.

[35] 赵庆海. 小城镇的旅游开发[J]. 泰安教育学院学报岱宗学刊, 2002(3): 86-87.

[36] 黄慧明, 魏清泉. 大城市边缘小城镇休闲度假旅游开发研究: 以高明市杨梅镇为例
[J]. 地域研究与开发, 2001(3): 79-83.

[37] 马晓堂. 传统城镇在旅游开发背景下的保护与更新[J]. 山西建筑, 2006(13): 25-26.

[38] 蒙睿, 刘嘉纬, 杨春宇. 乡村旅游发展与西部城镇化的互动关系初探[J]. 人文地理,
2002(2): 47-50.

[39] 中国建筑设计研究院小城镇发展研究中心. 明确方向 促进发展: 旅游村镇建设指导与
评价研讨会探讨旅游村镇建设工作[J]. 小城镇建设, 2006(7): 33-34.

[40] 李欣华, 吴建国. 旅游城镇化背景下的民族村寨文化保护与传承: 贵州郎德模式的成
功实践[J]. 经济与管理研究, 2010(12): 68-74.

[41] 霍松涛, 梁留科. 小城镇旅游开发中的主题形象设计: 以河南省鹤壁市淇县为例[J].
平顶山学院学报, 2005(2): 84-86.

[42] 王瑛, 于华友. 四川旅游城镇景观特色的构筑研究[J]. 生态经济, 2006(11): 95-98.

[43] 刘承昕. 经济欠发达地区旅游型城镇建设初探[J]. 徐州教育学院学报, 2006(4):
57-59.

[44] 仇保兴. 编制历史名镇规划的"六原则"[J]. 中华建设, 2009(4): 29.

[45] 凌日平. 小城镇旅游开发中的形象塑造研究[J]. 太原师范学院学报(自然科学版),
2003(2): 79-82.

[46] 黄金火, 马晓龙. 资源型城镇旅游发展模式与对策研究[J]. 西北大学学报(自然科学
版), 2005(6): 811-814.

[47] 罗明义. 发展乡村旅游与社会主义新农村建设[J]. 经济问题探索, 2006(10): 4-7.

[48] 徐向辉. 旅游小城镇建设"云南模式"[J]. 建设科技, 2007(9): 50-51.

[49] 陈伟红, 邱旗, 薛群慧, 等. 云南澜沧拉祜族自治县勐朗镇生态旅游开发对策研究
[J]. 生态经济, 2008(4): 138-141.

[50] 范文艺. 旅游小城镇社会空间问题研究: 以漓江流域阳朔、兴坪、大圩调查为例[J].
广西民族研究, 2010(2).

[51] 范文艺. 基于聚落景观视角的旅游小城镇资源特性研究: 以漓江流域阳朔县兴坪镇为
例[J]. 广西师范大学学报(哲学社会科学版), 2014, 50(3): 20-23.

[52] 罗正雄. 旅游小城镇—贵州乡村经济发展的路径选择[J]. 贵州商业高等专科学校学

报，2014，27（2）：62-66.

[53]陶慧，刘家明，朱鹤，等. 基于 A-T-R 的旅游小城镇分类、评价与发展模式研究[J].
地理科学，2015，35（5）：529-536.

[54]黄涛，刘桂杉，张源. 青海藏区特色旅游小城镇发展策略研究[J]. 中国商论，2018
（7）：68-69.

[55]王民. 小区域旅游可持续发展战略初探：以荣成市为例[J]. 人文地理，1997（1）：
71-73.

[56]刘颂. 城市旅游可持续发展初探[J]. 地域研究与开发，1999，18（4）：75-77.

[57]董峰. 旅游型小城镇可持续发展[J]. 小城镇建设，2000（11）：35-36.

[58]李艳双，韩文秀，曾珍香，等. DEA 模型在旅游城市可持续发展能力评价中的应用
[J]. 河北工业大学学报，2001，30（5）：62-66.

[59]王丽丽. 文化旅游和城市可持续发展：以山城重庆为例[J]. 重庆邮电大学学报（社会
科学版），2004，16（6）：10-11.

[60]戴永光. 旅游城市可持续发展评价指标体系[J]. 云南地理究，2006，18（1）：35-38
+42.

[61]郭伟，索虹，陈红梅. 我国中小旅游城市可持续发展能力评价研究[J]. 学术交流，
2008（11）：136-139.

[62]周丹敏. 治理理念下民族旅游城镇可持续发展研究[J]. 贵州民族研究，2014（3）：
133-136.

[63]陈勇，陈国阶，杨定国. 岷江上游聚落分布规律及其生态特征：以四川理县为例[J].
长江流域资源与环境，2004，13（1）：72-77.

[64]李锦. 岷江上游城镇的成长性因素分析[J]. 阿坝师范高等专科学校学报，2007，24
（1）：31-34+44.

[65]赵兵. 岷江上游城镇脆弱性生态环境的敏感性分析与灾后重建[J]. 西南民族大学学报
（自然科学版），2009，35（1）：165-169.

[66]何一民，邓真. 岷江上游历史城市保护与旅游开发的思考[J]. 天府新论，2014（4）：
81-85.

[67]严冬，李爱农，南希，等. 基于 Dyna-CLUE 改进模型和 SD 模型耦合的山区城镇用地
情景模拟研究：以岷江上游地区为例[J]. 地球信息科学学报，2016，18（4）：
514-525.

[68]王海燕. 从"共同体"到"集合体"：岷江上游羌村"城镇化"进程的省思[J]. 青海民族

研究，2018(1)：78-82.

[69]刘德云.参与型旅游小镇规划模式研究：以金门金湖镇为例[J].旅游学刊，2008，23
(9)：73-79.

[70]李晓阳.黑龙江省旅游小城镇开发现状与对策研究[J].商业研究，2008(8)：
124-126.

[71]吴忠军，韦俊峰.民族地区旅游业与城镇化融合的内容和路径[J].旅游研究，2016，
8(2)：4-7.

[72]邓广山，毛长义，张军以.旅游资源开发与城镇化建设互动效应的研究现状及展望
[J].商业经济研究，2017(13)：163-165.

[73]孙雯，张欣.新型城镇化视角下旅游小城镇社区参与研究[J].北京农业职业学院学
报，2017，31(3)：39-43.

[74]唐慧.国内旅游特色小城镇建设策略研究[J].市场周刊(理论研究)，2018(2)：49-
50+57.

[75]冯卫红.山西旅游城镇体系等级规模层次结构研究[J].山西大学学报(哲学社会科学
版)，2005，28(1)：27-31.

[76]张占斌.新型城镇化的战略意义和改革难题[J].国家行政学院学报，2013(1)：
48-54.

[77]方辉振，黄科.新型城镇化的核心要求是实现人的城镇化[J].中共天津市委党校学
报，2013(4)：63-68.

[78]袁建新，郭彩琴.新型城镇化：内涵、本质及其认识价值——十八大报告解读[J].
苏州科技学院学报(社会科学版)，2013，30(3)：17-23.

[79]王素斋.新型城镇化科学发展的内涵、目标与路径[J].理论月刊，2013(4)：
165-168.

[80]黄桂婵，胡卫东.我国传统城镇化的特征与新型城镇化的路径探讨[J].农业现代化
研究，2013，34(6)：672-675.

[81]李明珍.新型城镇化的人性化特征及其实现途径初探[J].中小企业管理与科技(中旬
刊)，2015(4)：149-150.

[82]曾江，慈锋.新型城镇化背景下特色小城镇建设[J].宏观经济管理，2016(12)：
53-58.

[83]刘海猛，陈明星，程艺.特色小城镇：新型城镇化进程的助推器[J].中国发展观察，
2017(13)：31-32.

[84]柯善北. 特色小城镇：一条新型城镇化的探索之路[J]. 中华建设，2017(8)：40-41.

[85]关晓铭. 约翰·洛克财产权利的政治哲学解析[J]. 长春理工大学学报(社会科学版)，2012，25(9)：49-50+129.

[86]彭芳春. 从《国富论》看亚当·斯密的产权思想[J]. 湖北社会科学，2007(5)：81-83.

[87]张明龙. 交易费用、社会成本与科斯定理[J]. 南方论刊，2000(3)：19-21.

[88]张旭昆. "交易成本"概念：层次、分类[J]. 商业经济与管理，2012(4)：64-70.

[89]操黎黎. 从交易费用视角浅析开发性金融的特有优势[J]. 武汉金融，2017(5)：83-85.

[90]汪丁丁. 从"交易费用"到博弈均衡[J]. 经济研究，1995(9)：72-80.

[91]于鸿君. 产权与产权的起源：马克思主义产权理论与西方产权理论比较研究[J]. 马克思主义研究，1996(6)：57-64+80.

[92]费迪南·滕尼斯，顾海萍. 社区与社会[J]. 都市文化研究，2007(2)：169-175.

[93]陈雪贞. 做好社区思想政治工作初探[J]. 福建理论学习，2000(9)：16-17.

[94]周华伟，沈伟雄. 社区参与理论渊源探讨[J]. 价值工程，2013(30)：326-328.

[95]张广瑞. 关于旅游业的21世纪议程：实现与环境相适应的可持续发展[J]. 旅游学刊，1998，13(2)：49-53.

[96]彭建，王剑. 中外社区参与旅游研究的脉络和进展[J]. 中央民族大学学报(哲学社会科学版)，2012(3)：133-141.

[97]郑群明，钟林生. 参与式乡村旅游开发模式探讨[J]. 旅游学刊，2004，19(4)：33-37.

[98]郭文. 乡村居民参与旅游开发的轮流制模式及社区增权效能研究：云南香格里拉雨崩社区个案[J]. 旅游学刊，2010，25(3)：76-83.

[99]刘静艳，韦玉春，刘春媚，等. 南岭国家森林公园旅游企业主导的社区参与模式研究[J]. 旅游学刊，2008，23(6)：80-86.

[100]张波. 旅游目的地"社区参与"的三种典型模式比较研究[J]. 旅游学刊，2006，21(7)：69-74.

[101]周晓红. 实施差异化战略是企业发展的必然选择[J]. 求实，2008(10)：34-36.

[102]齐铁军. 以顾客为中心是差异化战略成功的基础[J]. 中外企业文化，2010(5)：56-57.

[103]杜军，鄢波. 实施差异化战略 创造差异化优势[J]. 市场论坛，2006(3)：170+175.

[104]熊胜绪. 基于顾客价值的企业差异化战略路径探析[J]. 中南财经政法大学学报，

2009(2)：95-100.

[105]周松. 基于差异化战略的微利时代企业领先战略研究[J]. 财会通讯，2010(11)：
　　　 87-88.

[106]王振华，尹丽文. 基于内部外部差异化战略研究述评[J]. 合作经济与科技，2018
　　　 (5)：113-115.

[107]马燕翔. 企业如何有效实施差异化竞争战略[J]. 技术经济，2004，23(5)：18-20.

[108]王宏. 企业实施差异化战略研究[J]. 生产力研究，2007(1)：111-112+125.

[109]宋庆军. 有效实施差异化战略的策略探析[J]. 商场现代化，2010(31)：43-44.

[110]许崴. 差异化战略正确实施和商品差异化有效供给[J]. 经济与管理研究，2011(3)：
　　　 125-128.

[111]徐万里，吴美洁，黄俊源. 成本领先与差异化战略并行实施研究[J]. 软科学，2013，
　　　 27(10)：45-49.

[112]孔春丽，刘涛，张同建. 四大商业银行差异化战略实施机制[J]. 技术经济与管理研
　　　 究，2015(1)：103-107.

[113]曹伟东. 肯德基的差异化竞争战略及其启示[J]. 企业经济，2004(7)：57-59.

[114]朱勇，刘培. 企业差异化战略的选择：哈根达斯国际化战略分析及启示[J]. 技术与
　　　 创新管理，2009(2)：200-202.

[115]闪丽菁，甘胜军. 娃哈哈饮料产品差异化战略误区浅析[J]. 全国商情：经济理论研
　　　 究，2010(11)：33-34.

[116]曾建明，肖洁. 略论我国乡村旅游产品开发的差异化战略：以农家乐为典型业态
　　　 [J]. 改革与战略，2010，26(8)：94-96.

[117]何健生. 差异化战略案例研究[J]. 中国商界，2010(6)：251-252.

[118]付玉杰. 论行业竞争的差异化战略：以媒介行业为例[J]. 现代管理科学，2010(6)：
　　　 59-61.

[119]蔡铭源. 从宝洁公司看企业多品牌战略下的广告传播[J]. 美术教育研究，2011(6)：
　　　 72-73.

[120]晋军刚. 屈臣氏的差异化竞争战略[J]. 出国与就业(就业版)，2011(6)：83.

[121]陈放，黄永聪. 利丰集团供应链整合的差异化战略案例研究[J]. 科技管理研究，
　　　 2013(4).

[122]袁东阳，马颖，程一木. 差异化战略与竞争优势的可持续性：理论与案例研究[J].
　　　 技术经济，2014(5)：118-124.

[123]周建，张双鹏.资源积累、同质性与差异性的统一：基于世纪金榜差异化战略的案例研究[J].管理案例研究与评论，2016，9(2)：119-135.

[124]邹统钎，吴丽云.旅游体验的本质、类型与塑造原则[J].旅游科学，2003，17(4)：7-10+41.

[125]樊友猛，谢彦君."体验"的内涵与旅游体验属性新探[J].旅游学刊，2017(11)：16-25.

[126]韩剑磊，解长雯.旅游体验视域下昆明城市游憩商业区发展路径分析[J].经济师，2018(03)：160-161.

[127]冯艳滨，李鑫."生活世界"视域下的旅游共情体验研究[J].广西师范学院学报(哲学社会科学版)，2019(2)：78-83.

[128]吴文智，庄志民.体验经济时代下旅游产品的设计与创新：以古村落旅游产品体验化开发为例[J].旅游学刊，2003，18(6)：66-70.

[129]王祥武.体验经济与旅游体验下的区域旅游开发探析[J].经济研究导刊，2009(27)：145-146.

[130]洪铮.体验经济视角下西江流域非物质文化遗产旅游开发研究：珠江—西江经济带区域旅游研究系列论文之三[J].现代交际，2017(16)：7-8.

[131]游正林.我国市镇设置标准的变化及其对城市化水平测量的影响[J].城市问题，1991(1)：9-12+17.

[132]李德夫.我国小城镇建制问题刍议[J].人口与经济，1989(6)：33-34.

[133]杨伟民.适应引领经济发展新常态 着力加强供给侧结构性改革[J].宏观经济管理，2016(1)：4-6.

[134]李文静."十三五"旅游业发展规划政策导向与发展趋势[J].改革与战略，2017(7)：45-47.

[135]李金早.从景点旅游模式走向全域旅游模式[J].紫光阁，2016(3)：28-28.

[136]蓝枫.魅力小镇 风光独好：全国旅游小城镇发展工作会议在大理召开[J].城乡建设，2006(7)：54+5.

[137]黄连云.区域旅游交通可达性与合作策略分析：以"九环线"沿线区域为例[J].广西经济管理干部学院学报，2018(2)：82-89+108.

[138]刘延国，王青，廖彦淞，等.可持续生计视域下的岷江上游山区生态旅游发展模式[J].旅游研究，2018(2)：37-49.

[139]刘颖，邓伟，宋雪茜，等.基于地形起伏度的山区人口密度修正：以岷江上游为例

[J]. 地理科学，2015，35（4）：464-470.

[140]徐云，陈国阶，王欠. 青藏高原东缘岷江上游地区农村居民收入变化及其因子分解[J]. 山地学报，2014，32（4）：488-496.

[141]刘延国，王青，廖彦淞，等. 民族村寨与区域旅游极核的协同共生研究：以岷江上游藏羌村寨与九寨沟为例[J]. 西南民族大学学报（自然科学版），2017，43（5）：448-455.

[142]樊敏，郭亚琳，李富程，等. 岷江上游山区聚落生态位空间分布特征研究[J]. 地理科学，2017，37（3）：464-472.

[143]张一平，张昭辉，何云玲. 岷江上游气候立体分布特征[J]. 山地学报，2004，22（2）：179-183.

[144]何成军，廖荣生，陈一鑫. 阿坝州打造国际旅游目的地SWOT分析及战略对策研究[J]. 阿坝师范高等专科学校学报，2015（3）：23-27+50.

[145]刘丹，秦红增. "一带一路"与中国民族走廊研究再认知[J]. 中南民族大学学报（人文社会科学版），2017，37（5）：31-36.

[146]李星星. 藏彝走廊的范围和交通道[J]. 西南民族大学学报（人文社科版），2007，28（1）：22-24.

[147]石承苍，罗秀陵. 成都平原及岷江上游地区生态环境的变化[J]. 西南农业学报，1999，12（S1）：75-80.

[148]彭立，苏春江，徐云. 岷江上游生态环境现状与可持续发展对策[J]. 资源开发与市场，2007，23（6）：546-548.

[149]徐文燕. 论民族文化多样性保护与旅游资源的合理开发[J]. 黑龙江民族丛刊，2008（2）：135-139.

[150]潘君瑶. 岷江上游的历史文化遗产与文化旅游发展研究：关于打造具有世界影响的岷江上游文化旅游品牌的八点建议[J]. 西华大学学报（哲学社会科学版），2015（4）：56-61+80.

[151]张军，陈朵苹. 民族地区城镇化"乡愁"的保留与旅游业的良性互动[J]. 西北民族大学学报（哲学社会科学版），2016（1）：152-157.

[152]孟国才，马东涛，王士革. 岷江上游地区环境问题及其驱动力[J]. 干旱区地理，2007，30（5）：759-765.

[153]谢洪，钟敦伦，矫震，等. 2008年汶川地震重灾区的泥石流[J]. 山地学报，2009，27（4）：501-509.

[154]班靖波，李雨明. 村寨镇化、乡村旅游和乡村振兴：民族地区乡村旅游发展路径探析[J]. 农村经济与科技，2019，30(23)：81-83.

[155]蒋彬，王胡林. 西南民族地区新型城镇化研究分析与展望[J]. 西南民族大学学报（人文社科版），2018，39(6)：41-47.

[156]陈前虎，寿建伟，潘聪林. 浙江省小城镇发展历程、态势及转型策略研究[J]. 规划师，2012(12)：86-90.

[157]曹阳，田文霞. 沿边开发开放民族地区小城镇发展：耦合力、模式与对策——基于延边州朝阳川镇的调查[J]. 学术交流，2011(2)：95-97.

[158]翁加坤，余建忠. 浙江首轮小城市培育试点三年行动计划评估方法：以象山县石浦镇为例[J]. 小城镇建设，2014(4)：56-60.

[159]赵莹，李宝轩. 新型城镇化进程中小城镇建设存在的问题及对策[J]. 经济纵横，2014(3)：8-11.

[160]卢小军，张宁，王丽丽. 农业转移人口城市落户意愿的影响因素[J]. 城市问题，2016(11)：99-103.

[161]耿宏兵，刘剑. 转变路径依赖：对新时期大连市小城镇发展模式的思考[J]. 城市规划，2009(5)：79-83.

[162]李兵弟，郭龙彪，徐素君，等. 走新型城镇化道路，给小城镇十五年发展培育期[J]. 城市规划，2014(3)：9-13.

[163]刘军. 新型城镇化背景下西北小城镇发展的政策反思：以甘肃省为例[J]. 甘肃社会科学，2015(3)：197-201.

[164]李兰昀，吴朝宇，李恺. 重庆市主城区小城镇城乡统筹发展规划策略研究[J]. 城市发展研究，2012(12)：157-159+163.

[165]严剀. 小城镇文化特色塑造与景观设计浅析[J]. 江苏城市规划，2012(5)：25-28+24.

[166]樊敏. 关于西部民族地区城镇化进程的思考[J]. 布依学研究，2005(12)：266-270.

[167]沈茂英. 少数民族地区城镇化问题研究[J]. 西南民族大学学报（人文社会科学版），2010(10)：53-57.

[168]朱东辰，李英. 边疆少数民族地区城镇化建设初探[J]. 黑龙江民族丛刊，2013(5)：27-31.

[169]江明生. 贵州少数民族地区城镇化的难点及解决对策[J]. 贵州师范大学学报（社会科学版），2009(5)：98-102.

[170]杨昌儒. 加快城镇化建设，着力推动少数民族发展[J]. 贵州民族研究，2011，32
　　（5）：94-99.

[171]卫利·巴拉提，姬肃林. 优化新疆城镇布局新攻略[J]. 新疆师范大学学报（哲学社
　　会科学版），2013，34（6）：9-15+2.

[172]于海峰. 辽宁省少数民族人口及民族地区城镇化现状分析[J]. 满族研究，2013（4）：
　　17-23.

[173]丁生喜，王晓鹏. 青藏高原少数民族地区特色城镇化动力机制分析：以环青海湖地
　　区为例[J]. 地域研究与开发，2012，31（1）：65-69.

[174]邱云志. 少数民族区域旅游城镇化研究[J]. 西南民族大学学报（人文社科版），
　　2005，26（10）：32-34.

[175]杜发春. 中国民族地区的城镇经济与城镇文化[J]. 中国都市人类学通讯，2001（3—
　　4）：50-80.

[176]林筠，李随成. 西部地区城市空间结构及城镇化道路的选择[J]. 经济理论与经济管
　　理，2002（4）：69-73.

[177]张建英. 论民族地区的小城镇建设[J]. 青海民族研究，2002（1）：17-19.

[178]杨玉经. 西部地区城市化模式问题研究[J]. 宁夏党校学报，2002（3）：39-41.

[179]孙家寿. 少数民族地区城镇化建设模式的思考与建议[J]. 参政议政，2011（8）：32.

[180]武友德，王源昌. 边疆少数民族地区特色城镇化发展道路研究：以云南为例的分析
　　[J]. 云南师范大学学报（哲学社会科学版），2010，42（2）：58-64.

[181]丁生喜，王晓鹏. 环青海湖少数民族地区城镇化开发战略研究[J]. 兰州大学学报
　　（社会科学版），2013，41（2）：127-131.

[182]罗维有. 西部少数民族地区城镇化发展道路探析：以楚雄彝族自治州为例[J]. 雄师
　　范学院学报，2011，26（1）：70-73+83.

[183]林轶. 论城镇化建设中广西民族城镇城市意象的塑造[J]. 桂海论丛，2011，27（3）：
　　104-107.

[184]冯瑞，艾买提，马磊. 城镇化发展中的少数民族文化传承与重构：以甘肃阿克塞哈
　　萨克族为个案[J]. 新疆大学学报（哲学·人文社会科学版），2008，36（5）：87-90.

[185]温起秀，温军. 民族地区现代化进程中的文化效应[J]. 西北民族大学学报，2003
　　（4）：71-78.

[186]罗连祥. 城镇化进程中少数民族传统文化的传承[J]. 历史与文化，2013（391）：
　　184-185.

[187]祁庆富.多元文化视野中的少数民族非物质文化遗产保护[J].民族遗产,2008(1):20-27.

[188]田俊迁.关于旅游开发中的少数民族传统文化保护问题:由喀什部分老城区被拆除引发的思考[J].西北民族研究,2005(4):163-170+99.

[189]麻三山.浅探民族地区城镇化中的少数民族文化保护[J].民族论坛,2005(12):48-49.

[190]华彦龙.关于城市少数民族人口流动问题的思考[J].中州统战,2003(10):8-11.

[191]郑信哲.略论我国少数民族人口流动及其影响[J].满族研究,2001(1):3-12.

[192]焦若水.人口流动与少数民族地区社会变迁:对甘南合作、夏河、玛曲的调查[J].天水师范学院学报,2004(4):88-90.

[193]高永久,曹爱军.少数民族人口流动:驱动因素与社会效应[J].广西民族研究,2012(4):163-169.

[194]郑信哲,周竞红.少数民族人口流动与城市民族关系研究[J].中南民族学院学报(人文社会科学版),2002(4):52-59.

[195]迟松剑,刘金龙.少数民族人口流动原因差异的民族因素影响分析[J].人口学刊,2012(1):84-90.

[196]刘文,马玉.我国东部沿海地区少数民族人口流动研究:威海市少数民族人口分布特征及其变动分析[J].劳动经济评论,2008(1):83-98.

[197]杨应新.谈谈民族地区的小城镇建设问题[J].经济问题探索,1984(1):37-40.

[198]曹燮昌.关于云南少数民族地区小城镇建设问题[J].经济问题探索,1984(6):29-32.

[199]李甫春.努力建设民族经济中心[J].广西民族研究,1985(1):107-111+117-118.

[200]钟明喜.谈民族地区和边远结合部地区的小城镇建设[J].经济问题探索,1986(8):27-28.

[201]猛谋.小城镇建设对我国少数民族共同体的影响[J].民族研究,1987(1):1-7.

[202]凌申.小城镇建设与旅游开发刍议[J].社会科学家,1989(1):48-52.

[203]杨传柱.小城镇建设与贵州民族地区农村商品经济的启动和发展[J].贵州民族研究,1990(3):106-109.

[204]李欣广.民族地区小城镇发展的经济特征[J].广西民族研究,1991(3):1-7.

[205]程昭星.贵州民族地区商贸服务型小城镇发展研究[J].贵州民族研究,1994(3):44-52.

[206]李平凡.贵州少数民族地区小城镇工业研究报告[J].贵州民族研究,1994(3):
23-34.

[207]覃敏笑.小城镇建设与民族地区市场经济的发展[J].贵州民族研究,1995(2):
19-24.

[208]张海翔.论我国民族地区的城市化[J].民族研究,1998(4):12-22.

[209]杜伟,曹敏.西部大开发中的民族地区小城镇发展问题[J].贵州民族研究,2000
(4):30-33.

[210]张海翔,袁国友.云南民族地区小城镇发展模式的实证分析[J].思想战线,2000
(5):21-24.

[211]杨丽云.加快边疆民族地区小城镇建设与发展的几点思考[J].经济问题探索,2001
(7):40-42.

[212]刘伦文.社区服务与民族地区小城镇建设[J].湖北民族学院学报(哲学社会科学
版),2001(4):32-36.

[213]卢正惠.民族地区小城镇建设应处理好的几个关系问题[J].云南财贸学院学报,
2001(S1):52-55.

[214]张建英.论民族地区的小城镇建设[J].青海民族研究,2002(1):17-19.

[215]李俊杰.民族地区中小企业与中小城镇"捆绑"策略[J].西南民族大学学报(人文社
科版),2003(9):40-43.

[216]刘晓鹰,吴铀生.四川民族地区旅游业发展与生态建设和城镇化推进[J].西南民族
大学学报(人文社科版),2004(3):54-56.

[217]邓正琦.渝东南民族地区城镇化现状及对策研究[J].西南民族大学学报(人文社科
版),2004(4):180-183.

[218]柏贵喜.小城镇的成长与民族地区区域经济社会发展:湖北省来凤县百福司镇的个
案研究[J].中南民族大学学报(人文社会科学版),2005(1):34-38.

[219]杨旺舟,武友德,罗淳.边疆民族地区小城镇发展对策研究:以云南省怒江州边境3
县为例[J].资源开发与市场,2007(12):1102-1106.

[220]何选高.西部民族地区城镇化建设发展战略及对策研究[J].贵州民族研究,2008
(6):23-29.

[221]罗淳,潘启云.论边疆民族地区小城镇建设的特点、模式与路径[J].中央民族大学
学报(哲学社会科学版),2011(3):18-23.

[222]郑志明,王智勇.羌汉民族融合地区小城镇建筑风貌改造研究:以北川县禹里镇建

筑风貌改造为例[J]. 小城镇建设, 2015(8)：88-91+104.

[223]吴恽. "大区小镇"发展模式下对少数民族特色休闲小城镇建设问题的思考[J]. 贵州民族研究, 2018(1)：53-56.

[224]秦晖. 传统中华帝国的乡村基层控制：汉唐间的乡村组织[J]. 中国乡村研究, 2003(1)：1-31.

[225]张莞. 四川民族地区乡村旅游与新型城镇化协同发展研究：以阿坝州茂县为例[J]. 民族学刊, 2019, 10(03)：21-28+106-108.

[226]李玉忠. 民族地区新型城镇化与社会治理困境及路径研究[J]. 智库时代, 2020(1)：30-32.

[227]许玉凤，陈洪升，校韩立，等. 喀斯特山区旅游业与城镇化互动研究：以贵州省荔波县为例[J]. 安徽农业科学, 2020, 48(2)：148-150.

[228]文海. 民族地区新型城镇的文化建设述略：以黔东南为例[J]. 西部学刊, 2019(16)：33-36.

[229]宁银苹. 生态文明视域下民族地区新型城镇化发展研究：以天祝藏族自治县为例[J]. 甘肃农业, 2019(9)：78-79.

三、学位论文

[1]郑杰. 基于PSR模型的岷江上游生态脆弱性研究[D]. 成都：成都信息工程大学, 2016.

[2]刘公政. 岷江上游地区农村劳动力转移对农户可持续生计影响研究：以甘堡乡为例[D]. 成都：四川省社科院, 2012.

[3]王雅红. 西北少数民族地区城镇化模式研究：甘肃、新疆的个案分析[D]. 兰州：兰州大学, 2010.

[4]杨亮. 城市化背景下边疆少数民族农村的人口流动与经济社会状况：基于延边州三合镇的实地调查[D]. 北京：中央民族大学, 2013.

[5]周琳雅. 少数民族流动人口的社会状况研究[D]. 北京：中央民族大学, 2013.

[6]李松志. 欠发达地区小城镇成长机制研究：以云南省凤庆县为例[D]. 昆明：云南师范大学, 2002.

[7]鄢杰. 民族地区经济跨越式发展研究：以四川民族地区为例[D]. 成都：四川大学, 2004.

[8]徐丽萍. 西部小城镇建设的生态、人文、社会背景研究[D]. 咸阳：西北农林科技大

学，2005.

[9] 张笑培. 西部小城镇发展道路及对策研究[D]. 咸阳：西北农林科技大学，2005.

[10] 朱凤霞. 西部民族地区本土化就业论[D]. 成都：四川大学，2005.

[11] 王锋. 西部小城镇发展潜力与生态经济效应及相关政策研究[D]. 咸阳：西北农林科技大学，2005.

[12] 沈玲屹. 区位条件对滇西经济区小城镇空间分布及发展的影响研究[D]. 武汉：华中科技大学，2006.

[13] 朱柏生. 我国西部贫困地区小城镇发展模式研究[D]. 成都：四川大学，2007.

[14] 赵常兴. 西部地区城镇化研究[D]. 咸阳：西北农林科技大学，2007.

[15] 潘文明. 民族地区小城镇建设研究：以内蒙古陈巴尔虎旗为例[D]. 北京：中央民族大学，2011.

[16] 熊丽丽. 西部少数民族地区小城镇发展研究：以云南省丘北县锦屏镇为例[D]. 武汉：华中师范大学，2011.

[17] 张秋云. 云南小城镇建设与发展研究[D]. 昆明：昆明理工大学，2011.

[18] 刘翠翠. 西部地区小城镇建设的战略问题研究[D]. 成都：西南财经大学，2012.

[19] 杨建翠. 川西民族地区旅游业推进城镇化研究：以九寨沟县为例[D]. 成都：西南民族大学，2012.

[20] 杨昌鹏. 贵州城镇化理论与实践研究[D]. 武汉：华中师范大学，2012.

[21] 唐洁. 民族地区旅游发展与城镇化建设的互动研究：以凤凰县为例[D]. 武汉：中南民族大学，2012.

[22] 郑昊. 我国西部地区生态移民小城镇化问题研究[D]. 成都：西南财经大学，2014.

[23] 龙怡帆. 武陵山连片特困地区小城镇发展模式研究：以贵州铜仁为例[D]. 重庆：西南大学，2014.

[24] 董方龙. 以旅游为导向的云南小城镇发展研究[D]. 昆明：云南大学，2015.

[25] 吴洁. 乡土文化视野下的贵州沙子镇城镇空间设计策略研究[D]. 重庆：重庆大学，2015.

[26] 史秋霞. 产业视角下川西民族地区新型城镇化的发展路径研究[D]. 成都：成都理工大学，2015.

[27] 杨宏杰. 民族地区小城镇社区治理问题研究：基于内蒙古鄂托克旗7个社区的实地调查[D]. 呼和浩特：内蒙古大学，2015.

[28] 闫志强. 城镇化背景下民族地区旅游小城镇发展模式研究：以蒙兀室韦苏木为例[D].

西安：西安建筑科技大学，2015.

[29]杨意志. 岷江上游民族地区小城镇土地利用评价研究：以芦花镇为例[D]. 成都：西南民族大学，2016.

[30]王立舟. 基于多因子评价的喀斯特地区小城镇发展策略研究：以贵州省安顺市为例[D]. 武汉：华中科技大学，2016.

[31]陈传康. 中国少数民族城镇化问题研究：基于社会主义合作经济理论的分析框架[D]. 北京：中共中央党校，2016.

[32]姚意梦. 少数民族地区小城镇社区治理研究：以湖南省T自治县为例[D]. 南昌：江西师范大学，2017.

[33]陈利丹. 二十一世纪广西城镇化论析[D]. 北京：中央民族大学，2004.

[34]王彬汕. 川西民族地区旅游小城镇规划研究[D]. 清华大学，2016.

[35]胡卫华. 乡镇旅游发展总体规划模式研究[D]. 长沙：长沙中南林学院，2003.

[36]潘斌. 旅游小城镇规划研究[D]. 上海：同济大学，2008.

[37]董晓璇. 基于文化遗产保护的旅游小城镇特色构建研究[D]. 北京：北京建筑工程学院，2012.

[38]李野萍. 民族地区旅游小城镇发展路径研究[D]. 武汉：中南民族大学，2013.

[39]孙秀华. 民族村落向旅游小城镇转变的主要影响因素研究[D]. 昆明：昆明理工大学，2013.

[40]刘姝萍. 基于空间生产视角的旅游小城镇空间形态演变研究[D]. 昆明：昆明理工大学，2014.

[41]魏影. 基于游客感知价值的旅游小城镇综合评价研究[D]. 昆明：昆明理工大学，2015.

[42]夏静. 基于游客行为的大理旅游小城镇特色空间构建研究[D]. 昆明：昆明理工大学，2016.

[43]杨茗涵. 自媒体时代旅游小城镇智慧服务研究[D]. 西安：西北大学，2016.

[44]李澜. 西部民族地区城镇化发展研究[D]. 北京：中央民族大学，2003.

[45]董大为. 旅游城市的旅游环境承载力研究[D]. 天津：天津大学，2005.

[46]王皓. 中小旅游城市可持续发展研究[D]. 武汉：华中科技大学，2014.

[47]李兰春. 中国历史城镇可持续发展的最优开发模式研究[D]. 重庆：重庆大学，2016.

[48]唐凯. 旅游城市经济系统脆弱性与可持续发展研究[D]. 昆明：云南师范大学，2017.

[49]田静. 岷江上游生态脆弱性与演变研究[D]. 成都：四川大学，2004.

[50] 张力元. 基于水资源承载力的岷江上游流域城镇体系结构优化研究[D]. 成都：西南民族大学，2018.

[51] 张俊峰. 旅游城镇的旅游资源开发与保护：以红原县邛溪镇为例[D]. 成都：西南石油学院，2003.

[52] 雷晓亮. 城市设计手法在旅游型小城镇景观空间中的应用[D]. 重庆：重庆大学，2012.

[53] 肖洪磊. 我国旅游小城镇开发模式研究[D]. 昆明：云南大学，2007.

[54] 王洁. 中国特色新型城镇化建设路径研究[D]. 石家庄：石家庄铁道大学，2018.

[55] 梁颉. 新型城镇化背景下旅游特色小城镇开发建设体系研究[D]. 成都：成都理工大学，2018.

[56] 李素雅. 新型城镇化背景下特色小城镇规划策略研究[D]. 武汉：武汉大学，2018.

[57] 朱永平. 旅游型特色小城镇规划建设研究[D]. 兰州：兰州大学，2019.

[58] 向莉波. 湖北省民族地区特色小城镇建设的问题与对策研究[D]. 恩施：湖北民族大学，2019.

[59] 刘洋. 威廉姆森交易成本理论述评[D]. 长沙：湖南大学，2005.

[60] 李洁真. 产权理论的发展历程及其对我国国有企业改革的启示[D]. 长春：吉林大学，2017.

[61] 刘利. 社区信息服务中的公众参与对公众满意度的影响研究[D]. 湘潭：湘潭大学，2012.

[62] 步会敏. 乡村旅游产品差异化战略研究[D]. 厦门：厦门大学，2008.

[63] 聂巾帼. ZHT 供电公司服务差异化战略研究[D]. 淄博：山东理工大学，2014.

[64] 闫友怀. 基于顾客价值延伸的 ZK 公司聚焦差异化战略研究[D]. 北京：北京交通大学，2015.

[65] 汤成. J 电商公司差异化战略研究[D]. 大连：大连理工大学，2018.

[66] 杨肖. SDXW 特钢有限公司差异化战略研究[D]. 淄博：山东理工大学，2015.

[67] 蒋胜蓝. 后 G20 时期杭州会展企业发展战略研究[D]. 杭州：浙江工业大学，2017.

[68] 赵放. 体验经济思想及其实践方式研究[D]. 长春：吉林大学，2011.

[69] 谢彦君. 旅游体验研究：一种现象学视角的探讨[D]. 大连：东北财经大学，2005.

[70] 屠星亚. 结合情境故事法、Kano 模型和 QFD 法的文化景观旅游体验设计研究[D]. 杭州：浙江工业大学，2014.

[71] 张志国. 体验经济下的内蒙古体验型旅游产品开发研究[D]. 兰州：西北师范大

学，2007.

[72]肖刚.体验经济视角下的非物质文化遗产旅游开发模式研究[D].兰州：西北师范大学，2010.

[73]陈伟珍.体验经济视角下的茶文化旅游开发模式研究[D].兰州：西北师范大学，2014.

[74]袁静宜.西南地区旅游发展与城镇化建设的互动发展研究[D].重庆：重庆师范大学，2016.

[75]张云红.岷江上游生态修复分区与生态修复模式研究[D].济南：山东师范大学，2010.

[76]姚建.岷江上游生态脆弱性分析及评价[D].成都：四川大学，2004.

[77]詹金凤.岷江上游干旱河谷演化研究及生态安全评价[D].绵阳：西南科技大学，2015.

[78]武魏巍.民族旅游发展与民族文化保护研究[D].南宁：广西大学，2004.

四、会议论文集

[1]卢云辉.贵州少数民族地区小城镇建设问题研究[C]// 朱奕庆.贵州省软科学研究论文集(2005—2008).贵阳：贵州科技出版社，2009.

[2]熊茵.城镇化进程中少数民族地区村庄特色保护研究[C]//中国城市规划学会.城市时代，协同规划：2013中国城市规划年会论文集.[出版者不详]，2013.

[3]杜发春.中国民族地区的城镇经济与城镇文化[C]//国际人类学与民族学联合会.2000年中期会议论文集.[出版者不详]，2000.

[4]刀国栋.加快小城镇建设促进民族地区经济发展[C]//中国民族理论学会.第七次全国民族理论研讨会会议论文集.[出版者不详]，2004.

[5]刘晓鹰，陈光建.民族地区旅游业发展的战略和机遇：生态移民和城镇化推进[C]//中国生态学学会.生态·旅游·发展：第二届中国西部生态旅游发展论坛论文集.[出版者不详]，2004.

[6]滕明兰，何跃.关于西南多民族杂居地区小城镇发展的几点思考.[C]//中国系统工程学会.管理科学与系统科学研究新进展：第8届全国青年管理科学与系统科学学术会议论文集.[出版者不详]，2005.

[7]刘晓鹰，杨建翠.中国民族地区候鸟型城镇化和小城镇发展模式研究：九寨沟县旅游业推进城镇化促进经济社会发展模式[C]//四川大学中国藏学研究所.西藏及其他藏区

经济发展与社会变迁论文集. [出版者不详]，2006.

[8]卢云辉. 贵州少数民族地区小城镇建设问题研究[C]//贵州省决策科学研究会. 贵州省软科学研究论文选编(2005—2008). [出版者不详]，2009.

[9]曹阳. 沿边开发开放民族地区小城镇发展：耦合力、模式与对策研究——基于吉林省延边朝鲜族自治州朝阳川镇的调查[C]//中央民族大学中国少数民族研究中心. 边疆发展中国论坛文集(2010)：区域民族卷. [出版者不详]，2010.

[10]李锦. 岷江上游城镇功能变迁对民族文化的影响[C]//云南大学西南边疆少数民族研究中心. 民族文化与全球化学术研讨会论文集. [出版者不详]，2003.

五、外文专著

[1]ISO-AHOLA S. The Social Psychology of Leisure and Recreation [M]. Bubuque, IA：Wm. C. Brown Publisher, 1980.

[2]CSIKSZENTMIHALYI M. Flow：The Psychology of Optimal Experience[M]. New York：Harper Row, 1990.

[3]BOORSTIN, DANIEL. The American-The National Experience [M]. New York：Vintage Books, 1965.

[4]MACCANNELL D. The Tourist：A New Theory of the Leisure Class. [M]. Berkeley：University of California Press, 1989.

[5]D R, S S Fainstein, et al. The Tourist City M. New Haven[M]. CT：Yale University Press, 1999.

六、外文期刊

[1]NASH D. Espana en venta：Francisco Jurdao Arrones Ediciones Endymion, Madrid, 1990, 500 pages[J]. Tourism Management, 1991.

[2]MULLINS P. Tourism Urbanization [J]. International Journal of Urban and Regional Research. 1991,.

[3]MULLINS P. Cities for Pleasure：The Emergence of Tourism Urbanization in Australia[J]. Built Environment. 1992.

[4]MULLINS P. Class Relations and Tourism Urbanization：The Regeneration of the Petite Bourgeoisie and the Emergence of a New Urban Form [J]. International Journal of Urban and Regional Research. 1994.

［5］T. C. CHANG, SIMON M. Urban Heritage Tourism: the Global-Local Nexus［J］. Annals of Tourism Research, 1996.

［6］GLADSTONE D L. Tourism Urbanization in the United States ［J］. Urban Affairs Review, 1998.

［7］LUCHIARI D P, CÉLIA SERRANO. Tourism and Environment in Brazil［J/OL］. http: // www. abep. nepo. unicamp. br/docs/outraspub/ Rio10/ rio10p255a276. pdf.

［8］ALLEN J S, KANG SHOU LU, THOMAS D. POTTS. A Gis-based Analysis and Prediction of Parcel Land-use Change in a Coastal Tourism Destination Area［J］. Presented at the 1999 World Congress on Coastal and Marine Tourism Vancouver, British Columbia, Canada.

［9］ASHWORTH, G. J. Urban Tourism: Still an Imbalance in Attention ［J］. In C. Cooper (Ed.), Classic Reviews in Tourism (pp. 143−163) Clevedon: Channel View.

［10］GREGORY ASHWORTH, STEPHEN J. Urban Tourism Research: Recent Progress and Current Paradoxes［J］. Tourism Management, 2011.

［11］GILBERT D, HANCOCK C. New York City and the Transatlantic Imagination ［J］. Journal of Urban History, 2006.

［12］GREEN D C, BUEHLER J W, SILK B J, et al. Trends in Healthcare Use in the New York City Region Following the Terrorist Attacks of 2001. ［J］. Biosecurity & Bioterrorism Biodefense Strategy Practice & Science, 2006.

［13］GOTHAM K F. Selling New Orleans to New Orleans: Tourism Authenticity and the Construction of Community Identity. ［J］. Tourist Studies, 2007.

［14］BAILEY N. The Challenge and Response to Global Tourism in the Postmodern Era: The Commodification, Reconfiguration and Mutual Transformation of Habana Vieja, Cuba［J］. Urban Studies, 2008.

［15］JOHN S. AKAMA, DAMIANNAH KIETI. Tourism and Socio-economic Development in Developing Countries: A Case Study of Mombasa Resort in Kenya［J］. Journal of Sustainable Tourism, 2007.

［16］DOGAN G, JUROWSKI C, UYSAL M. Resident Attitudes: A Structural Modeling Approach［J］. Annals of Tourism Research, 2002.

［17］SHERLOCK K. The Role of Community in Tourism Studies［J］. International Journal of Contemporary Hospitality Management, 1999.

［18］CLARE MURPHY, EMILY BOYLE. Testing a Conceptual Model of Cultural Tourism

Development in the Post-industrial City: A Case Study of Glasgow [J]. Tourism and Hospitality Research, 2006.

[19]FAULKNER B, VIKULOV S. Katherine, Washed out One Day, Back on Track the Next: A Post-mortem of a Tourism Disaster. [J]. Tourism Management, 2001.

[20]BURNS P M, SANCHO M M. Local Perceptions of Tourism Planning: the Case of Cuellar, Spain. [J]. Tourism Management, 2003.

[21]YUKSEL F, BRAMWELL B, YÜKSEL A. Stakeholder Interviews and Tourism Planning at Pamukkale, Turkey. [J]. Tourism Management, 1999.

[22]FANG Q H, ZHANG L P, et al. Towards Adaptive Town Environmental Planning: The Experience from Xiamen, China[J]. Environment and Urbanization, 2006(1).

[23]WIRTH P, et al. Peripheralisation of Small Towns in Germany and Japan － Dealing with Economic Decline and Populationloss[J]. Journal of Rural Studies, 2016(47).

七、报纸网络

[1]李克强. 政府工作报告：2017 年 3 月 5 日在第十二届全国人民代表大会第五次会议上 [EB/OL]. http://www.xinhuanet.com//politics/2017lh/2017-03/16/c_ 1120638890. htm.

[2]卢俊卿. 企业竞争战略的五个层次[N]. 国际商报，2013-03-28(C04).

[3]李寅峰. 全国政协常委、国家旅游局原局长邵琪伟：民族地区旅游业发展正逢其时 [N]. 人民政协，2017-12-15(9).

[41]李志刚. 五部门联合发布行动计划 支持"三区三州"等深度贫困地区旅游基础设施改造 升级[N]. 中国旅游报，2018-07-12.

[5]冯虎. 2018 年文化和旅游发展统计公报发布. 经济日报-中国经济网. [EB/OL]. http://www. ce. cn/xwzx/gnsz/gdxw/201906/04/t20190604_ 32271461. shtml.

附　录

附录 1　调查问卷

调查问卷 1　旅游小城镇居民调查问卷

亲爱的老乡：

　　您好！

　　我是张老师，目前正在进行一项研究："旅游小城镇发展影响因素研究"。为了完成本研究，需要了解一些相关信息，希望能得到您的帮助，恳请您挤出您宝贵的时间为我填写一份调查问卷表。我真诚地向您保证此问卷信息仅供研究所用，绝不会用于商业用途，也不会给您带来负面影响。

　　感谢您的真诚相助，为挤占您宝贵的时间表示歉意！祝您一切顺利！

1. 您是哪里人？　　　　　　　　　　　　　　　　　　　　（　　　）

　　A. 本地　　　　　　　　　　　　　B. 本镇下属的村子

　　C. 县内其他乡镇　　　　　　　　　D. 省内其他县市

2. 你们家在发展旅游业前的年收入大约为（　　　）元，近几年的收入大约为（　　　）元，其中大约（　　　）%来自与旅游有关的行业。

3. 本镇居民从事旅游服务业的人员所占比例为（　　　），自己经营宾馆饭店的家庭数量或比例为（　　　），自己经营工艺品或土特产品销售的家庭数量

（或比例）为（   ）。

4. 现在镇里的居民家庭收入来源主要是？   （   ）

    A. 种田地或养牛羊　　　　　　　B. 到外地打工

    C. 从事旅游服务工作　　　　　　D. 自己经营旅游相关行业

    E. 其他

5. 您认为本地旅游资源有没有特色？   （   ）

    A. 特色非常突出　　　　　　　　B. 特色突出良好

    C. 特色中等　　　　　　　　　　D. 特色一般

    E. 没有特色

6. 您觉得来本地旅游的人未来几年内会不会增加？   （   ）

    A. 肯定会增加很多　　　　　　　B. 会增加一些，但不多

    C. 增加不了多少　　　　　　　　D. 不会增加

7. 您认为本地旅游业餐饮、购物、娱乐、住宿能否满足不断增长的游客需要？

（   ）

    A. 完全可以　　　　B. 基本可以　　　　C. 一般　　　　D. 不能

8. 游客主要是哪里人？   （   ）

    A. 成都周边　　　　　　　　　　B. 其他地市州

    C. 州内其他县市　　　　　　　　D. 外地省市

9. 您村里的村民获得的收入主要用于什么？   （   ）

    A. 日常生活费或农业生产　　　　B. 投资

    C. 修建旅游接待设施　　　　　　D. 到外地买东西

10. 您认为本地旅游产品是否体现了本地民族文化特色？   （   ）

    A. 特色非常突出　　　　　　　　B. 特色突出良好

    C. 特色中等　　　　　　　　　　D. 特色一般

    E. 没有特色

11. 您认为本地旅游资源吸引力怎样？   （   ）

    A. 优秀　　　B. 良好　　　C. 中等　　　D. 一般　　　E. 不好

12. 您认为本地生态环境怎么样？   （   ）

    A. 优秀　　　B. 良好　　　C. 中等　　　D. 一般　　　E. 不好

13. 您认为本地民族文化保护状况如何？ （ ）

    A. 优秀   B. 良好   C. 中等   D. 一般   E. 不好

14. 您认为本地"非遗"资源旅游利用如何？ （ ）

    A. 优秀   B. 良好   C. 中等   D. 一般   E. 不好

15. 您认为本地发展旅游业，居民获得好处没？本地该不该发展旅游业？ （ ）

    A. 获益很大，坚决支持发展旅游业   B. 获得了好处，支持发展旅游业

    C. 获益不多，但还是支持发展旅游业 D. 几乎没有获益，中立

    E. 不支持

16. 您目前参与的主要旅游经营活动是(根据实际情况可多选)？ （ ）

    A. 景区工作人员   B. 旅游交通运输

    C. 旅游服务人员(餐饮、住宿、旅游商品销售、旅游娱乐歌舞、民俗表演)原材料提供

    D. 其他

17. 您认为本地小城镇旅游形象如何？ （ ）

    A. 非常好，特色鲜明   B. 很好，有特色

    C. 中等   D. 一般

    E. 不好，无特色

18. 您认为本地小城镇社会治理、民族团结怎样？ （ ）

    A. 优秀   B. 良好   C. 中等   D. 一般   E. 不好

19. 您认为本地小城镇看病是否方便，旅游、康养基础设施是否齐全？ （ ）

    A. 非常方便，非常齐全   B. 很方便，很齐全

    C. 比较方便，比较齐全   D. 一般

    E. 不方便，不齐全

20. 您认为本地突发事件应急能力怎样？ （ ）

    A. 优秀   B. 良好   C. 中等   D. 一般   E. 不好

21. 您认为本地居民参与过哪些与旅游业发展相关的活动(可多选)？ （ ）

    A. 参与旅游规划的制订，参与景区的建设

    B. 参与村寨旅游发展的会议

    C. 参与有关旅游知识的教育与技能培训

D. 参与旅游业各要素的经营

22. 参与旅游业，您认为最需要的支持是什么？ （　　）

    A. 资金、信贷支持　　　　　　　　B. 政策鼓励支持

    C. 技能培训　　　　　　　　　　　D. 土地、资源所有权

23. 您认为在本地旅游业发展过程中，政府在你们本地实施了哪些项目和措施（可多选）？ （　　）

    A. 小城镇、路、水、电、厕等基础设施改造

    B. 普通话或英语培训旅游相关知识，妇女手工等相关培训

    C. 提供小额贷款，减免税收，提供旅游相关信息，解决本地居民就业

    D. 指导村民参与旅游经营、民族文化传承工作，组织成立村民参与旅游的相关组织，帮助提升村民旅游参与能力

24. 您觉得发展旅游业给本地带来哪些不好的影响？ （　　）

    A. 游客涌入，拥挤和吵闹

    B. 物价抬高，游客与本地居民冲突增多

    C. 邻里关系因为利益竞争而没以前融洽

    D. 其他影响

25. 您认为本地民族文化特色、文化景观打造得如何？ （　　）

    A. 非常强　　B. 很强　　　C. 中等　　　D. 一般　　E. 不强

26. 您认为本地旅游业产业带动作用如何？ （　　）

    A. 优秀　　　B. 良好　　　C. 中等　　　D. 一般　　E. 不好

27. 您认为本地旅游发展存在哪些问题？您对本地旅游发展有什么建议？

调查问卷 2 旅游小城镇游客调查问卷

亲爱的老乡：

您好！

我是张老师，目前正在进行一项研究："旅游小城镇发展影响因素研究"。为了完成本研究，需要了解一些相关信息，希望能得到您的帮助，恳请您挤出您宝贵的时间为我填写一份调查问卷表。我真诚地向您保证此问卷信息仅供研究所用，绝不会用于商业用途，也不会给您带来负面影响。

感谢您的真诚相助，为挤占您宝贵的时间表示歉意！祝您一切顺利！

1. 您的性别：□男　□女

2. 您的年龄：□18～24 岁　□25～45 岁　□46～65 岁

3. 您的文化程度：　　　　　　　　　　　　　　　　　　（　　）

   A. 初中(中专)　　　　　　　　　B. 高中(或大专)

   C. 本科　　　　　　　　　　　　D. 研究生及以上

4. 您是哪里人？　　　　　　　　　　　　　　　　　　　（　　）

   A. 本县　　　　　　　　　　　　B. 周围其他县市

   C. 本省内其他市州　　　　　　　D. 其他省份

5. 您认为本地旅游产品是否有特色？　　　　　　　　　　（　　）

   A. 特色非常突出　　　　　　　　B. 比较有特色

   C. 特色中等　　　　　　　　　　D. 特色一般

   E. 没有特色

6. 您认为本地生态环境怎么样？　　　　　　　　　　　　（　　）

   A. 优秀　　　B. 良好　　　C. 中等　　　D. 一般　　　E. 不好

7. 您认为在本地旅游是否方便？旅游基础设施是否齐全？（　　）

   A. 非常方便，非常齐全　　　　　B. 很方便，很齐全

   C. 比较方便，比较齐全　　　　　D. 一般

   E. 不方便，不齐全

8. 您认为本地小城镇旅游形象如何？　　　　　　　　　　（　　）

   A. 特色非常突出　　　　　　　　B. 特色突出良好

C. 特色中等   D. 特色一般

E. 没有特色

9. 您认为本地特色民族文化对游客吸引力怎样？   (   )

    A. 优秀   B. 良好   C. 中等   D. 一般   E. 不好

10. 您在本地旅游的过程中，与本地居民发生过冲突吗？本地政府会不会护短？

                                                            (   )

    A. 发生过，本地政府完全偏袒本地人

    B. 发生过，本地政府一定程度上偏袒本地人

    C. 发生过，本地政府偏向外地人

    D. 发生过，本地政府公正执法

    E. 未发生过

11. 您认为本地旅游软环境如何？   (   )

    A. 优秀   B. 良好   C. 中等   D. 一般   E. 不好

12. 您认为在本地旅游发展中，民族传统文化保护如何？   (   )

    A. 优秀   B. 良好   C. 中等   D. 一般   E. 不好

13. 您在本地旅游过程中，觉得本地康养设施和环境如何？   (   )

    A. 优秀   B. 良好   C. 中等   D. 一般   E. 不好

14. 您对本地旅游产品的印象如何？   (   )

    A. 非常好   B. 良好   C. 中等   D. 一般   E. 不好

15. 本地宾馆、饭店、景区有没有 WiFi？

16. 您对本地旅游产品创新升级有什么建议？该向什么趋势发展？

调查问卷 3 旅游小城镇基层政府工作人员调查问卷

亲爱的老乡：

您好！

我是张老师，目前正在进行一项研究："旅游小城镇发展影响因素研究"。为了完成本研究，需要了解一些相关信息，希望能得到您的帮助，恳请您挤出您宝贵的时间为我填写一份调查问卷表。我真诚地向您保证此问卷信息仅供研究所用，绝不会用于商业用途，也不会给您带来负面影响。

感谢您的真诚相助，为挤占您宝贵的时间表示歉意！祝您一切顺利！

1. 您的性别：□男　　　　□女

2. 您的年龄：□18～24 岁　□25～45 岁　□46～65 岁

3. 您的文化程度： （　　）

    A. 初中(中专)　　　　　　　　B. 高中(或大专)

    C. 本科　　　　　　　　　　　D. 研究生及以上

4. 您认为本地政府的旅游业发展总规、详规是否齐全？ （　　）

    A. 总规、详规多规齐备　　　　B. 有总规、详规，无实施方案

    C. 只有总规或者只有详规　　　D. 均没有

5. 您认为本地旅游产品是否有特色？ （　　）

    A. 特色非常突出　　　　　　　B. 比较有特色

    C. 特色中等　　　　　　　　　D. 特色一般

    E. 没有特色

6. 您认为本地生态环境怎么样？ （　　）

    A. 优秀　　　B. 良好　　　C. 中等　　　D. 一般　　　E. 不好

7. 您认为来本地旅游的人未来几年会不会增加？ （　　）

    A. 肯定会剧增　　　　　　　　B. 会有大幅度增加

    C. 会增加一些，但不多　　　　D. 增加不了多少

    E. 不会增加

8. 您认为在本地食、住、行、游、购、娱等是否方便？旅游基础设施是否齐全？ （　　）

A. 非常方便，非常齐全　　　　B. 很方便，很齐全

C. 比较方便，比较齐全　　　　D. 一般

E. 不方便，不齐全

9. 您认为在本地旅游发展过程中，政府发挥了哪些作用？　　　（　　）

A. 小城镇、路、水、电、厕等基础设施改造

B. 普通话或英语培训旅游相关知识，民族传统工艺等相关培训

C. 提供小额贷款，减免税收，提供旅游相关信息，解决本地居民就业

D. 指导村民参与旅游经营、民族文化传承工作，组织成立村民参与旅游的
相关组织，帮助提升村民旅游参与能力

10. 您认为本地小城镇旅游形象如何？　　　　　　　　　　（　　）

A. 特色非常突出　　　　　　　B. 特色突出良好

C. 特色中等　　　　　　　　　D. 特色一般

E. 没有特色

11. 您认为本地小城镇社会治理怎样？民族是否团结(看是否有各级政府的表
彰文件)？　　　　　　　　　　　　　　　　　　　　　　　（　　）

A. 非常好　　B. 良好　　　C. 中等　　　D. 一般　　　E. 不好

12. 您认为本地小城镇旅游是否方便？旅游、康养基础设施是否齐全？

（　　）

A. 非常方便，非常齐全　　　　B. 很方便，很齐全

C. 比较方便，比较齐全　　　　D. 一般

E. 不方便，不齐全

13. 您认为本小城镇突发事件应急能力怎样？　　　　　　　（　　）

A. 优秀　　　B. 良好　　　C. 中等　　　D. 一般　　　E. 不好

14. 您认为本地发展旅游后，外地游客与本地居民冲突增加没有？本地居民之
间冲突增加没有？　　　　　　　　　　　　　　　　　　　（　　）

A. 两种冲突都增加

B. 外地游客与本地居民之间冲突增加，本地居民之间不会

C. 外地游客之间冲突不会增加，本地居民之间冲突增加

D. 两种冲突不会增加

15. 您认为本地政府民族文化保护和传承的规划或者预案是否完备？　（　　）

　　A. 总规、详规多规齐备　　　　　　　B. 有总规、详规，无实施方案

　　C. 只有总规或者只有详规　　　　　　D. 均没有

16. 您认为本地突发事件应急能力的规划或者预案是否齐全？有没有举行过演练？　　　　　　　　　　　　　　　　　　　　　　　（　　）

　　A. 总规、详规多规齐备；举行过演练

　　B. 有总规、详规，无实施方案；未举行过演练

　　C. 只有总规或者只有详规；未举行过演练

　　D. 均没有

17. 您认为本地民族文化在旅游业发展中作用怎样？是否得到展现？　（　　）

　　A. 推动作用非常大；得到完整展现

　　B. 推动作用比较大；得到一些体现

　　C. 推动作用不大；民族文化体现一般

　　D 几乎没有推动作用；未得到体现

18. 您认为本地特色民族文化对游客吸引力怎样？　　　　　　　　（　　）

　　A. 优秀　　　B. 良好　　　C. 中等　　　D. 一般　　　E. 不好

19. 去年本地旅游收入是？占本地财政收入的比例是？（政府统计资料查询）

20. 本地的植被覆盖率是(　　　)％，动植物种类(生物多样性)(　　　)。（政府统计资料查询)

21. 本地的"非遗"种类有(　　　)，"非遗"传承人级别和数量有(　　　)。（以县为统计单位)（政府统计资料查询)

22. 本地民族"非遗"资源旅游化程度怎样？　　　　　　　　　　　（　　）

　　A. 优秀　　　B. 良好　　　C. 中等　　　D. 一般　　　E. 不好

23. 您认为本地政府自然生态资源保护措施和方案怎样？　　　　　（　　）

　　A. 总规、详规、具体方案体系完善，有专门人员或者机构负责

　　B. 总规、详规、具体方案完善，无专门机构负责

　　C. 只缺少具体实施方案或者仅有概括性规章

　　D. 都没有

24. 您认为本地旅游发展存在哪些问题？您对本地旅游发展有什么建议？

附录 2   访谈纪要

访谈纪要 1   汶川县水磨镇

访谈一

访谈时间：2019 年 6 月 26 日上午。

访谈地点：汶川县水磨镇镇政府办公室。

访谈目的：了解水磨镇旅游业发展状况以及存在问题。

访谈人：笔者本人。

访谈对象：汶川县水磨镇水墨景区管理处 Z 处长。

张：水磨镇总人口、城镇户籍人口各是多少？

Z：总人口 13 000 多人，城镇户口的四五千人。具体统计数据统计局有。镇上居民大部分从事休闲度假、避暑康养旅游接待。全镇大概有 3 000 人从事旅游及其相关产业。

张：旅游总收入好多？接待人次呢？

Z：2018 年旅游总收入为 5 000 万元，接待 120 万人次。

张：水磨 2008 年地震前支柱产业是什么？

Z：重工业。2008 年以前阿坝州几乎所有的重度污染工业都在水磨。2008 年汶川特大地震灾后重建打造成旅游休闲小城镇，现在已经是 5A 级景区。

张：2017 年来水磨调研，访谈过商家经营户，他们说受九寨沟地震的影响，几乎没得生意。此次过来发现商家生意恢复得不错。

Z：这边空气好，比较凉快。主要是周末、小长假来康养、避暑的人比较多。

张：这边确实比 2017 年热闹多了。

Z：旅游确实是风险较大的产业，如果一个地区对旅游过分依赖，没有实现旅游与其他产业融合，确实风险很大。水磨生态农产品特色不明显。

张：水磨对民族文化展示展演有没有举措？

Z：以前跟阿坝师范学院合作，有过。但是收入不够成本，根本维持不下去，这是个问题。民族文化产业化、商业化有待提升。

访谈二

访谈时间：2019 年 6 月 26 日上午。

访谈地点：汶川县水磨镇老人村经营商铺。

访谈目的：了解水磨镇商铺经营情况。

访谈人：笔者本人。

访谈对象：汶川县水磨镇县级"非遗"土茶制作技艺传承人（不知道具体名字）。

问：这边旅游设施如何？

答：娱乐设施还是差点，到这只是吃饭、住宿，最多两天就走了。小孩和大人做亲子体验的娱乐设施少了点。

问：您这手工茶走电商的多不？

答：还是比较多。网购的人比较多。帮我们宣传宣传。

访谈三

访谈时间：2019 年 6 月 26 日下午。

访谈地点：汶川县文旅局办公室。

访谈目的：了解汶川县水磨镇新旅游业态和存在问题的具体情况。

访谈人：笔者本人。

访谈对象：汶川县文化与旅游局 Z 书记、W 主任。

张：汶川都有哪些旅游项目？

Z：有研学旅游。

张：2017 年底水磨镇商家生意要萧条些（受茂县泥石流和九寨沟地震影响），现在看上去恢复得不错。

Z：确实恢复得不错，避暑的开始进去了，娃娃放暑假，全家避暑。

张：水磨有个村子在搞露营基地？

Z：房车营地正在打造。

张：映秀、水磨、三江 3 个镇联合申报 5A 级特别旅游区，但是怎么感觉各搞各的，没有协调联动的发展规划？

Z：不是各搞各的，是各有特色。映秀以研学旅游为主，水墨是以运动康养、羌族文化旅游为主，三江是以避暑、生态颐养旅游为主。

张：汶川以服务自驾游、小中旅游为主，可否把素质拓展结合起来？

Z：大禹农庄主要在搞团建旅游。可以富民，其他地方在探索素质拓展。

张：旅游可以富民，对政府财政收入增加不大。

Z：旅游可以富民，但是旅游业有门槛，老百姓想参与旅游，自身素质必须达到才行。旅游对政府增收确实作用不是很大。

访谈四

访谈时间：2020 年 5 月 16 日上午。

访谈对象：成都青松旅游公司总经理 R。

访谈目的：了解汶川水磨镇旅游发展制约因素。

访谈方式：电话访谈。

张：贵公司是否经常组织游客去水磨旅游？水磨镇旅游有什么问题？

R：经常组织游客去。由于距离成都比较近，有高速可直达，所以只能做周末、小长假等短期团，过境效应比较明显。缺乏民族文化展演，民族文化体现不够。

访谈五

访谈时间：2020 年 5 月 16 日上午。

访谈对象：游客 F。

访谈目的：了解游客对汶川县水磨镇意见。

访谈方式：电话访谈。

张：水磨镇旅游有什么不足？有没有生态农产品？民族文化产品感觉怎么样？

F：只能避暑度假和周末、小长假旅游，生态农产品特色不鲜明。民族文化产品打造比较粗糙，缺少地方特色精品品牌民族文化产品。

访谈纪要 2　松潘县川主寺镇

访谈一

访谈时间：2019 年 6 月 25 日下午。

访谈地点：松潘县文化与旅游局办公室。

访谈目的：了解松潘县旅游业发展情况和存在的问题。

访谈人：笔者本人。

访谈对象：松潘县文化与旅游局 L 股长、D 主任。

张：全县从事旅游业的人有多少？

L：九寨沟地震前，全县从事旅游行业总计 2 万 3 000 多人；现在统计 1 万人都不到。川主寺镇关于旅游方面的信息只有联系川主寺镇王红霞书记，她那里有川主寺镇具体的数据。受九寨沟地震影响，整个（松潘）县的旅游受到极大影响，川主寺镇好多商铺都关门了。

张：川主寺只能作为九黄机场的游客集散地和游客过境地，服务于九寨沟（黄龙都算不上目的地，好多游客把黄龙当成九寨沟的附属景区，没得哪个人专门来黄龙旅游）这一世界级旅游目的地，自身成为旅游目的地的可能性很小。来松潘路上发现松潘是省级民族团结进步示范县，有哪些乡镇是县级民族团结进步乡镇吗？

L：有的。川主寺镇是民族团结进步乡镇。

张：那说明本地社会治理还是卓有成效（很好）。

L、D：社会治安很好。

访谈二

访谈时间：2019 年 6 月 25 日下午。

访谈地点：松潘县川主寺镇人民政府办公室。

访谈目的：了解松潘县川主寺旅游业发展和经营商家总体情况。

访谈人：笔者本人。

访谈对象：松潘县川主寺镇党委 W 副书记；川主寺镇工作人员 X、T。

张：川主寺镇人口统计中，从事旅游（产业）的人口数量如何？

W：这两年数据不准确，2017 年地震（九寨沟地震）过后，旅游受到很大影响，现在好多宾馆饭店都没开。户籍人口 7 000 多人，外地在这做生意两三千人，老板、服务员大都是外地的。本地人有的从事旅游客运，以土地、房屋入股参与旅游业，整个镇上大概有 30% 的人从事旅游业或相关产业。

张：川主寺镇城镇户籍人口有多少人？

W：六七百人。川主寺镇 1992 年建镇，建镇之前只有农民，没得城镇户口居民。

张：川主寺镇政府、景区管理局两套牌子，一套人马，本地工作人员对本地民族文化、民间传说等了解不？

W：景区管理只是政府职能的一部分，只有一个科室在负责旅游管理；工作人员（外地的）不是很了解，本地的肯定了解。

张：咱们镇上想打造一个开放式旅游目的地，展现民族文化，咱们政府有什么举措？

W：有的。长征碑园，隶属于黄管局（黄龙管理局）碑园管理处，独立的人员和机构，专业的讲解人员，也是爱国主义教育基地，不是营利性景区，红色文化展示比较好。引进一家公司，开发安多藏族生产、生活、娱乐的民族文化情景再现的民族文化风情街。

巴朗村、黑斯村、传子沟村乡村旅游是做得比较好的，采取的模式不太一样。巴朗村引进了一家公司，采取公司入股的形式；黑斯村模式是公司跟村"两委"合作经营，老百姓可以用房子入股，整体租用村子里的房子。有一部分房子被用到了，每户每年给 20 000 元，房子没用到的村民，为了鼓励村民爱护村里设施，每户每年给 8 000 元。九寨沟地震过后，旅游业受到影响，公司减半付款。村民收入分两部分：参与旅游，自己挖药。村民不需要投入什么，只需要维护好公共卫生。

张：从茂县过来，发现路上交通状况不是很好，您认为整个松潘县旅游业发展的制约因素是不是交通要素？

W：我也不是松潘的，是外地的。每次过来都发现确实交通不好。

张："非遗"传承人有没有？

W：有的。元坝子村有个藏族生活情景再现。村上有传习所。

张：九寨沟地震对川主寺镇旅游影响如何？

T：还是很大。你看，好多店铺都关起门的。以前镇上的打麻将都打50元、20元的，现在都打10元、5元的，这就是明显反馈。

访谈三

访谈时间：2019年6月25日下午。

访谈地点：松潘县川主寺镇街区。

访谈目的：了解松潘县川主寺镇旅游业发展情况和商家经营情况。

访谈人：笔者本人。

访谈对象：经营户（由于该经营户不识字，翻译当时未在身边，所以不知道名字）。

问：生意怎么样？

答：差得很，基本没啥子人。

问：为啥子？

答：九寨沟地震影响，没得生意。这边路灯不够亮，晚上黑漆漆的，没得游客过来。

访谈四

访谈时间：2020年5月16日上午。

访谈对象：成都青松旅游公司总经理R。

访谈目的：了解川主寺镇旅游产品情况。

访谈方式：电话访谈。

张：川主寺镇主要提供哪些旅游服务？这里的旅游发展有哪些问题？

R：川主寺镇成为旅游目的地可能性不大，只能作为"九寨沟—黄龙"中转站和游客集散地，只有提供餐饮、住宿、娱乐、演艺服务，做活夜经济。主要是太依赖九寨沟、黄龙，自身特色不明显。

访谈五

访谈时间：2020年5月16日上午。

访谈对象：游客 W。

访谈目的：了解川主寺镇旅游产品情况。

访谈方式：电话访谈。

张：你感觉川主寺镇有啥子耍头？这边旅游服务有啥子问题？

W：没啥子耍的。都是过路去九寨沟、黄龙的，到这住宿、吃饭、购物。这边经营宾馆饭店的大都是外地人，当地特色餐饮、主题酒店特色不鲜明。夜间娱乐旅游产品也不咋地，缺少知名品牌民族文化演艺。

访谈纪要 3　理县古尔沟镇

访谈一

访谈时间：2019 年 6 月 27 日上午。

访谈地点：理县县城前往古尔沟镇途中。

访谈目的：了解理县旅游业整体发展情况和古尔沟镇发展状况。

访谈人：笔者本人。

访谈对象：理县文化与旅游局 W 局长。

张：古尔沟现在已经是公司化经营了？

W：是的。理县县政府跟四川发展投资有限公司合资成立了华美达酒店管理公司，政府以资源入股，实行公司化运营，县政府每年可以分红，镇上不能分红。由于该酒店员工素质要求比较高，当地老百姓无法参与。旅游旺季 2 500 元左右一晚，淡季 1 600 元一晚。以前古尔沟有个温泉山庄，引出温泉水的管子裸露在外边，老百姓私自接水管，导致温泉山庄温泉水水压不够。华美达酒店现在将温泉水管全部走地下，再加上古尔沟镇加强了管理，不准老百姓私自接水管。所以老百姓就卖点泳衣泳具做点小生意。

张：老百姓有没有意见？

W：有意见。老百姓在华美达酒店门口卖泳衣泳具，华美达酒店也有意见，找到镇上，镇上调节了几次，起不到多大作用。

张：等于政府和投资方垄断了资源，老百姓参与不进来？

W：哦，是的。

访谈二

访谈时间：2019 年 6 月 27 号上午。

访谈地点：理县古尔沟镇人民政府办公室。

访谈目的：了解理县古尔沟镇温泉康养发展状况和土地流转等基本情况。

访谈人：笔者本人。

访谈对象：理县文化与旅游局 W 局长；理县古尔沟镇 L 副镇长。

张：古尔沟什么时候开发旅游？

L：20世纪90年代。

张：最早是老百姓自己开发还是政府开发？

L：最开始是老百姓自己修的澡堂子招待客人，最后政府修了个标准的温泉酒店，逐渐开始政府引导，这样慢慢发展起来的。

张：现在是公司化运营了？

L：现在古尔沟有以华美达为代表的理县县政府跟四川发展投资有限公司合资经营（的酒店），集镇上其他酒店都是私人经营。

张：等于是既有公司化经营，也有当地百姓自己私人经营？

L：以政府、国企经营为龙头，带动私人经营参与进来。

张：现代公司化运营设备先进、标准化程度较高、服务标准好，可能发展好一些？

L：我们政府主导温泉小城镇开发，比如华美达酒店、温泉山庄、华联木开发，老百姓私人经营也有好的，比如恭德岭酒店，无论是（在）州上、省上，都被评为嘉绒藏区具有代表性的民宿酒店。

张：是不是跟华美达比还是有差距？价格是否便宜点？

L：那还是有差距。不便宜，1 000多元一晚上。

张：能够开温泉酒店的这些都是乡村能人、乡村精英，不是谁都开得起的。

L：是的。镇上投资超过2 000万元的有3家，投资超过500万元的有11家。

张：一般老百姓怎么参与旅游业，从旅游业中获得收益？

L：部分民众把民房改建为酒店、宾馆用作接待，做餐饮、住宿生意来参与旅游业。

张：古尔沟旅游受不受季节影响？

L：还是有一点。每年从3月份，一直到7月份（是淡季）。7月份，学生高考完，游客慢慢多起来，10月、11月、12月、1月是高峰期。4个月高峰期把1年的钱就挣完了。

张：淡季老百姓干啥子？

L：虽然是淡季，还是有游客。另外，老百姓收入渠道较多。古尔沟是成都蔬菜供应基地，也可以挖药。

张：我看植被挺好的。

L：没具体算过，应该有90%以上。国道两边山林植被还是差的，山沟沟里面植被好得很。整个古尔沟2008年134家(户)，现在150家(户)。旅游发展好的就一个古尔沟村(集镇)，另一个丘地村。其他村慢慢(被)带动进来。县上提出全域旅游，其他村都参与进来，对打造温泉小城镇很支持，通过温泉小城镇，来带动村子参与。边远村子参与较少(沙坝村、小沟村)。

张：镇上有好多人？

L：2 200多人，城镇户口几十(20多)人。集镇上常住人口400多人。工作人员户口不在这里。古尔沟村、丘地村参与旅游业程度较高，镇上估计有40%以上的人参与旅游。

张：外来老板经营有多少？

L：没得。这边的酒店开发大部分是本地人。这里土地很值钱，一亩30万元～40万元，拿30万元～40万元，喊村民流转，他不得干。而且现在古尔沟全部土地已经开发完了。现在古尔沟最大的问题是乱搭乱建，有经济利益驱动，会千方百计乱搭乱建，来获取经济利益。

(中间县综合执法局来执法违规搭建的情况。)

张：外地游客过来有没有投诉的？

L：有，但是只有个位数。镇上基本上是让游客满意的。

张：古尔沟镇是几A？

L：没得A，正在打造3A(丘地村、沙坝村)。目前只是温泉康养小城镇。沙坝村有1 000多年历史。

张：古尔沟镇有没有跟毕棚沟等景区协作发展？比如在毕棚沟游，这边古尔沟住，泡温泉？

L：基本上都是这么做的。毕棚沟、米亚罗景区最大的受益者是古尔沟。鹧鸪山滑雪场一开，所有客人全部在古尔沟，米亚罗景区很有意见。这边温泉四川省唯一，水质跟华清池温泉一样。9家酒店接通了温泉。

张：丘地村集体经济不错。

L：三只脚，旅游、畜牧和水电。以前县上好多接待都在古尔沟。毕棚沟景区主要是门票经济，虽然也有好多酒店，但是品质、档次都赶不上古尔沟。

访谈三

访谈时间：2019 年 6 月 27 日上午。

访谈地点：理县古尔沟镇恭德岭温泉度假酒店会客厅。

访谈目的：了解古尔沟镇度假酒店经营发展状况。

访谈人：笔者本人。

访谈对象：恭德岭酒店董事长 B。

张：古尔沟最大的特色是啥子？

B：温泉。

张：高速通了，古尔沟游客会不会增加？自然灾害会不会发生？

B：旅游最大的障碍就是交通。这边自然灾害就是小灾害。理县植被较好，大的自然灾害不会发生。

张：你觉得古尔沟镇民族文化展现怎样？

B：民族文化展现不够，有文化资源，挖掘展现不够，形不成特色。

张：古尔沟知名度怎么样？

B：知名度全球范围内越来越高。去年国外的很多，川渝两地的反而不多。

张：这边冲突多不？

B：主要是游客之间小打小闹。能够解决。

张：这边基础设施怎么样？

B：越来越好。电是国家电网。

张：对旅游发展有什么建议？

B：真没想过，已经做得很好了。

张：旅游发展缺啥子？资金？政策？

B：资金都缺(大家都笑了)。

访谈四

访谈时间：2020 年 5 月 16 日下午。

访谈目的：了解古尔沟镇旅游发展情况和问题。

访谈对象：成都青松旅游公司总经理 R。

访谈方式：电话访谈。

张：你们公司经常有团来古尔沟吗？对这边旅游有啥子建议？

R：经常有游客过来泡温泉，康养度假。这边旅游产品比较单一，只是温泉康养度假，晚上娱乐活动不多。整个理县对于民族文化资源挖掘不够，缺少民族文化精品产品。所以这边旅游产品缺少灵魂。古尔沟只有跟周边旅游景区联动，提供差异化旅游产品，协同发展才行。

访谈五

访谈时间：2020 年 5 月 16 日下午。

访谈对象：游客 W。

访谈目的：了解游客对古尔沟镇旅游的建议。

访谈方式：电话访谈。

张：您以前来过古尔沟没有？

W：来过。每年都来几次。现在高速可以直达，周五下班从成都过来，周日下午返回，很方便。

张：你觉得本地（古尔沟）旅游有啥子问题？

W：最大特色是温泉。来这就是泡温泉，康养度假。这边住宿价格偏高，最便宜一晚上也要六七百元。再就是除了温泉没啥子其他旅游娱乐设施，没啥子文化活动。

附录 3　田野访谈照片

1. 理县调研照片

2. 松潘县调研照片

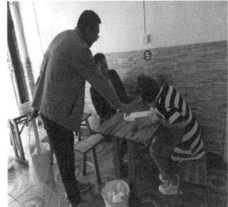

3. 汶川县调研照片